Cet Ouvrage se trouve :

A **CAMBRAI**, à la Bibliothèque.

A **PARIS**, Chez Levrault, libraire, rue de la Harpe, n° 81.

VUE PERSPECTIVE DE LA BIBLIOTHÈQUE DE CAMBRAI.

CATALOGUE

DESCRIPTIF ET RAISONNÉ

DES MANUSCRITS

DE LA BIBLIOTHÈQUE DE CAMBRAI,

PAR A. LE GLAY.

*Sapientia absconsa et thesauri
invisus; quæ utilitas in utrisque?*

ECCLI. XX. 32.

CAMBRAI,

DES PRESSES DE A. F. HUREZ.

MDCCCXXXI.

NOBILISSIMO. VIRO

AC. DE. OMNI. RE. LITERARIA. MERITISSIMO

D. AGRICOLÆ · JOSEPHO · FRANCISCO · XAVERIO

MARCHIONI. A. FORTIA · URBANO

INSTITUTI. GALLICI. IN. REG. INSCR. ACAD. SOCIO

PLURIMISQUE. TUM. APUD. GALLOS. ET. BELGAS

TUM. IN. ITALIA. ET. GERMANIA

ACADEMIIS. ADSCRIPTO

PATRONO. SIBI. ADMODUM. COLENDO

HUNCCE. CAMERACENSIUM. CODD. INDICEM

REVERENTIÆ. SUMMÆ. GRATIQUE. ANIMI

ΜΝΗΜΟΣΥΝΟΝ

L. M. D. V. C.

A. L*e* G*lay*.

Cameraci. Kal. Feb. 1831.

NOBILISSIMO. VIRO

AC. DE. OMNI. RE. LITERARIA. MERITISSIMO

D. AGRICOLÆ. JOSEPHO. FRANCISCO. XAVERIO

MARCHIONI. A. FORTIA. URBANO

INSTITUTI. GALLICI. IN. REG. INSCR. ACAD. SOCIO

PLURIMISQUE. TUM. APUD. GALLOS. ET. BELGAS

TUM. IN. ITALIA. ET. GERMANIA

ACADEMIIS. ADSCRIPTO

PATRONO. SIBI. ADMODUM. COLENDO

HUNCCE. CAMERACENSIUM. CODD. INDICEM

REVERENTIÆ. SUMMÆ. GRATIQUE. ANIMI

ΜΝΗΜΟΣΥΝΟΝ

L. M. D. V. C.

A. LE GLAY.

Cameraci. Kal. Feb. 1831.

J'ai toujours pensé que l'un des principaux devoirs imposés à un bibliothécaire était de faire connaître au public les richesses manuscrites du dépôt qui lui est confié. Il est en effet peu de bibliothèques qui ne renferment quelques trésors ignorés, dont la révélation peut intéresser les sciences, l'histoire, la littérature ou même les beaux-arts. C'est en visitant ces doctes archives, en les compulsant que d'infatigables érudits sont parvenus à faire revivre dans nos temps modernes la plupart des écrits de la vénérable antiquité. Mais combien leurs travaux auraient été abrégés si des catalogues soignés les eussent mis sur la voie et leur avaient signalé d'avance tout ce que recélaient les bibliothèques monastiques! Pénétrés par leur propre expérience de la nécessité de pareils guides, les Montfaucon, les Labbe, les Sanderus, les Lambecius, les Van-Praet, les Senebier, les Delandine ont publié des catalogues précieux. C'est dans les mêmes vues, mais non pas, à beaucoup près, avec le même espoir de succès, que j'ai entrepris l'inventaire raisonné des manuscrits de la Bibliothèque publique de Cambrai.

Formé de la réunion des manuscrits que possédaient le Chapitre métropolitain, les abbayes du St.-Sépulcre, de St.-Aubert, de Vaucelles, de St.-André du Cateau, des Guillemins de Walincourt, ce riche dépôt n'avait, pour ainsi dire, jamais été exploré (1), bien qu'il fût l'un des plus riches du nord de la France. J'ai donc cru remplir une obligation, et en même temps faire quelque chose d'utile en publiant ce Catalogue, auquel j'ai travaillé avec persévérance depuis plus de deux ans. Mes soins ne se sont pas bornés à établir une simple nomenclature. J'ai voulu examiner chaque manuscrit; j'ai fait en sorte de le déchiffrer, d'en carac-

---

(1) *Antoine Possevin*, à la fin de son Apparatus Sacer, in-fol. Cologne, 1608, a donné le Catalogue des Mss. de la Métropole de Cambrai, avec un petit nombre de notes. M. le docteur Gustave Haënel, de Leipsig, publie en ce moment le catalogue des Mss. de France, d'Italie, d'Angleterre, etc. Mais comme il n'a examiné à Cambrai que quelques ouvrages Mss. de droit, et que son Catalogue n'est, quant à cette ville, que le relevé de la nomenclature fautive qui existe au Ministère de l'intérieur, le travail de cet érudit voyageur laisse nécessairement beaucoup à désirer.

tériser l'écriture, d'en fixer l'âge, de connaître le nom des auteurs, des copistes, de préciser la nature de chaque ouvrage, de savoir s'il était inédit ou publié. Ceux qui se sont livrés à de pareilles recherches peuvent seuls apprécier tout ce qu'elles ont de pénible et d'ingrat; mais ils savent aussi quel charme fait éprouver la découverte d'un écrit, d'un fait, d'un nom destiné à enrichir l'histoire littéraire. C'est ce charme, joint au plaisir que procure l'accomplissement d'un devoir, qui m'a soutenu dans des investigations si longues et en apparence si arides.

Puisse l'indulgence du lecteur, prenant en considération les difficultés sans nombre que j'ai rencontrées, ne pas me juger trop sévèrement et se rappeler quelquefois ces paroles d'un bibliographe célèbre de nos jours (M. Beuchot):

« Il est impossible de faire un ouvrage de cette
» nature qui soit sans faute. Malgré la plus sévère
» attention, il en échappe toujours. On ne connaît
» pas assez les difficultés que présentent l'histoire
» littéraire et la bibliographie à ceux qui les
» cultivent. Les travaux de ce genre sont pénibles,
» minutieux, sans éclat, sans gloire, sans profit
» aujourd'hui. Ils sont cependant utiles, et l'on
» doit tenir compte à leurs auteurs des veilles
» nombreuses et des recherches immenses que leur
» coûtent souvent ces ouvrages. »

Je me suis efforcé d'être tout à la fois exact et concis. L'exactitude, premier mérite des recherches bibliographiques, a été aussi le principal objet de mes soins. Les omissions, les erreurs que j'ai pu reconnaître, après l'impression du corps de l'ouvrage, sont rectifiées dans un chapitre intitulé Additions et Corrections. Toutefois je ne saurais me flatter d'avoir aperçu tout ce qui reste de défectueux. C'est ainsi qu'à l'article des Chroniques de Jean Molinet, n° 664, j'aurais dû mentionner la prochaine publication de ces Chroniques avec une notice sur l'auteur, par M. le baron de Reiffemberg, l'un des philologues les plus éclairés et les plus zélés de notre époque.

Ayant à lutter sans cesse contre l'abondance des matériaux qui s'offraient sous ma plume, je me suis appliqué à rester dans mon sujet et à écarter une foule de détails qu'on trouve ailleurs. J'aurais pu, à l'aide de digressions faciles, grossir de moitié ce volume et y répandre peut-être quelqu'agrément. Mais la matière que j'avais à traiter est du nombre de celles où les ornemens sont regardés tout au moins comme superflus, et auxquelles on peut appliquer ce que Manilius a dit de l'astronomie :

Ornari res ipsa negat, contenta doceri.

En faisant l'énumération des Mss. que possède aujourd'hui la Bibliothèque de Cambrai, j'ai éprouvé *plusieurs fois le regret de n'y plus rencontrer quelques ouvrages importants qu'on avait vus jadis dans les dépôts de nos établissemens religieux. J'ai cru qu'il n'était pas inutile de signaler ces lacunes dans un petit chapitre intitulé* Desiderata. *Qui sait si un jour l'appel fait à ces enfans égarés ne sera pas entendu et s'il ne nous en ramenera pas quelques-uns ?*

Les bâtimens de la Bibliothèque étaient incommodes et insalubres ; de plus ils menaçaient ruine. L'Administration municipale les fait en ce moment restaurer, ou, pour mieux dire, les fait reconstruire presqu'à neuf, d'après les dessins et sous la direction de son habile architecte, M. De Baralle. Je me félicite de pouvoir faire coïncider la publication de mon catalogue avec l'époque d'une aussi heureuse restauration, et de témoigner ainsi aux magistrats de la cité combien j'ai à cœur de justifier la confiance qu'ils veulent bien m'accorder.

Nota. Les Manuscrits sont laissés dans l'ordre un peu défectueux où je les ai trouvés à mon entrée en fonctions. Je n'ai même pas cru devoir en distraire quelques imprimés qu'on y a placés par erreur ; ces modifications n'auraient pu se faire sans établir une nouvelle série de numéros, et, par conséquent, sans opérer une sorte de bouleversement général.

PRINCIPALES ABRÉVIATIONS EMPLOYÉES DANS CE CATALOGUE.

Ms.   Manuscrit.

vél.   Manuscrit sur peau de vélin. (L'absence de cette indication signifie que le manuscrit est sur papier.)

C. M.   Provenant de la bibliothèque du Chapitre métropolitain de Cambrai.

S. S.   Provenant de l'Abbaye du St.-Sépulcre.

S. A.   Provenant des Chanoines réguliers de St.-Aubert.

VAUC.   Provenant de l'Abbaye de Vaucelles.

GUILL.   Provenant de l'Abbaye des Guillemins de Walincourt.

b.   Relié en bois.

v.   —— en veau.

ph.   —— en parchemin.

c.   Cartonné.

CATALOGUE

DES MANUSCRITS

DE LA

BIBLIOTHÈQUE DE CAMBRAI.

LITURGIE, OUVRAGES ASCÉTIQUES ET MYSTIQUES.

1. P<small>SALTERIUM</small> cum antiphonis et hymnis notatis totius anni, g^d in-fol. vél. b. C. M.

    Ce psautier est un Ms. à longues lignes, d'une écriture très belle qui ne remonte guères au-delà de 1700. Les antiennes et les hymnes sont notées. Les titres et capitales sont en lettres rouges. Le volume, qui est d'une très grande dimension, contient deux parties ; la première, le psautier proprement dit, a 374 p.; la seconde, les hymnes, en a CCLXXXII. En tête du volume est un calendrier à l'usage de l'église de Cambrai.

2. Psalterium, *idem quod supra*, g^d in-fol. vél. b.

    Ce volume, en tout semblable au précédent, était à l'usage de l'église première collégiale de St.-Géry. On lit au bas du frontispice qui est coupé en partie : *Scripsit Magister Georgius Lousel, presbyter capellanus nec non vicarius prædictæ ecclesiæ*, MDCLXXXIV, *martii* 12.

3. Quatorze Messes en chant musical, à plusieurs voix, g^d in-fol. vél.

    Ce Ms., qui est sur papier, est d'une belle écriture du 15e siècle.

4. Dix-huit Messes à quatre voix, en chant musical, g^d in-fol. vél.

Ce volume est de la même date et probablement de la même main que le précédent.

5. Plusieurs Messes à plusieurs voix, en chant musical, g^d in-fol.

Ce missel, écrit sur papier, n'est pas d'une haute antiquité ; les premiers feuillets sont endommagés.

6. Messe ou Kyrie, Gloria, Credo, etc., notée en trois parties, g^d in-fol.

Ce Ms., orné de lettres peintes, est d'une écriture très soignée du commencement du 16e siècle. On lit sur la couverture le nom de Claudin Dhotegnie, enfant de chœur de N. D. de Cambrai, l'an MDXX.

7. Collection de Messes notées, en trois parties, g^d in-fol.

8. Collection de Messes à plusieurs voix, g^d in-fol.

9. De psalmodiâ secundùm cujusque modi seu toni differentias cum pneumatibus juxta usum ecclesiæ Cameracensis, g^d in-fol. vél. *b.*

10. De psalmodiâ secundùm cujusque modi, etc., *idem quod supra*, g^d in-fol. vél.

11. Antiennes et Prose en l'honneur de la Ste.-Vierge, et plusieurs Messes à plusieurs voix, in-fol. vél.

12. - 12. Missa de tempore et sanctis per annum, cum notis, in-fol. vél. *b.* C. M.

Ce volume est enrichi de figures et de vignettes parfaitement conservées. En face du titre on remarque un tableau enluminé offrant une licorne recouverte d'un manteau parsemé de la lettre Æ. Cet animal porte suspendu à son cou un grand écusson aux armes de Robert de Croy, évêque et duc de Cambrai. Sur la partie supérieure flotte une banderolle avec ces mots : *A Jamais Croy* (devise de la maison de Croy). Cet emblème se trouve répété au bas de la 1re page qui est entourée d'autres ornemens. La dernière page porte la date de 1540, et plus bas ces deux prétendus vers :

*Marcus scutifer hec quæ spectas grammata pinxit
Odarumque vias, sacre pia symbola muse.*

Une autre main, peut-être celle de Robert de Croy, a intercalé sur la même page ce vers :

Sub Croy maneo semper ditione Roberti.

Chaque office des grandes fêtes de l'année est précédé d'un tableau analogue à la fête, avec les ornemens les plus riches.

13. Benedictio fontium cum notis, in-fol. vél.

14. Plusieurs *Magnificat* en chant musical, par Valérien Gonet, in-fol. *v.*

15. Messe en chant musical, par Antoine Penne, in-fol. *c.*

16. Plusieurs *Credo* à cinq voix et à six, par Antoine Penne, in-fol. *ph.*

17. Hymnes, Antiennes et Messe en plain-chant musical, in-fol. *b.*

On lit en tête de ce Ms. : *Joannes de Cornuaille, perpetuus vicarius Ecclesie Cameracensis, me possidet donatque post decessum suum prefate ecclesie pro sinistra parte chori. Orate pro eo et pro cunctis fidelibus defunctis.*

Ad idem disticon.

*Qui dedit hos matri modulos in pace quiescat,
Christe Deus tuus ille Johannes Cornubiensis.*

Suivent quelques citations empruntées à Horace, à Juvénal et à Ovide. Le volume est en très mauvais état.

18. Messes à quatre, cinq et six voix, in-fol. *v.*

Ce prétendu Ms. est un missel imprimé à Rome *apud Valerium Doricum et Aloysium fratres*, 1554 – 1567.

19. Messes à quatre, cinq et six voix, par H. Madin, Mielle, Pacotat, Hugard, etc., in-fol. *v.*

Ce n° est encore un imprimé contenant des messes notées et sorti des presses de J.-B. Christophe Ballar, à Paris, de 1729 à 1747.

20. Plusieurs Messes en chant musical, in-fol. *b.*

21. Plusieurs Messes à quatre, cinq et six voix, in-fol. *b.*

Ce n° est encore un imprimé ayant pour titre : *Præstantissimorum divinæ musices auctorum missæ decem, quatuor, quinque et sex vocum, antehac nunquam excusæ. Lovanii*, 1570.

22. Plusieurs Messes en chant musical, in-fol. *ph.*

23. Responsoria per annum cum notis, in-fol. *v.*

24. Proprium temporum cum notis, in-fol. *v.*

25. Officium proprium Sti. Vedasti cum notis, in-fol. *ph.*

L'année de ce Ms. est indiquée par les chronogrammes suivants :

aUXILIUM nobIs sIt In hoC eXILIo VeDastUs.
Deo DIVo VeDasto sUperIsqUe eX totIs VIrIbUs CanIte et psaLLIte.
DIVe VeDaste præsUL sanCte eXULes eXaUDI. 1747.

26. Passiones quatuor evangelistarum cum notis, in-fol. vél. *b.* c. m.

27. Passiones quatuor evangelistarum cum notis, in-fol. vél. *v.* c. m.

En tête de la 1re page on lit ces mots : *Textus est restitutus ex bibliis Clementis octavi jussu emendatis ; per Jo. Moreau, Eccl. Cam. Theol.*

28. Initium epistolarum et antiphonarum cum notis simul et credo cum notis, in-fol. vél. *b.*

Les premiers feuillets manquent.

29. Missæ aliquot sanctorum, cum Kyrie, Gloria et Credo, cum notis, in-fol. vél. *b.*

On a ajouté au commencement quelques feuilles contenant : *Missæ pro defunctis.*

30. Collectæ et Antiphonæ per annum cum notis, in-fol. *b.*

Ce Ms. est remarquable par la beauté de l'écriture et par les ornemens dont il est enrichi. On y trouve un calendrier à l'usage de l'église de Cambrai, et des tables pour les fêtes mobiles.

31. Psalterium cum hymnis et antiphonis in-fol. vél. *b*.

Le calendrier qui est en tête du volume est en mauvais état; le volume lui-même, qui est du 13ᵉ siècle, est altéré en plusieurs endroits.

32. Psalterium et Antiphonale Cameracense, in-fol. vél. *b*.

Altéré en plusieurs endroits.

33. Antiphonale secundùm usum Cameracensis ecclesiæ, in-fol. *b*.

Ce volume, placé ici mal à propos, est un imprimé sorti des presses de Simon Vostre. On lit ces mots à la fin du volume : *Antiphonale hoc cameracēn. impressum sumptibˢ et impensis honesti viri Symonis Vostre bibliopole jurati alme Universitatis Parisiensis, commorantis è regione sancte Genouefe ardentium, in vico novo Virginis Mariæ sub signo divi Johannis Evangeliste, finem attigit feliciter. Laus Jesu et Marie totique celesti curie.* Cet antiphonaire a appartenu à l'église d'Avesnes-le-Sec, près Bouchain.

34. Psalterium cum antiphonis notatis, in-fol. vél. *b*.

Orné d'initiales en or, altéré à la marge inférieure.

35. Psalterium cum antiphonis notatis, in-fol. vél. *b*.

Le commencement et la fin manquent.

36. Psalterium cum antiphonis notatis, in-fol. vél. *b*.

Altéré sur plusieurs pages; le calendrier est encore en assez bon état.

37. Brevarium Cameracense, in-fol., 3 vol. vél. *b*.

Ce bréviaire est dû à Ubauld de Sarts, doyen de l'église de Cambrai en 1294; la première page porte ce qui suit : *Magister*

Vibaldus de Sartis, quondā canōn et decañ Ecclesie Camerac. qui fieri ordinari ac scribi fecit istud breviarium in tribus petiis existens, dedit, contulit seu legavit ipm breviarium quatuor vicariis, quos in jam dc̄a Cameracēn Eccleā īstituit, usum suum inter eos habituris cōmmunit' in codē. Voluit, quod dc̄m breviarium in usum alium non verteretur. Insup. voluit q̄domin' Fastredus dc̄s de Ugies quondam suus capellꝰ prefato breviario uteret.ʳ qm̄diu vita corpāli frueretur. Item dedit c̄tulit seu legav' dc̄s decanꝰ modo et forma pdc̄is q̄tuor vicariis p̄tactis q̄dam missale in duabus petiis existens. Cette annotation est répétée en tête et à la fin des trois volumes. Plus tard les vicaires, dépositaires infidèles, mirent ce livre en gage, et le chapitre se vit forcé de le racheter des mains des juifs usuriers, et de l'enfermer dans les archives, afin de lui épargner pour l'avenir un pareil affront. (Voyez *Rech. sur l'égl. métr. de Cambrai*, p. 147.)

38. Pars æstiva et autumnalis collectarum ad usum ecclesiæ metropolitanæ Cameracensis, in-fol. vél. *b*.

Ce Ms., qui est très moderne, est écrit avec beaucoup de soin. Les ornemens en sont assez remarquables.

39. Psalterium cum antiphonis et hymnis, in-fol. vél. *b. garni en cuivre.*

En assez mauvais état.

40. Antiphonale Cameracense cum notis, in-fol. vél. *b.*

Cet antiphonaire provient de la chapelle de l'ancien collége de Cambrai; les grandes initiales sont en or, avec des vignettes.

41. Ordo officii divini simul et lectiones plurimorum sanctorum, in-fol. vél. *b.*

Cet *ordo* est précieux sous le rapport des notes historiques qu'il renferme.

42. Ordo officii divini pro ecclesiâ Sti. Gaugerici Camerac : in-fol. vél. *b.*

43. Collectæ per annum ad usum chori, in-fol. vél. *b.*

44. Collectæ per anni circulum, in-fol. vél. *b*.
En mauvais état.

45. Collectæ per anni circulum, in-4.° vél. *b*.
L'écriture, qui est fort belle, paraît être d'une haute antiquité ; les initiales sont diversement coloriées et les ornemens parfaitement conservés.

46. Collectæ per anni circulum, in-4.° vél.

47. Collectæ festorum et sanctorum per annum, in-4.° vél. *b*.

48. Breviarium Cameracence cum antiphonis et responsis notatis, in-fol. vél. *b*.
Un peu altéré.

49. Breviarium antiquum, in-4.° vél. *b*. s. s.
Très bien conservé.

50. Passiones quatuor evangelistarum cum notis, in-fol. *ph*.

51. Invitatoria et Responsoria per annum cum notis, in-fol. *v*.
Le volume est terminé par ces mots : *Scripsit C. Mehain, Magnus Vicarius,* 1722.

52. Responsoria per annum cum notis, in-fol. vél. *b*.

53. Invitatoria et Responsoria per annum notata, in-fol. vél. *b*.

54. Officium divinum ab adventu ad festum paschæ cum rubricis, in-4.° *ph*.
Écriture du 17° siècle.

55. Liber Psalmorum, in-4.° vél. *b*.
Ce Ms. remonte certainement plus haut que le 11° siècle. Il est même à remarquer que, sur le calendrier qui est en tête du volume, les fêtes de St. Géry sont d'une autre écriture que le corps du livre ; la fête de St. Henri, au 15 juillet, est également indiquée par une autre écriture. Ce livre, qui n'est pas l'un des moins précieux de la bibliothèque de Cambrai, est incomplet ; il finit au verset 56 du psaume 118.

56. Horæ variæ ad usum ecclesiæ Cameracensis, in-fol. vél. *b*.

Ms. du 15ᵉ siècle. Vers la fin du volume se trouve un récit de la passion de St. Étienne, en langue romane, qui commence ainsi :

> Attendes tout a cest sermon,
> Et clerc et lay tont enuiron ;
> Conter vo wel la passion
> De Saint Estene le baron ;
> Comment et par quel mesproison
> Le lapidèrent ly felon
> Pour Jhū Crist et pour son non.
> Jà l'ores lire en la lechon.

L'abbé Le Bœuf prétend que les actes de St. Étienne étaient traduits en langue vulgaire dès le neuvième siècle. Voyez *Mém. de l'Acad. des inscript. et b. lettres*, t. 17, p. 714 – 717 : *Glossarium* de Ducange, au mot *Farsia : Histoire littéraire de France*, t. x, p. lxviij.

57. Breviarium Cameracense, in-4.º vél. *b*.

58. Alleluia et Tractus per annum in diebus dominicis et festis, cum notis, in-4.º vél. *b*.

59. Invitatoria de tempore et in festis per annum, cum notis, in-4.º vél. *b*.

A l'usage de la fabrique de la Métr. de Cambrai pour le côté gauche du chœur.

60. Graduale, Tractus et Alleluia cum notis, in-fol. vél. *b*.

61. Graduale et Prosæ cum notis antiquis, in-4.º vél. *b*.

L'écriture et les notes décèlent une haute antiquité.

62. Graduale antiquum cum notis antiquis, in-4º vél. *b*.

Même observation que pour le volume précédent.

63. Invitatoria diversa cum notis, in-4.º vél. *b*.

64. Invitatoria diversa cum notis, in-4.º vél. *b*.

65. Responsoria, Collectæ et Missa cum notis, in-fol., vél. *ph.* s. s.

66. Passiones quatuor evangelistarum cum notis, in-4.°, vél. *ph.* s. s.

67. In festis Sti. Angilberti et Sti. Richarii Antiphonæ, Hymni et Missa cum notis, in-4.°, *v.*

68. Processionale antiquum cum notis, in-4.° vél. *v.*

69. Antiphonæ, Responsoria et Missæ per annum cum notis, in-4.°, vél. *b.*

70. Officia B. Mariæ Virginis, in-4.° vél. *b.*

71. Processionale cum notis, in-4.° vél. *b.*

72. Processionale cum notis, in-4.° vél. *b.*

73. Antiphonæ et Responsoria per annum et festa cum notis, in-4.° vél. *b.*

74. Processionale cum notis, in-8.° vél. *b.*

75. Processionale antiquum, in-4.°, *v.*

76. Graduale cum notis, in-8.°, vél. *v.*

Ce graduel a été écrit au 11e siècle pour l'usage de l'abbaye de St.-Vaast d'Arras. Les notes musicales sont singulières et telles qu'on les formait avant l'invention de la gamme par Gui Arétin.

77. Processionale cum notis, in-8.° vél. *b.*

78. Ordinarium missæ. Item Missæ variorum sanctorum et de tempore, Responsoria, Evangelia, Collectæ et Antiphonæ cum notis, in-4.° vél. *b.*

79. Prosæ, Antiphonæ, et alia plurima cum notis, in-8.°, vél. *b.*

Ce Ms. est au moins aussi ancien que le n° 76. Il est, ainsi que le premier, dans un bon état de conservation.

80. Processionale cum notis, in-8.º vél. *b*.

81. Orationes, Antiphonæ et Missa in rogationibus et Missa, in-4.º *v*.
Ms. de 1755.

82. Recueil de noëls nouveaux et de cantiques pieux, in-4.º *ph*.

83. Processionale antiquum cum notis, in-4.º vél. *v*.

84. Antiphonæ in variis anni festis, cum notis, in-8.º vél. *v*.

85. Liber ad usum Cantoris ecclesiæ metropolitanæ Cameracensis cum notis, in-8.º vél. *v*.

86. Commencement des antiennes notées à l'usage des chantres, in-8.º vél. *b*.
Écrit par Ferreol Terrache, grand-vicaire de la Métropole, et donné par lui aux chantres de cette église en 1727.

87. Horæ intemeratæ Virginis Mariæ. Ordinaire de l'office divin. Nécrologe, in-4.º *b*.
Écriture du 15ᵉ siècle, très belle et très lisible. Ce Ms. était à l'usage des sœurs hospitalières de St.-Jacques, ordre de St.-Augustin, dites sœurs noires, sur la Place-au-Bois, à Cambrai. Les instructions pour la célébration de l'office divin et pour le régime intérieur de la maison sont rédigées en vieux français. Le volume est terminé par des notes nécrologiques sur les religieuses de cette maison.

88. Heures de la Ste. Croix, de Notre-Dame, des morts, et autres, in-4.º vél. *b*. s. s.
Orné d'un très grand nombre de lettres historiées, de figures enluminées et rehaussées d'or; initiales en or à chaque deuxième verset; figures grotesques sur beaucoup de pages: écriture du 14ᵉ siècle, grande et très lisible. Les heures de la croix sont en langue romane; en voici le début:

« O boins Cris ki à la nuit de ta passion vausis soufrir
» que Judas le traitres par signes de baisier te mesist es

» mains des felons qui te menèrent destroitement loyet
» comme larron à la maison dou prince des prestres. »

A la suite de ces heures se trouve ce qui suit :

« Ce sont les requestes que on doit faire à la benoite
» Vierge Marie en lonor et en la remembrance de ses
» IX joies. »

Puis des cantiques à la Vierge, ainsi intitulés :

« Ci commenche une oraison de n̄re dame q̄ est apelée
» *O intemerata*, translatée en roumans. »

Ce riche Ms. est en très bon état ; il mérite l'attention des amateurs comme monument de l'histoire des arts et de notre ancien langage.

89. Lectiones per anni circulum, in-4.º vél. *b*.

Écriture du 15ᵉ siècle. Le volume est altéré dans les dernières pages.

90. Liber lectionum per annum, in-4.º vél. *b*.

L'écriture de ce Ms. est du 13ᵉ siècle ; les premières et les dernières pages manquent.

91. Breviarium antiquum, in-4.º vél. *b*.

Ce Ms. nous paraît devoir remonter au moins au 11ᵉ siècle. La fête de St. Henri n'est point indiquée sur le calendrier, quoique ce saint fût en grande vénération dans l'église de Cambrai.

92. Breviarium antiquum, *orné de vignettes enluminées*, in-4.º vél. *v*.

Ce bréviaire, qui est enrichi d'initiales en or, de jolies vignettes et autres ornemens, paraît appartenir au 14ᵉ siècle. La fête de St. Henri est indiquée dans le calendrier. On lit ce qui suit sur la dernière page : *Istam breviarii partem unā cum hyemali emit ab executoribus domini quondam Johannis Carlerii venerandus dominus Bartholomeus Malaquin canonicus Cameracen : quam ad usum chori ejusdem ecclesiē in sinistra parte locando sponte donavit. Anno videlicet Domini millesimo quadringentesimo octuagesimo octavo. Summi largitor prœmii sit ei remunerator. Amen.* (V. *Cat. de* Mutte, nᵒ 448.)

93. Breviarium Cameracense, in-fol. vél. *b*.

Ce bréviaire, endommagé vers la fin du volume, nous

semble être du 12ᵉ siècle. On lit sur la couverture qu'il a été donné à l'église de Cambrai, par Jean Doby, chapelain.

94. Breviarium antiquum, in-4.° vél. *b*.

Ce Ms., qui est fort endommagé, paraît être de la même époque que le précédent.

95. Breviarium romanum, in-8.° *b*. s.s.

L'écriture en est très serrée et peu lisible.

96. Capitula et Collectæ per annum, in-8.° vél. *b*.

Écriture grande, lisible, fort ancienne. Le volume est un peu souillé par le long usage qu'on en a fait.

97. Psalterium, in-4.°, vél. *sans couverture*.

Ce que nous avons dit du Ms. précédent peut s'appliquer également à celui-ci.

98. Breviarium antiquum, in-4.° vél. *v*.

Ce Ms., enrichi d'initiales en or et d'une très belle écriture, a été confectionné par Jean Petit de Bretagne, à la demande de Raoul Leprêtre, archidiacre de Hainaut et chanoine de Cambrai. L'écrivain a commencé ce travail le jour de St. Pierre et St. Paul, 1400, et l'a terminé à pareil jour en 1402. C'est ce qui résulte de la note suivante placée au verso du folio 340 : *Istud breviarium completum in duobus voluminibus fecit fieri dominus Radulphus Presbyteri, archidiaconus Hannonie et canonicus in ecclesiā Cameracensi, a festo beatorum āplorum Petri et Pauli anni quadrigentisimi usq̄ ad ipm̄ festum anni iiij.ᶜ ij. per me Johēm Parvi de Britania. Si placet pro nobis orate.* A la suite de cette note, le célèbre Pierre D'Ailly a écrit ces mots de sa propre main :

Et q̄ cessit Dnō Petro de Allyaco epō Cameracen; in cujus rei testiōnium se sua manu s̄bsc̄psit P. Eps̄ Camācen.

99. Breviarium antiquum, in-4.° vél. *b*.

Ce Ms. à longues lignes est certainement du 11ᵉ siècle, s'il ne remonte pas plus haut encore.

100. Breviarium antiquum, in-8.° vél. *b*.

Ce Ms. est endommagé sur plusieurs points.

101. Breviarium antiquum, in-8.º vél. *b.*
Même écriture que le n° 95.

102. Breviarium antiquum, in-8.º *b.*
Même écriture que le précédent.

103. Breviarium antiquum, in-8.º 2 vol. vél.
Ms. remarquable par ses vignettes, ses ornemens et les figures bouffonnes qu'on y remarque.

104. Breviarium antiquum, *orné de vignettes enluminées*, in-8.º vél. *b.*
Ms. parfaitement conservé quoiqu'assez ancien. A la 1re page du calendrier, qui se trouve au tiers du volume, on remarque un écusson tenu par un lion d'or ; cet écu est d'azur, à un chevron d'or et à trois molettes de même, deux et une.

105. Officium defunctorum, in-4.º vél. *b.*
Ce Ms. était à l'usage de l'église première collégiale de St.-Géry.

106. Officium defunctorum, in-4.º vél. *b.*

107. Horæ B. Mariæ Virginis. Psalmi pœnitentiales et Officium defunctorum, in-4.º vél. *b.*
Superbe Ms., enrichi sur toutes les pages de vignettes d'une grande fraîcheur, d'initiales rehaussées d'or. A chaque division de l'office on trouve un tableau représentant un trait de la vie de la Ste. Vierge et quelques autres sujets de la bible. Ce Ms., parfaitement conservé, paraît appartenir au 14e siècle. Le calendrier est en français. Il ne semble pas avoir été écrit spécialement pour Cambrai, puisqu'on n'y trouve ni la fête de St. Vaast au 6 février, ni celle de St. Géry au 11 août, ni celle de St. Aubert au 13 décembre, ni celle de Ste Maxellende au 13 novembre.

108. Horæ Beatæ Mariæ Virginis, in-8.º vél. *v. s. s.*
Ces heures de la Ste. Vierge, qui sont à peu près aussi remarquables que les précédentes, paraissent avoir été faites d'après elles. Dans le calendrier, qui est en latin, on trouve plusieurs saints du pays, tels que St. Vaast, St. Amand,

St. Omer. Ce Ms. a appartenu successivement à *Antonet de Lecambre, demorant en la rue St.-Martin à l'enseigne de St.-Christophe; à Marguerite Ardent*, qui vivait en 1604; *puis à Catherine Marokin.*

109. **Breviarium Cameracense**, in-8.° vél.

Les premières et les dernières pages de ce bréviaire manquent.

110. **Breviarium de sanctis**, in-8.° *v.*

Ce bréviaire commence à la fête de St. André; l'écriture en est peu lisible; il est terminé par l'office des différentes fêtes de la Vierge.

111. **Breviarium antiquum**, in-8.° vél. *v.* s. s.

Quelques pages manquent au commencement. La pagination ne commence que vers le milieu du volume.

112. **Pars verna Breviarii**, in-8.° *b.*

Écriture peu lisible du 15ᵉ siècle.

113. **Præcepta synodalia pro ecclesia Stæ.-Crucis Cameracensis**, in-4.° vél. *b.*

Ce Ms., qui appartenait au chapitre de Ste.-Croix à Cambrai, commence par ces mots : *Districtè præcipimus sacerdotibus ut eorum omnium duæ partes de quolibet decanatu mente discretiores et ad laborem corporum viribus aptiores ad arbitrium et electionem decanorum suorum ad Synodum veniant.* Ce sont les anciens statuts renouvelés sous Robert de Croy dans le synode de 1550.

114. **Exercices pieux pour les indulgences accordées par Rome**, *orné de figures enluminées*, in-4.° vél. *v.* s. s.

En tête du volume on lit ceci : *Sensieult une bonne information pour tous ceulx et celles qui ont la grace de acquerre partout où il soient les pardons et aultres indulgences qui sont à Romme tout au loing de l'an.* Les 6 premières figures, qui sont d'un dessin assez grossier, représentent les principales églises de Rome. Toutes les instructions sont en français. Le Ms. porte la date du 26 mars 1550.

115. **Ordo benedictionis mensæ per annum**, in-8.° vél. *b.* s. s.

Le volume contient des formules de *benedicite* adaptées aux principales fêtes de l'année.

116. Repertorium Sanctorum per annum occurrentium quorum gesta et passiones in cœnobio S. Sepulcri Cameracensis in diversis codicibus sparsim habentur, in-4.° *b. s. s.*

Ce volume curieux contient une légende qui renvoie à un grand nombre de traités et de martyrologes plus ou moins connus, qui sont indiqués sur la 1re page.

117. Breviarii antiqui pars hyemalis et æstivalis, in-8.° 2 vol. vél. *b.*

Il manque, au commencement du premier volume, 62 pages. Le second volume, qui contient la partie d'été, est en meilleur état.

118. Horæ diurnæ breviarii antiqui, in-8.° vél. *b. s. s.*

Bien conservé.

119. Lectiones breviarii antiqui, in-8.° vél. *b. s. s.*

Peu lisible et altéré en plusieurs endroits.

120. Heures chrétiennes avec les antiennes notées, in-8.° vél. *ph.*

Les 65 premiers feuillets manquent.

121. Antiphonarium, Invitatoria et Responsoria cum notis, in-8.° vél. *ph.*

Ouvrage très soigneusement écrit, ainsi que le précédent.

122. Psalterium cum antiphonis notatis, in-8.° vél. *ph.*

Ce psautier est de la même main que les 2 volumes précédents.

123. Antiphonæ et Responsoria à Dominicâ primâ adventûs ad anni finem, cum notis, *oblong. v.*

124. Recueil de chants religieux et de chants profanes en musique, in-4.° 4 vol. *v.*

En tête du 1ᵉʳ volume et en face de la 1ʳᵉ page, on a peint un joueur de harpe d'une figure grotesque, ayant un sabre au côté et monté sur un cochon. L'homme tient en main une banderolle portant la date de 1542, avec ces mots au-dessous : *Ceste livre appartient à Zeggere de Male marchand demourant à Bruges.* Il sort de la gueule du porc une autre banderolle où on lit le mot *tenor.* Une foule de figures bizarres sont répandues çà et là sur les pages en tête des trois autres volumes. Divers personnages grotesquement accoutrés indiquent les autres intonations musicales.

125. Horæ B. Mariæ Virginis, in-8.° vél. *b.*

Le calendrier placé en tête de ces heures est encore en français, ce qui indique que l'ouvrage était destiné à des femmes. L'écriture est du 15° siècle, ou même du 14.ᵉ

126. Horæ diversæ, in-8.° vél. *ph.*

Les figures ont conservé une grande partie de leur fraîcheur ; elles représentent les saints ou saintes dont il est fait mémoire. Ce Ms. paraît avoir appartenu en 1560 à Pierre de Peissant, qui y a relaté à la fin la naissance de deux de ses enfans.

127. Antiennes notées pour les Rogations, in-8.° vél. *v.*

On trouve à la fin de ce volume des notes sur le décès de trois chanoines de la Métropole : Jean-Augustin Stiévenard, Louis-François de Brias, et Alexandre de Bernière.

128. Heures diverses de la Ste. Vierge, Psaumes pénitentiaux et Offices des morts, in-8.° vél.

Ces heures sont encore très dignes de remarque par la richesse de leurs vignettes, la pureté et la fraîcheur de l'or dont les encadremens et les capitales sont rehaussés. Divers petits tableaux s'y font en outre observer ; ce sont des sujets tirés de l'ancien et du nouveau testament. Le calendrier est en français.

129. Breviarium antiquum, in-16. vél. *b.* s. s

Ce bréviaire, provenant originairement du chapitre de Ste.-Aldegonde, à Maubeuge, passa ensuite dans les mains du savant Mutte, doyen de Cambrai. Il a été écrit au commencement du 14ᵉ siècle. Au revers de chaque page du calendrier se trouve un petit tableau représentant, à droite, l'un des signes du zodiaque, et à gauche, les travaux ou plaisirs de la saison. Les peintures et rubriques sont dignes de remarque. (V. *Catal. de* Mutte, n° 450.)

130. Breviarium ad usum ecclesiæ Cameracensis, in-16. C. M.

Ce Ms., dont le commencement manque, a été écrit au commencement du 14° siècle; on y trouve à la fin une note qui indique que Pierre *de Palude*, patriarche de Jérusalem, fut postulé par le chapitre pour être évêque de Cambrai, en janvier 1335. Il s'agissait alors de donner un successeur à Guy d'Auvergne. Ce fut Guillaume d'Auxone qui l'emporta. Ce volume est en mauvais état.

131. Officium defunctorum et alia, in-8.° vél. *b*.

Ms. un peu souillé.

132. Psalterium, in-16. vél. *b*.

Ce psautier est bien conservé. On a ajouté, à la fin, des hymnes et antiennes notées; cette dernière partie est écrite sur papier.

133. Horæ B. Mariæ Virginis, in-16. vél. *b*.

Orné de vignettes enluminées.

Le calendrier est incomplet et le volume a été déchiré en plusieurs endroits; on voit qu'il a appartenu à Nicolas-Joseph *Serret*.

134. Liber inscriptus *Doctrina cordis*, in-8.° vél. *v*.

Ce Ms., d'une écriture à longues lignes du 13° siècle, paraît être un traité de morale et une règle de conduite pour les maisons religieuses; il contient 126 feuillets. La bibliothèque de Lille possède aussi un Ms. du *Doctrina cordis*, écrit en 1483. (V. le *Catal.* de sir Thomas Philips, page 15.) Ce traité se trouvait également à l'abbaye de St.-Martin à Tournay, et dans celle de Cambron avec désignation du nom de l'auteur, *Joannes Divinus*. (V. Sanderus, *Bibl. Ms*.*ta Belg.*, pp. 135 et 359). Il commence par ces mots : *Præparate corda vestra Domino, verba sunt Samuelis.*

135. Conclusiones super librum sententiarum, in-8.º vél.

Écriture très menue et très peu lisible. L'auteur est *Hymbertus Abbas Prulliaci;* c'est au moins ce qui semble résulter du titre écrit sur le dos du livre. A la fin on lit: *Explicit libellus conclusionum... à fratre Humberto monacho Cysterciensi sup. libr. sententiarum. Compilatus est autem liber iste à fratre H. anno Dominicæ incarnationis* 1294 *ad honorem Dei....* Cet écrivain est nommé *Heribertus de Pulliaco,* dans la *Bibliotheca Ms'ª* de Montfaucon, t. 2, p. 1285.

136. De regulis observandis in officio pontificali, in-12. *ph.*

Ce petit Ms. a appartenu à l'abbé Mutte.

137. Expositio Johannis, episcopi Sabinensis, quondam decani Ambianensis, super cantica canticorum, à sacrosanctâ romanâ ecclesiâ approbata, anno Domini MCCXXXIII, petit in-12.

L'auteur de ce traité est Jean d'Abbeville ou Jean Allegrin, qui, après avoir été doyen d'Amiens, fut cardinal et évêque de Sabine depuis 1227 jusqu'en 1237. Son ouvrage a été imprimé à Paris avec celui de Thomas le Cistercien sur le même sujet, in-fol. 1521. Les bénédictins, auteurs du *Voyage littéraire,* in-4°, Paris, 1717, 1ʳᵉ partie, p. 180, font mention d'un Ms. du même ouvrage où Jean Allegrin est nommé Jean *Roussel.*

138. Præparatio sacerdotis ad missam, in-16. *v. s. s.*

139. Præparatio sacerdotis ad missam, in-16.

A la suite de cette *præparatio* qui comprend sept parties, correspondant aux sept jours de la semaine, viennent, 1° *Utiles considerationes circà preparationem ad celebrandum,* 2° *Sententiæ ex libris Sancti Bernardi abbatis,* 3° *Libellus conscientiæ,* 4° *Speculum prædicatoribus valdè proficuum,* 5° *Tractatus de arte benè moriendi,* 6° *Primus liber magistri Johannis* GERSON *cancellarii Parisiensis de* IMITATIONE CHRISTI. Ce 1ᵉʳ livre est composé de 25 chapitres dont le dernier est intitulé : *De ferventi emendacione totius vite nostre.* 7° *Lamentatio animæ agonizantis.* Le Ms. est du 15ᵉ siècle.

140. Vita S. Gaugerici. Officium S. Gaugerici. Translatio S. Gaugerici. Officium parvum B. Mariæ, etc.

Écrit au 16ᵉ siècle. La vie de St. Géry, qui se trouve en tête de ce Ms., commence par ces mots : *Beatus Gaugericus Evosio Galliarum oppido quod ecclesie subjacet Trevirensi oriundus.* C'est un abregé de celle qui a été donnée par le bollandiste Van den Bosch, et que Ghesquière a reproduite dans les *Acta Sanctorum Belgii.* t. 2, p. 271.

141. Antiphonæ, Hymni et Psalmi, et Cantica cum notis, in-16. *v.*

Écriture moderne.

142. Missale Cameracense, in-fol. vél. *b.*

Orné de vignettes, de capitales enluminées, grande écriture du 15ᵉ siècle.

143. Missale Cameracense cum notis, in-fol. vél. *b.*

Suite du volume précédent, vignettes, capitales et ornemens analogues.

144. Missale ad usum ecclesiæ collegiatæ S.-Gaugerici, in-fol. vél. *b. doré sur tranche.*

Ce Ms. a été fait en 1738 par François d'Ostrel, d'abord chanoine de St.-Géry, puis de la Métropole de Cambrai, *sui erga divinum cultum studii suæque in collegas observantiæ munimentum relicturus.* Au haut du livre on voit l'empreinte du sceau de St.-Géry, presqu'effacé, avec cette légende : *Sig. ecclie Scti. Gaugerici.* Autour de ce médaillon on a écrit : *Sainct Géry faira toujours notre gloire.* Au bas sont les armes de la famille d'Ostrel, avec cette devise : *Le plaisir fait vivre d'Ostrel.* Ce volume, qui est très soigné, n'a point été écrit à la plume, mais bien avec des caractères formés sur une planche de cuivre, à l'aide d'un emporte-pièce.

145. Missale ad usum S.-Gaugerici Cameracensis, *orné de vignettes,* in-fol. vél. *b.*

Écriture du 14ᵉ siècle, capitales en or.

146. Missale secundum usum Romanæ curiæ, in-fol. vél. *b.*

Ce Ms. n'a point été destiné primitivement au diocèse de Cambrai, puisque le calendrier n'indique aucun des saints qui sont spécialement honorés dans ce diocèse. Du reste il appartient comme le précédent au 14ᵉ siècle. Il est également remarquable par ses vignettes rehaussées d'or et ses capitales enluminées. Au bas de la 1ʳᵉ page se trouve un écusson de gueules surmonté d'un chapeau de même, et traversé de haut en bas et de gauche à droite, d'une bande de sable.

147. Missale ad usum ecclesiæ Cameracensis, vél. *b*.

Le calendrier est un peu endommagé; l'écriture semble appartenir au 14ᵉ siècle. Orné de vignettes.

148. Missale Cameracense, in-fol. vél.

Écriture à peu près de la même époque que le précédent.

149. Missale Cameracense, in-fol. vél. *b*.

Ms. du 13ᵉ siècle, capitales enluminées, écriture très grande; vers le milieu du volume une peinture représentant la passion sur le portail d'une grande église; l'arbre de la croix a ceci de remarquable qu'il est fait d'un bois noueux et non façonné.

150. Missale Cameracense cum notis, in-fol. vél. *b*.

Grande écriture du 14ᵉ siècle, orné de vignettes.

151. Missale à mense Martio ad Decembrem, in-fol. vél. *v. doré sur tranche*.

Les mois de janvier, de février et une partie de mars manquent au calendrier; quelques pages paraissent aussi avoir été arrachées à la fin du volume, qui du reste est d'une exécution fort soignée.

152. Missale Cameracense, in-fol. vél. *b*.

Ce missel est dû à la munificence de Robert de Coucy, chanoine et chantre de l'église de Cambrai, au 14ᵉ siècle; le calligraphe a placé les vers suivans en face du frontispice:

> *Natus in Anglorum terris, alumpnus eorum*
> *Stirpibus immensis, Robertus Cuciacensis,*
> *Gallicus et patris et Scotus origine matris,*

Hunc librum fieri fecit, sibi tu misereri,
Christe, velis et ei sedem præstes requiei. Amen.

A la suite de ces vers léonins se trouve une note qui indique la date du décès du père et de la mère de Robert de Coucy ; elle est ainsi conçue : *Dñus Ingelrannus de Gynis, Dominus de Couchiaco et de Monte Mirabili obiit II nonas januarii, anno Domini millesimo trecentesimo vicesimo tertio. Dña Christiana de Lindesay, Domina de Couchiaco, obiit XV calendas januarii, feria sextâ, anno Domini* MCCCXXXIII.

153. Missale Cameracense cum notis, in-fol. vél. *b*.

Ce volume paraît faire suite au précédent; le calendrier indique au 8 janvier l'anniversaire de la mort d'Enguerrand de Guines, seigneur de Coucy. Orné de figures et vignettes.

154. Missale proprium aliquot sanctorum, in-fol. vél. *b*.

Ms. du 15ᵉ siècle, orné de figures et de vignettes.

155. Rosarium Guidonis archidiaconi, in-fol. vél. *b*.

Écriture très serrée, à 2 colonnes. On doit cette vaste compilation sur les décrétales à Gui de Baiso, archidiacre de Bologne, qui la dédia à Gérard Blanchus, cardinal-évêque de Sabine, mort en 1302. Notre Ms. porte à la fin une note conçue en ces termes : *Explicit Rosarium Guidonis archidiaconi Bonon. Istud Rosarium fecit scribi Parisiis Guill. de Compendio, cantor ecclesie Beate Marie de Villa Mauri Trec. dioc., et fuit inceptum anno Domini* MCCCXXI *in crastino omnium Sanctorum, et fuit finitum anno Dñi* MCCCXXIII *die Jovis prima ante Pentecosten.* C'est à tort que dans les *Rech. sur l'Égl. métr. de Cambrai*, p. 220, j'ai cru pouvoir attribuer cet ouvrage à Gui de Collemède.

156. Cérémonies du Jubilé, matières liturgiques, in-fol. *ph*. C. M.

Carton contenant des documens recueillis par l'abbé Mutte sur la manière dont on devait célébrer le Jubilé de 1770 à Cambrai, plus des notes intéressantes et une correspondance savante sur divers points de la liturgie de Cambrai.

157. Opera varia divi Augustini. Isidorus de summo bono, in-fol. vél. *b*.

Ms. du 15e siècle, à 2 colonnes. Les ouvrages de St. Augustin qui s'y trouvent sont : *Confessiones* ; *De spiritu et animâ* ; *Enchiridion* ; *De caritate* ; *De videndo Deo*, 28 lettres et 10 homélies. Le traité *de summo bono*, par St. Isidore de Séville, est celui qui, dans l'édition de Madrid, in-fol. 2 vol. 1778, a pour titre *Liber sententiarum*. Ce traité est en 3 livres. La pagination du Ms. s'arrête à la page CCC ; les pages suivantes non chiffrées contiennent 3 autres homélies et *Liber de ordine*.

158. Sacramentarium, in-fol. 2 vol. vél. C. M.

Ces 2 volumes, d'environ 15 pouces de haut sur 4 pouces de large, paraissent appartenir au 9e siècle. L'écriture est une belle minuscule carlovingienne. Les 4 1res pages sont en ONCIALES D'OR. Les mots *vere* et *te* de la 2e et de la 4e page du 1er volume forment des espèces de monogrammes en or d'une dimension extraordinaire. La feuille de *garde*, qui est en tête du 1er volume offre une charte originale datée *anno* XXXVI *regni Donmi Karoli*, ce qui peut se rapporter, je crois, à l'an 875, 36e du règne de Charles-le-Chauve.

159. Sacramentarium Hildoardi episcopi, in-fol. vél. *b*. C. M.

Ce volume, qui est de la même forme que ceux du n° précédent, a 3 pouces de moins sur la longueur. L'écriture est une minuscule rustique, qui appartient plus à la mérovingienne qu'à la carlovingienne : après 4 cahiers qui ne paraissent pas de la même main, le 5e offre 5 pages de vélin pourpré écrit en LETTRES D'OR. Vers la fin du volume on trouve cette indication en lettres onciales : *Hildoardus præsul anno* XXII *sui onus episcopatum* (sic) *hunc libellum sacramentorum fieri promulgavit*. La 22e année de l'épiscopat d'Hildouard, évêque de Cambrai, répond à l'an 785.

160. Flores extracti de libris S. Augustini de civitate Dei, in-fol. vél. *b*.

Ms. très soigné, à 2 colonnes, enrichi de capitales enluminées et quelquefois rehaussées d'or. A la fin du volume se trouve un petit traité intitulé : *Quæstio disputata per*

D. Petrum Bertrandi episcopum Eduensem super jurisdictione ecclesiæ. Pierre Bertrandi siégea à Autun depuis 1319 jusqu'à 1348.

161. Lactantii Firmiani divinarum institutionum libri septem, in-fol. vél. *b*. C. M.

Ce Ms. nous semble encore devoir appartenir au 14ᵉ siècle. L'ouvrage commence par des passages extraits de divers auteurs qui ont parlé du mérite de Lactance; le plus ancien de ces auteurs est St. Jérôme et le dernier Raoul de Presle. Viennent ensuite 5 pages d'additions pour le 4ᵉ et le 7ᵉ chapitre; ces additions se composent des prédictions sibyllines, dont on a fait allusion à la religion chrétienne. Ces prophéties sont en grec et en latin; sur la 1ʳᵉ page seulement on a intercalé entre les lignes du texte grec les caractères latins équivalents. A la suite des œuvres de Lactance, le calligraphe a inséré : *Liber Petri Alphonsi contrà Judeos intitulatus.* On sait que Pierre Alphonse, juif espagnol converti, vivait au 11ᵉ siècle. (V. l'article que M. Labouderie lui a consacré dans la *Biographie universelle.*)

162. Pars 2ᵃ principalis magisterii sapientialis R. Guillermi de Alvernia, quæ nuncupatur De Universo, in-fol. vél. *b*. C. M.

Ce livre paraît provenir du même calligraphe que le précédent; il est également soigné. Guillaume d'Auvergne, qui en est l'auteur, fut évêque de Paris depuis 1228 jusqu'en 1248. Le traité *De Universo*, dont ce Ms. contient la 2ᵉ partie, est un ouvrage de science universelle. La 1ʳᵉ partie concerne le monde matériel, les êtres créés, l'éternité, la providence qui dirige les choses d'ici-bas. La 2ᵉ est relative au monde spirituel, aux anges, démons, âmes, à leur nature, etc. Les œuvres de Guillaume ont été recueillies et publiées en 2 vol. in-fol. Venise 1591, et Orléans 1674.

163. Liber Haly, filii Halchamet Hebraei, de electionibus horarum, in-fol. vél. *b*. C. M.

Ce Ms., que le premier rédacteur du catalogue, trompé par le mot *horarum*, a placé mal à propos au milieu des livres liturgiques et ascétiques, est un recueil d'astrologie judiciaire. L'écriture est du 14ᵉ siècle, à 2 colonnes. Au bas de la 1ʳᵉ page on lit cette indication : *Hic liber electionum horarum laudabilium translatus fuit de arabico in latinum in civitate Barchinona ab Abraham Judeo, excellente interprete qui dicitur* salva corda, *et facta est ejus translatio die lune et septimo kalendas ottobris et quarto die mensis lunaris qui dicitur* Dulceda, *hora* 13ᵃ *ascendente aquario anno Domini* 113 1° *anno Alexandri.* Outre cet ouvrage notre Ms. contient encore : *Liber de magnis conjunctionibus Albumazar. Liber erarum. Liber de ymbribus.* A la fin du volume on a ajouté un cahier d'une écriture beaucoup plus ancienne, contenant, 1° *Aliqua notabilia de compoto*, 2° *Interrogatio Karoli magni ad Alcuinum.* Ce dernier opuscule est un dialogue entre Charlemagne et Alcuin sur la rhétorique.

164. **Expositiones variæ de divinis officiis**, etc., in-fol. vél. *b.* c. m.

Beau Ms. à 2 colonnes, écriture du 14ᵉ siècle. Les 44 premiers feuillets sont remplis par des instructions et homélies sur les dimanches et fêtes. Vient ensuite un traité intitulé : *Micrologus de ecclesiasticis observationibus.* Cet ouvrage, dont l'auteur a été long-temps inconnu, est dû à St. Ives, évêque de Chartres, mort en 1116. Il a été inséré dans le tome 18 de la *Bibliothèque des Pères*, imprimée à Lyon. Jacques Pamèle l'a publié séparément, Anvers, Plantin, 1565. Ce Ms. contient un chapitre du *micrologus* qui ne se trouve ni dans l'édition de Pamèle ni dans celle de Lyon ; mais le P. Labbe l'a donné dans le tome 9 de sa *Collection des Conciles.* Notre volume offre en outre un traité *De divinis officiis* ; plus 39 lettres d'Hildebert, évêque du Mans et archevêque de Tours, au 11ᵉ siècle.

165. **Calendarium ecclesiæ. Item de præbendis**, in-fol. vél. *b.*

Ce Ms. est surtout intéressant parce que, en regard de chaque jour, sur le calendrier on trouve le nom du personnage laïque ou ecclésiastique dont l'église de Cambrai devait faire mémoire tous les ans dans ses offices à pareil jour. A la suite du calendrier on lit une nomenclature détaillée des biens affectés à chaque prébende du chapitre. L'écriture est du 13ᵉ siècle; les prébendes ont date certaine depuis 1282 jusqu'en 1310.

166. Soliloques de St. Augustin, in-fol. *b.* s. s.

Ce volume, qui provient de l'abbaye du St.-Sépulcre, commence par ces mots : *Chi commenche le livre Saint Augustin des seulz parlers de l'âme à Dieu. Le premier capitre du desir de veoir et de cognoistre Dieu. Sire Dieux je desire que je congnoisse toi qui es celui qui me congnoit. Sire plaise toi que je te congnoisse qui es virtu de mon âme.* A la suite des soliloques, on trouve un traité du même père sur l'écriture sainte ; puis un sermon sur le sacrement de l'autel, lequel commence ainsi : « *Qui manducat me ipse vivet propter* » *me : Johis sexto.* Ce sont les paroles Nr. Sʳ Jhesus Crist qui » sont récitées par son St. évangéliste Mˢʳ Saint Jehan. » Ce Ms., à 2 colonnes, est d'une écriture assez grande et fort lisible.

167. Pastorale divi Gregorii Papæ, in-fol. vél. *b.* c. m.

Ms. donné au chapitre par Hellin de Duri, archidiacre de Brabant vers 1364. Ce pastoral est un livre sur les devoirs des pasteurs, que St. Grégoire composa pour répondre au reproche que Jean de Ravenne lui faisait d'avoir refusé l'épiscopat.

168. Horloge de sapience, in-fol. *b.* s. s.

Ce livre a appartenu jadis à Jehan de Louverval et à Michel Daniel. C'est un ouvrage mystique en langue romane du 13ᵉ siècle, traduit de l'*Horologium sapientiæ* de Henri Suso, jacobin. Le P. Échard compte jusqu'à 5 versions françaises dont la 1ʳᵉ fut faite en 1389, par un cordelier lorrain, 24 ans après la mort de l'auteur. J'ajouterai que P. Calentyn en a publié une traduction flamande, in-12, Louvain, 1572.

169. Tractatus de humilitate, in-fol. *b.* s. a.

Ms. à 2 colonnes, écriture du 15ᵉ siècle, de la main de Thomas Blocquel, d'abord chanoine de St.-Aubert, puis chanoine gradué noble du chapitre cathédral de Cambrai. Thomas Blocquel, frère de l'abbé de St.-Aubert, fut emprisonné en 1477, par ordre de Louis xi, comme attaché au parti de la maison de Bourgogne. Il mourut le 26 mai

1505. On trouve dans ce volume d'autres traités ascétiques que celui qui est mentionné dans le titre : nous y avons remarqué un ouvrage inconnu jusqu'ici, de Henri ou Hémeric de Campo ; c'est un dialogue sur l'origine du monde, etc.

170. **Expositio bibliæ, hymnorum, legendarum, homiliarum cum accentuum distinctione à Mammotrecto, in-fol.** *ph.*

Ce livre, qui est d'une écriture très menue et très peu lisible, porte ce qui suit sur la dernière page : *Liber religiosi fratris fratris Marachisini de sacro ordine Minorum devotissimi quem ad instantiam quorumdam devotorum sacræ paginæ studio et maxime canonis Bibliæ vacantium studiosissimi contexuit. Utique perutitis viris ecclesiasticis, intellectum et divinæ sapientiæ Gustum non in cortice sed nucleo perquirentibus*, etc. L'auteur est Jean Marchesini, né à Reggio au 15ᵉ siècle Cet ouvrage a été imprimé plus de vingt fois avant l'an 1500.

171. **Pélérinage d'Enfer et de Paradis, in-fol.** *v.*

Espèce de poëme mystique et allégorique, dont le premier titre est ainsi développé : *Coment Desespéranche maine un clerc en Enfer et Espéranche le remaine par autre voie en Paradis.* Le premier hôtel où loge le clerc est l'hôtel d'Orgueil, le second l'hôtel d'Envie, le troisième l'hôtel d'Avarice, et ainsi de suite jusqu'à ce qu'il arrive à l'hôtel le plus voisin de l'Enfer, qui est celui de Luxure : il est ramené ensuite par les vertus contraires. Vers la fin du volume on trouve : *Ung sermon et traitiet des publicqs pécheurs.*

172. **Libri Policratici octo Joannis Salisberiensis, episcopi Carnotensis, in-fol. vél.** *b.*

Beau Ms. tracé de la main de Jehan Carlier, prêtre, natif de Fémy en Cambrésis, chapelain ou bénéficier de la chapelle de Ste.-Élisabeth en l'église Notre-Dame, qui acheva de l'écrire le 12 mai 1481, et qui le donna au chapitre en reconnaissance des facilités que ce corps lui avait laissées de fréquenter sa bibliothèque. On trouvera d'amples détails sur Jehan de Salisbéri et sur ses ouvrages dans l'*Histoire littéraire de la France*, t. 14, p. 89 et suiv.

173. Vision de la Rose, in-fol. *b. s. s.*

Ce traité allégorique et mystique est précédé d'une comparaison des propriétés de la rose avec les vertus de la Vierge Marie. On lit ensuite le titre suivant ; *Chi commenche le livre de la Vision de la Rose, que fist frère Adam Rose, de l'ordre des frères mineurs.*

174. Summa Baptistina. Manipulus Curatorum, in-fol. *v.*

Le prologue du 1ᵉʳ de ces 2 traités commence par ces mots : *Quoniam, ut ait Gregorius, super Ezechielem.* C'est un recueil alphabétique de matières religieuses. Le calligraphe a mis à la fin ces quatre vers :

O scriptor cessa, quoniam manus est tibi fessa,
Hoc opus est factum, lassa quiesce manum (sic);
Laus est finire, pudor est incepta perire,
Laus in fine datur, quia res in fine probatur.

Le *Manipulus Curatorum* est l'ouvrage de Gui de Montrocher, archevêque de Sens, qui florissait vers 1330. Il est adressé à Raimond, évêque de Valence. Cette instruction, imprimée à Augsbourg en 1471, a eu plus de 50 éditions dans le 15ᵉ siècle.

175. Pontificale Durandi, episcopi Mimatensis, in-fol. vél. *b.*

Beau Ms. enrichi de vignettes et de capitales rehaussées d'or. Il ne faut pas confondre cet ouvrage avec le *Rationale divinorum officiorum* du même auteur.

176. Missale Cameracense, in-fol. *b.*

Ms. très soigné, grand caractère, capitales enluminées.

177. Missale Cameracense, in-fol. vél. *b.*

Missel d'une forme et d'une écriture analogue au précédent, avec un calendrier ; vignettes.

178. Missale Romanum, in-fol. vél. *b.*

Vignettes et peintures rehaussées d'or, capitales enluminées. En tête se trouve un calendrier à l'usage des églises de Cambrai.

179. Missale Cameracense, *orné de vignettes*, in-fol. vél. *b.*

Le volume est précédé d'un calendrier à l'usage des églises de Cambrai, en tête duquel se trouve la prose *Dies illæ, dies illa*. Belle écriture à 2 colonnes étroites, capitales enluminées.

180. **Missale Cameracense**, *orné de figures et de vignettes*, in-fol. vél. *b*.

Écriture du 15ᵉ siècle, capitales enluminées, Ms. à 2 colonnes.

181. **Pars Missalis ab adventu ad pascha**, in-fol. vél. *b*.

Beau Ms. de la fin du 12ᵉ siècle, à 2 colonnes. On trouve en tête une note de M. Mutte, ainsi conçue : *Hoc codice continetur pars Missalis ad usum ecclesiæ Camerac. à Dominicâ primâ adventûs ad dominicâm in albis, et similiter missæ de sanctis à 27 nov. ad 29 apr. In fine extrà ordinem reperitur missa de S. Thomâ Cantuariensi 21 feb. 1173 inter SS. relato eâdem manu scripta quâ reliquum codicis ; hinc patet librum fuisse descriptum versùs finem sæculi* XII ; *quod etiam ex characteris specimine conjici facilè potest.* Les initiales sont enluminées et rehaussées d'or.

182. **Libri collectarum ecclesiæ Sti.-Gaugerici Cameracensis**, in-fol. vél. *b. garni en cuivre, doré sur tranche*.

Ce Ms. est l'ouvrage de Jean-Joseph Lepreux, chanoine de St.-Géry, qui l'a fait en 1755. Vers le bas du frontispice on a dessiné le dragon, attribut symbolique de l'église de St.-Géry.

183. **Liber evangeliorum per annum**, in-fol. vél. *b*. c. m.

Ce Ms., orné de vignettes, qui est malheureusement altéré sur les marges supérieures et inférieures, et dont la fin manque, porte sur la 1ʳᵉ page les armoiries de la maison de Croy avec la devise : *à jamais Croy*.

184. **Liber evangeliorum per annum**, in-4.° 2 vol. vél. c. m.

Ms. à longues lignes, enrichi d'ornemens rehaussés d'or.

185. **Epistolæ totius anni, ad usum episcopi Cameracensis**, anno 1266, in-fol. vél. *ph*. c. m.

Ce Ms., ainsi que le précédent, remonte à l'année 1266. Celui-ci porte à la fin l'indication suivante : *In nomine sancte et individue trinitatis expliciunt ēple totius anni. Domini venerabilis N. Dei gratia Camr. ēpi R. Johannes Philomena scripsit has anno incarnatōis domini* MCCLXVI. Ms. à longues lignes présentant des ornemens absolument semblables à ceux du numéro précédent. Ils étaient l'un et l'autre à l'usage de Nicolas de Fontaines, évêque de Cambrai au 13ᵉ siècle.

186. De Divinis officiis per anni circulum, in-fol. vél. *b.*

Ms. à 2 colonnes, écriture qui semble appartenir à la 1ʳᵉ moitié du 13ᵉ siècle. Peut-être ce traité est-il le même que celui qu'on attribue sous le même titre à Godefroy de Fontaines ou à Gui de Laon.

187. Rationale divinorum officiorum, in-fol. vél.

Ce livre a pour auteur Guillaume Durand, évêque de Mende, mort en 1296. L'ouvrage dont il est ici question a été imprimé à Mayence en 1459. Un exemplaire de cette édition a été vendu chez le duc de La Vallière 2700 fr.

188. Calendarium et Martyrologium, in-fol. vél. *sans couverture.*

Ms. à longues lignes, écriture du 13ᵉ siècle, capitales enluminées. Tous les versets des pseaumes, des oraisons, des antiennes, etc., sont écrits à la ligne, sous forme de vers, jusque vers le milieu du volume.

189. Calendarium et Obituarium, in-fol. vél. *v.*

Ms. du 13ᵉ siècle, avec des additions qui appartiennent aux 2 siècles suivants. Ce Ms. était à l'usage de l'église de St.-Géry.

190. Calendarium et obituarium, in-fol. vél. *b.*

Ce calendrier n'est autre chose qu'un double du précédent.

191. Calendarium et obituarium, in-fol. vél. *v.*

Ce Ms., qui appartenait, comme les précédents, au chapitre

de St.-Géry, présente une quantité de notes ajoutées, qui ne sont pas sans intérêt pour notre histoire locale.

192. Obituarium ecclesiæ Stæ.-Crucis Cameracensis, in-4.° vél. *b. garni en cuivre.*

Ce Ms., qui a appartenu à Robert Mortecrette, est chargé de notes par une main du 17e siècle. On doit croire qu'il a été confectionné en 1478, puisqu'à la page 26 on indique cette année comme l'année courante.

193. Ordinarium ecclesiæ metropolitanæ Cameracensis, in-fol. *c.* c. m.

Ms. provenant du savant Mutte, écriture du 17e siècle.

194. Rituale antiquum monasterii Sti.-Sepulchri Cameracensis, in-fol. vél. *b.* s.s.

Ms. à longues lignes, écriture petite, serrée et pourtant assez lisible.

195. Calendarium insignis ecclesiæ Cameracensis variis annotationibus illustratum, in-fol. *ph.*

Ce calendrier a été rédigé et écrit en 1605, par Julien Deligne, petit vicaire de la Métropole, qui le dédie à Guillaume de Berghes, archevêque de Cambrai, au chapitre et à tout le clergé de l'église métropolitaine ; la date du Ms. est indiquée par ce chronogramme : *eCCLesIa CaMeraCensIs totI orbI CeLebrIs. Catal. de* Mutte, n° 5853.

196. Liber evangeliorum ecclesiæ Cameracensis, in-4.° vél. *b.* c. m.

Ms. du 15e siècle, à longues lignes, un peu altéré.

197. Ordinarium Sti.-Gaugerici Cameracensis, in-fol. *v.*

Ms. du 15e siècle : à 2 colonnes, avec quelques actes ajoutés postérieurement.

198. Ordinarium Sti.-Gaugerici Cameracensis, in-fol. *v.*

Ms. à 2 colonnes, dont le commencement manque.

199. Sermo B. Ambrosii de corporis et animæ miserâ vitâ, etc., in-fol. vél. *b.* c. m.

Précieux Ms. à 2 colonnes, écriture minuscule carlovingienne, titres en lettres onciales. A la suite de l'ouvrage ci-dessus on trouve divers autres traités, savoir : un opuscule sans titre, commençant par ces mots : *In vos impletur propheticum*, et finissant par un hymne sur St. Lambert : *Ambrosii liber de bono mortis. Libellus Martini episcopi ad Mironem regem de quatuor virtutibus. Sermo Ambrosii Autberti, presbyteri, de cupiditate. De duodecim abusiva* (sic) *sœculi, Cypriani martyris. Libellus B. Augustini de disciplinâ Christianorum. Sermo Joh. episcopi de patientiâ et gratiarum actione. Tractatus Sancti Cypriani de oratione dominicâ. Libellus de conflictu vitiorum atque virtutum. Tractatus Sancti Augustini de oratione dominicâ. De symbolo apostolorum. Hæc sunt instrumenta bonorum operum. Juliani Pomerii de vitâ contemplativâ et activâ.*

200. Flores scripturarum SS. doctorum, excerpti à fratre Vincentio, in-fol. *b*. GUILL.

Ms. à longues lignes; il porte l'indication suivante à la dernière page : *Explicit Liber Florum sanctorum doctorum ex Speculo historiale fratris Vincentii ordinis fratrum prædicatorum. Finitus anno Dñi* MCCCCXLVII. *Laus Deo. In vigilia conversionis Sti. Pauli.* Les auteurs dont ce volume contient des extraits sont St. Cyprien, St. Jérôme, St. Chrisostôme, St. Augustin, Cassien, St. Prosper, Fulgence, Symmaque et Boèce, son gendre; Sidoine Apollinaire, Cassiodore, St. Grégoire, St. Isidore de Séville; Alcuin, Raban Maur, St. Anselme, archevêque de Cantorbéry; Hildebert, Hugues de St.-Victor, Hugues de Fouilloy, Richard de St.-Victor et Hélinand.

201. Horologium Sapientiæ, in-fol. *b*. GUILL.

Cet ouvrage mystique, qui est de Henri Suso, dominicain allemand, mort à Ulm le 25 janvier 1365, a été imprimé et traduit plusieurs fois dans le 15e siècle. Le Ms. est à 2 colonnes, belle écriture dite gothique. Il contient, à la suite de l'*Horologium Sapientiæ*, divers opuscules dans l'ordre suivant : *Meditationes Beati Anselmi*. Les méditations attribuées à St. Anselme, sont plutôt de Jean, abbé de Fécamp. *Meditationes Beati Augustini*. Cet ouvrage n'est pas non plus de St. Augustin. *Tractatus Sancti Basilii de Laude vite solitarie. Deploratio amisse virginitatis Anselmus. De-*

cem capitula quæ desunt in meditationibus Beati Bernardi. Ces 10 chapitres ne se trouvent pas en effet dans l'édition donnée par le P. Sommalius, in-16, Douai, Balth. Bellère, 1608. *Liber de profectibus religiosorum. Tractatus de spiritualibus ascensionibus. Meditationes Beati Bernardi*, ouvrage attribué mal à propos à St. Bernard, ainsi que le suivant : *Contemplationes de septem horis. Stimulus dilectionis Jesu Beati Anselmi*. Cet opuscule pourrait être d'Anselme, évêque de Lucques. *Libellus de compunctione. Liber Beati Augustini de vitâ christianâ ad quamdam viduam. Soliloquium B. Bonaventure quod dicitur imago vite*.

202. Tractatus varii, in-fol. *b*. s. s.

Ce recueil contient les traités suivants : 1° *Tractatus D. Card. Zabarellæ de unitate ecclesiæ*. 2° *De potestate Papæ et concilii generalis per D. Card. Sancti Sixti tempore Eugenii Papæ quarti*. 3° *An Papa sit super concilium ?* 4° Un traité en treize chapitres sur les conciles, commençant par ces mots : *Si est tibi intellectus, responde primo*. 5° *De ecclesiasticâ potestate*. 6° *De jurisdictione imperii et auctoritate romani pontificis*. 7° *Antiqua dicta notatu et memoriâ digna quæ ego Nicolaus siculus, abbas M. Monacensis, et in præsentia cameræ apostolicæ generalis auditor redegi... et incepi colligere A° D° MCCCCXXXIII, 9 apr. dùm essem in civitate Basiliensi...* 8° *Votum D. Joh de Segobiá, Card. super materia contractuum de censibus ad vitam ut in perpetuum*.

203. Trésor de Sapience, in-fol. *b*. s. s.

Ms. à 2 colonnes, écriture de l'an 1600 environ. Le *Trésor* est l'ouvrage de Brunetto Latini, noble florentin, qui fut obligé de chercher un asile en France vers 1260, époque où le parti des Guelfes auquel il était attaché, éprouva des revers. Voici comment Brunetto explique pourquoi il a écrit cette compilation en français. « Se aulcuns deman-
» doit pourquoy ce livre est escript en franchois, pour ce
» que nous somes Ytaliens, je diroye que c'est pour II
» causes ; l'une parce que nous somes en Franche, et
» l'autre parce que la parole est plus délectable et plus
» comunes à toutte langues. » Du reste, l'ouvrage que contient notre Ms. n'est pas absolument tel qu'il a été rédigé par le florentin réfugié : on voit que le style en a

été rajeuni ; et, ce qui prouve qu'on y a même fait des additions, c'est qu'au folio 100 il est parlé de Raoul de Presles, qui vivait un siècle après Brunetto Latini. (V. *Mém. de l'Acad. des Inscr.* t. 7, p. 297, et le *Discours sur l'état des lettres au 13e siècle*, que M. Daunou a placé en tête du 16e vol. de l'*Hist. litt. de France*, p. 27.)

204. Horloge de Sapience, in-fol. *b.* s. s.

Ms. à 2 colonnes, écriture et langage de la fin du 14e siècle. Cette traduction de l'*Horologium Sapientiæ* est la même que celle qui est indiquée plus haut sous le n° 168. Le début est conçu en ces termes : « Salomon ens ou livre
» de Sapience ou premier capitle dist : *Sentite de Domino
» in bonitate, et in simplicitate cordis quærite illum.* Sentes
» et entendes de Dieu en bonte et conferme à son ordenenche
» et à sa volente, queres sa prudence en simplece de cuer
» et en purete de pensee. » Après l'*Horloge de Sapience* on trouve d'autres traités mystiques, savoir : 1° *Chi sensieut bone doctrine*, commençant par ces mots « Qui plus sumelie,
» plus sera exauchies ; ne te vaute mie, ne te demonstre mie,
» ne quiers mie vaine gloire. » 2° *Traitie de mendicite espirituele.* 3° *Chi comencent diverses orisons et meditacions de l'ame devote selonc pluseurs materes.*

205. Le Miroir des Curés, in-fol. *v.* s. a.

Ms. à 2 colonnes. A la suite du titre on lit ces mots : *Ex compendio sacre theologie Sti. Thome de Aquino ordīs Sti. Dnīci.* L'écriture et le langage sont du 14e siècle. Le 1er chapitre est intitulé : « Chy comence li miroirs pour ceulx
» qui ont les ames en cure. » L'ouvrage est divisé en 2 parties dont la 1re contient 172 feuillets, et la 2e 148, sans les tables.

206. Speculum charitatis Ailredi. Querimonia de conflictu spiritûs et carnis ab Hildeberto, Cenom. Episcopi. Epistolæ ejusdem. De rotâ prælationis. De quatuor virtutibus, seu formulæ vitæ honestæ. Arnulfi Lexoviensis Episcopi Epistolæ, in-fol. vél. *b.* c. m.

Ms. à 2 colonnes, du 13e siècle. Ailrède ou Ealrède, abbé de Rieval ou Reverby, dans le comté de Lincoln, en

Angleterre, mourut en 1166. Son *Miroir de la charité* a été imprimé à Douai en 1631. On le trouve aussi dans le 5ᵉ volume de la *Bibliotheca Cistersiensis* et dans le 23ᵉ de la *Bibliotheca Patrum*. L'opuscule intitulé *Querimonia* est un dialogue entre l'âme et le corps qui discutent en prose et en vers sur leur prééminence respective. Les lettres d'Hildebert, qui suivent sont au nombre de 92, après lesquelles on trouve le traité *de rotâ prœlationis et simulationis,* par Hugues de Fouilloy. Après le prologue et en tête du 1ᵉʳ chapitre, qui commence par ces mots : *Viri religiosi vita sicut rota volvitur,* on a figuré une roue à 12 rayons, qui représentent les 12 vertus d'un bon religieux. Les autres parties de la roue sont également symboliques. Ce singulier ouvrage est divisé en 2 parties, mais le 1ᵉʳ feuillet de la 2ᵉ partie manque sur notre Ms. L'opuscule suivant, *De quatuor virtutibus,* est un poëme en vers élégiaques, composé par le même Hildebert. Enfin le volume est terminé par 47 lettres et 2 discours d'Arnoul, évêque de Lisieux, au 12ᵉ siècle. (V., sur ce dernier écrivain, *Hist. litt. de la France,* t. 14, p. 304-334, et sur Hugues de Fouilloy, le même ouvrage, t. 13, p. 492-507.)

207. Pelerinage de vie humaine, in-fol. *b. s. s.*

Ms. à 2 colonnes, écriture un peu négligée du 14ᵉ siècle. Le *Pelerinage* est un poëme en vers de 8 syllabes, dans lequel l'auteur rend compte de 3 songes qu'il eut après la lecture du *Roman de la Rose,* comme il le déclare lui-même dès son début :

> Une vision voeil nunchier
> Qui en dormant mavint lautrier.
> En veillant avoie leu,
> Consideré et bien veu
> Le très biel romanch de la Rose :
> Et bien croy que ce fu la chose
> Qui plus m'esmut à ce songier....
> . . . .
> Or entendes la vision
> Qui m'avint en religion,
> A labeye de Chaalit
> Si comme je estoie en men lit.

A la fin du volume on lit : « Explicit le pelerinage de » vie humaine composé par Damp Guillaume de Guilleville, » prieur de Chaalis, de l'ordene Saint Benoist (*lisez Ci-*

» *teaux*) en l'an mil III⁰ et trente. » Cet ouvrage eut tant de succès que toutes les bibliothèques un peu considérables en avaient des copies. Pour le rendre plus intelligible, Jeanne de Laval, reine de Jérusalem et comtesse de Provence, le fit réduire en prose, vers 1364, par Jean Gallopez, clerc d'Angers. (V., pour plus de détails, le *Catal. de* la Vallière, t. 2, p. 258 et suiv.)

208. Maison de Conscience. Le livre de lesperit de Guy du Torne lequel depuis sa mort sapparust à sa femme. Le livre de Seneque des quatre vertus cardinaulx, in-fol. vél. *v.* s. s.

Ms. à 2 colonnes, du 14⁰ siècle. Je n'ai pu parvenir à connaître l'auteur de la *Maison de conscience*, qui est un de ces ouvrages mystiques si goûtés dans le moyen âge. Th. Sailly, jésuite de Bruxelles, a publié en flamand une *Maison de la Conscience* : in-12, Bruxelles, 1620. Serait-ce une traduction du traité que contient notre Ms.? C'est ce que je ne puis décider. L'opuscule qui suit est le récit d'une prétendue apparition arrivée le 16 novembre 1324, *au pays de Provence, en la cité d'Alestre, qui est à 28 lieues de Vienne.* Puis commence le livre de Senèque, *des* IIII *vertus cardinaulx, translaté en français par feu maistre Jehan Courtecuisse, docteur en théologie, à très hault et très puissant prince, Jehan, filz de roi de France, duc de Berry et d'Auvergne, comte de Poictou et d'Estempes, de Boulogne et d'Auvergne.*

209. Liber Confessionum Sancti Augustini, petit in-fol. vél. *v.* s. s.

Ms. à longues lignes, très ancien, probablement du 12⁰ siècle, écriture belle et très lisible. A la fin du volume, une main du 13⁰ siècle a transcrit une lettre du pape Innocent (IV) qui recommande à l'évêque de Cambrai (Gui de Laon) Jean (de Plenaing), abbé du Saint-Sépulcre, avec lequel il était, dit-il, lié d'amitié avant d'être élevé au souverain pontificat. Cette lettre est datée de Lyon, le 8 des cal. de mai, 4⁰ année du pontificat d'Innocent, c'est-à-dire 1246 ou 1247. Enfin on a ajouté au Ms. 9 feuillets en papier, indiquant les variantes qui existent entre ce texte des *Confessions* et celui de l'édition donnée par les Bénédictins, à Paris, en 1679.

210. **Moralium Sancti Gregorii in Job libri xxxv**, in-4.° 6 vol. *b.* s.s.

Ms. à longues lignes, du 12ᵉ siècle. Sur la 1ʳᵉ page on lit ces mots en lettres onciales : *Liber Sancti Sepulchri Cameracensis. Si quis abstulerit anathema sit : servanti benedictio : tollenti maledictio. Amen.* Puis en caractères minuscules : *Obsecro quicunque hæc legeris ut* FULBERTI *scriptoris et peccatoris memineris.* Au verso de la même page on voit une peinture divisée en deux plans. Sur le 1ᵉʳ, Job s'entretient avec ses amis ; sur le 2ᵉ, Saint Grégoire, inspiré par le St.-Esprit, explique le livre de Job à ses disciples. Le feuillet suivant, d'un vélin plus blanc et d'une écriture plus moderne, est rempli par la narration de la découverte miraculeuse que fit de cet ouvrage Tagion ou Tayon, évêque de Saragosse. Puis vient l'épître de St. Grégoire à Léandre, évêque de Séville. Le 6ᵉ volume est in-fol., à 2 colonnes, d'une écriture un peu plus récente.

211. **Pastorale Sancti Gregorii**, in-4.° vél. *b.* s.s.

Ms. à longues lignes, écriture du même siècle et peut-être de la même main que le n° 210. A la fin du volume on trouve un poëme en vers hexamètres léonins sur Ste. Marie Égyptienne, par Hildebert, évêque du Mans. Ce poëme, qui doit avoir 902 vers, n'en a ici que 516. Le dernier est celui-ci :

Sis testis pacti, sis vindex tu quoque facti.

212. **Pontificale Episcoporum Cameracensium**, in-4.° vél. C. M.

Ms. à longues lignes, du 15ᵉ siècle, grande écriture, capitales coloriées, titres en rouge, ainsi que plusieurs versets et répons. Il manque un certain nombre de pages à la fin et au commencement.

213. **Pontificale Episcoporum Cameracensium**, in-4.° vél. *b.* C. M.

Ms. à 2 colonnes, écriture du 13ᵉ siècle. Il n'est fait dans ce *Pontifical* aucune mention de la fête du St. Sacrement.

214. **Pontificale Domni Henrici Episcopi Cameracensis**, in-4.° vél. *b.* C. M.

Ms. à longues lignes, excepté depuis la page CXI jusqu'à la page CXXII. Écriture du 15° siècle. En tête du volume se trouvent 16 pages non foliotées, contenant un traité *De monachis proprietariis*, suivi d'un autre intitulé : *Notabilia quædam de Sacramento Eucharistiæ*. Au haut de la page 1, on lit la signature de Henri de Berghes, évêque de Cambrai, avec la date de 1483. Cette signature est répétée sur la couverture du livre, en face de la dernière page, sur laquelle on a écrit ces mots : *D. Adrianus de Cruce, presbyter, thesaurarius et canonicus ecclesiæ Sanctæ-Crucis Cameracensis, qui ab hac luce decessit die* 13^a *novembris* 1544, *ætatis suæ* 74 *anno, dùm adhuc viveret, me Henricum Silvestri hoc Pontificali libro donavit, quem perpetuum esse volo ecclesiæ Cameracensis. Fuit enim olim... Henrici de Bergis ejusdem Episcopi*. Au recto de la même page, se lit une formule de prière pour le duc et la duchesse de Bourgogne. Des figures sont dessinées sur beaucoup de marges pour indiquer ou rappeler à l'évêque la manière d'accomplir les diverses cérémonies, ainsi que les ornemens et insignes qu'il doit successivement revêtir.

215. Manuale Sacramentorum, in-fol. vél. *b*. C. M.

En tête du volume on lit en langue vulgaire une courte instruction *pour le curé, son vice-gérant ou cōmis à visiter malade agonissans et pendant à la mort*. Grande et belle écriture du 15° siècle.

216. Manuale Sacramentorum, in-fol. vél. *b*.
Ce volume est la suite du précédent.

217. Manuale Sacramentorum, in-4.° vél. *b*. C. M.

Grande et belle écriture du 15° siècle, Ms. un peu altéré.

218. Martyrologium et Necrologium. Regula Sti. Benedicti, in-4.° vél. *b*.

Ms. qui paraît remonter au 12° siècle tout au moins; altéré par un long usage. Il est digne de l'examen des connaisseurs et des érudits. L'écriture est à longues lignes ; les capitales sont coloriées en bleu et en rouge alternativement. Il en est quelques-unes en vert.

219. Martyrologium Usuardi. Calendarium, in-4.° vél. *b*. C.M.

Ms. du 12ᵉ siècle. Usuard, moine de St.-Germain-des-Prés, écrivit son célèbre *Martyrologe* par ordre de Charles-le-Chauve. Cet ouvrage fut imprimé pour la première fois dans le *Rudimentum novitiorum*, in-fol. max. Lubeck, 1475. Jean Molanus l'a enrichi de notes dans l'édition qu'il en a donnée, in-8°, Louvain, 1568, 1573, 1577, 1583.

220. Epistolæ et evangelia per annum, in-4.° vél. *b*. C.M.

Ce Ms. paraît être à peu près de la même date que le précédent; il est à longues lignes, chargé de notes sur les marges. On a ajouté au commencement un petit cahier de 4 pages et demie, contenant des imprécations contre les persécuteurs de l'Eglise.

221. Commune Sanctorum, in-fol. *ph*. C.M.

Écriture du 16ᵉ siecle. Ce Ms. a appartenu aux héritiers d'Andrieu, de Gand. Les additions qui se trouvent à la marge sont de la main de Pierre Preudhomme, chanoine de Notre-Dame, décédé en 1628.

222. Missale Cameracense, *orné de figures et de vignettes*, in-fol. vél. *b*. C.M.

Ms. à 2 colonnes, initiales enluminées, caractères du 15ᵉ siècle.

223. Missale Cameracense, in-8.° vél.

Ce Ms. fait suite au précédent.

224. Missale Cameracense, *avec des notes anciennes*, in-4.° vél. *v*. C.M.

Ce missel est d'une haute antiquité, ainsi qu'on peut en juger par les notes du plain-chant, qui sont marquées comme on le fesait avant Guy d'Arrezzo.

225. Sacramentarium simul et officium defunctorum, in-4.° vél. *v*.

Ce volume était à l'usage du chapitre de St.-Géry; il est du 14ᵉ siècle.

226. Ordo conferendi Sacramenta, in-4.° vél. *b*. C.M.

Cet Ordo a été fait aux dépens de Pierre de Lille (*de Insula*), chapelain de la cathédrale en 1364.

227. Rubricæ quædam ad usum ecclesiæ Cameracensis, in-8.º vél. *v.*

Écrit en 1776 par Théodore J. Gilleron, novice à St.-Aubert. Le livre porte pour épigraphe ces 2 vers :

<blockquote>
Ministres du Seigneur, annoncez ses merveilles ;
Qu'elles touchent vos cœurs et frappent vos oreilles.
</blockquote>

228. Orationarium in vitam Christi, in-4.º *b.*

Ms. à longues lignes, écriture peu lisible, initiales de couleurs alternativement bleue et rouge.

229. De variis rebus quæ nobis in vita gaudium, spem, dolorem, aut metum pariunt, in-4.º vél. *b.* c. m.

Beau Ms. à longues lignes. Au commencement de la 1re page on voit une vignette représentant, à gauche, un personnage tenant un livre ouvert; à droite, un autre personnage qui fait tourner une roue à laquelle sont attachées 4 figures caractérisées par les mots *Metus, Dolor, Spes, Gaudium.* A la fin du livre, Raoul Leprêtre, archidiacre de Hainaut dans l'église de Cambrai, au commencement du 15º siècle, a écrit de sa main une note pour indiquer que ce livre lui appartenait.

230. Collationes de perfectione, in-4.º vél. *v.* c. m.

Ms. à 2 colonnes, écriture du 13° siècle, capitales coloriées. Ce livre a appartenu à Pierre Preudhomme, chanoine de Cambrai au 16° siècle. Cet ouvrage consiste en une suite de conférences entre des Pères du désert d'Égypte. Je ne sais s'il a jamais été imprimé.

231. Chemin de perfection, in-4.º vél. *v. s. s.*

Voici le véritable titre de ce Ms. : « Cy sensuit ung traictié intitulé le livre ou chemin ouquel sont contenus plusieurs chappitres, alegacions et doctrines. C'est comme un pélerinage pour cheminer par le chemin des vertus en délaissant, eschivant la voye des vices et pechez comme il s'ensuieut. » Ms. à longues lignes, écriture du 14° siècle, de la même main que le n° 208. Ensuite un autre traité qui enseigne que *pour obvier aux temptations de l'orrible prince des tenebres, il faut subvenir à avoir la gloire de Paradis* ; puis une *devote lamentacion encontre le péché de la cher.*

232. **Manipulus florum compilatus à magistro Thomâ de Hyberniâ**, in-4.° vél. *ph.* C. M.

Ms. à longues lignes, écriture du 13ᵉ siècle, contenant un recueil alphabétique d'extraits d'auteurs sacrés et même profanes, sur tous les points de doctrine et de morale. Le 1ᵉʳ mot est *Abstinentia*, le dernier, *Zelus*. L'auteur de cette compilation est Thomas *de Hyberniâ* ou Th. Palmerau, de la Société de Sorbonne, qui vivait sur la fin du 13ᵉ siècle. Il paraît d'ailleurs que ce recueil n'est pas entièrement l'ouvrage de Thomas *de Hyberniâ*, et que Thomas Walleys y a eu la plus grande part. (V. *Codices Mss. domûs S. Petri Cantabrigiensis*, nᵒˢ 1741, 1745, t. 2 de la *Bibliothèque Cottonienne.*) Le *Manipulus florum* a été imprimé à Lyon en 1679.

233. **Liber de exemplis sacræ scripturæ**, in-4° vél. *b.* C. M.

Ms. à longues lignes, écriture de la fin du 13ᵉ ou du commencement du 14ᵉ siècle; l'auteur est Nicolas de Hanapes, patriarche de Jérusalem, élu en 1288. Le livre a appartenu à Hellin de Dury, docteur en théologie, archidiacre de Brabant dans l'église de Cambrai, lequel, d'après une note placée à la fin, l'aurait acheté en 1368 pour une somme de 40 sols, ce qui valait alors 38 f. 36 c., et ce qui vaudrait aujourd'hui 115 f. 08 c. Nicolas de Hanapes fut le dernier patriarche latin de Jérusalem qui ait résidé dans le pays. Après la prise de St.-Jean-d'Acre par les Sarrasins, le 12 mai 1291, il fallut le porter de force dans une chaloupe, pour gagner ensuite une galère qui l'attendait ; encore y laissa-t-il monter un si grand nombre de personnes avec lui que la chaloupe coula à fond, et submergea le pasteur trop charitable, ainsi que tous ceux qui avaient voulu le suivre.

234. **Ethicorum Aristotelis per Leonardum Aretinum de Græco in latinum traductorum libri decem**, in-4.° vél. C. M.

Singulière méprise, d'avoir placé un ouvrage d'Aristote parmi les livres ascétiques ! Le Ms. est à longues lignes, du

15ᵉ siècle, initiales des chapitres enluminées et rehaussées d'or. Au bas de la 1ʳᵉ page on voit un écu à 2 fleurs de lys d'or, séparées par une bande de même. L'ouvrage est précédé d'une préface et d'une épître dédicatoire au pape Martin V. Je pense que cette traduction des *Éthiques d'Aristote* n'est pas connue. Du moins M. Jourdain ne l'indique pas dans *ses Rech. sur l'âge et l'origine des trad. latines d'Aristote*, in-8.º Paris, 1819.

235. Liber venerabilis Bedæ, presbyteri, de temporibus, in-4.º vél. *b.* s. s.

Ms. à longues lignes, du 13ᵉ siècle, initiales en rouge. Le vénérable Bède, auteur de cet ouvrage, vivait à la fin du 7ᵉ et au commencement du 8ᵉ siècle, en Angleterre, sa patrie.

236. Speculum Monachorum. De ordine missarum, in-fol. vél. *b.* s. s.

Ms. à 2 colonnes, au milieu duquel on a intercalé un cahier à longues lignes; l'écriture nous semble être du 11ᵉ siècle.

237. Cassiani Institutiones patrum, in-4.º vél. *b.*

Ms. à longues lignes, écriture du 10ᵉ siècle. Une main plus moderne a écrit sur la 1ʳᵉ page une courte épître adressée à l'évêque de Cambrai par B. abbé de Clairvaux. Jean Cassien vivait en 400. Dans l'église grecque et à Marseille, il est honoré comme Saint. L'ouvrage contenu dans ce Ms. traite de la manière de vivre des solitaires d'Égypte.

238. Retraites et Lettres spirituelles, in-4.º *v.*

Les auteurs de ce recueil sont Mesdames de Longueville et de Conty; les lettres sont adressées par cette dernière aux abbés de la Vergne et de Cyran; l'écriture est belle, lisible, nette; elle est du 17ᵉ siècle.

239. Beda de naturis rerum. Johannes Chrisost. de reparatione lapsi. Gregorius de concordiâ testimoniorum, in-4.º vél. *b.* s. s.

Ms. à longues lignes, du 12ᵉ siècle. A la fin du volume on trouve: *Decretum Beati Gregorii Papæ, de quiete mo-*

nachorum, puis une lettre de St. Anselme, archevêque de Cantorbéry, à un moine de Ste.-Werburge, commençant ainsi : *Audivi à Domno abbate tuo.*

240. Doctrinale carmen cum commento, in-4.° vél. *b.* C. M.

Les vers sont écrits en caractère plus grand, sur le milieu de la page, et les commentaires se trouvent tout autour en écriture tellement menue qu'elle est presqu'illisible. Il se trouve même un grand nombre d'annotations dans les interlignes. L'encre des commentaires est beaucoup moins noire que celle du texte. Voici les 1ers vers de cette espèce de poëme didactique :

> Scribe; clericalis paro doctrinale novellis,
> Pluraque doctorum sociabo scripta meorum.

241. Liber pastoralis curæ à S. Gregorio, Papa, scriptus, in-4.° vél. *v.* s. s.

Ms. à longues lignes, du 12e siècle. Les 2 1res pages sont endommagées dans leur partie supérieure. Le volume est terminé par la vie de Ste Marie égyptienne et de St. Zosime. Cette vie commence ainsi : *Fuit quidam senex in Palestinæ monasterio.*

242. Liber Bernardinus quem excerpsit et compilavit de libris et dictis Sancti Bernardi Clarævallensis Willelmus, monachus Sancti-Martini Tornacensis, in-4.° *v.* S. A.

Ms. du 13e siècle, à longues lignes. Voici comment l'auteur de cette compilation a divisé son ouvrage : 1er livre, de Dieu; 2e, de l'Homme; 3e, des Prélats; 4e, des Clercs et des Moines; 5e, des Vertus; 6e, des Vices; 7e et suivants jusqu'au 10e et dernier, de choses diverses. Après quoi viennent deux épitaphes de St. Bernard, en vers; une lettre du Saint à Romain, sous-diacre de la cour romaine; 4 vers ainsi conçus :

> Fragrat Bernardus sacer in dictis quasi nardus;
> È quibus hic tractus liber est in scripta redactus.
> Johannis est iste liber qui de Tornaco vocatur.
> Sit ab omni malo liber, omni bono repleatur.

Le reste du volume est rempli par le traité de St. Bernard contre Abailard, une lettre à Robert, son neveu, le traité de la grace et du libre arbitre, celui du précepte et de la dispense, un discours sur l'utilité de la crainte, une lettre au pape Eugène III, et enfin une autre à Thomas de St.-Omer.

243. Liber de miseriâ humanæ conditionis editus à Lothario, Diacono Cardinali Sanctorum Sergii et Bachi. Tractatus incipiens : *Licet de vitandâ discordiâ in electione romani Pontificis....* Soliloquia Beati Augustini. Liber Senecæ de quatuor virtutibus. Tractatus cujus primum capitulum inscribitur : *de studio sacerdotum in populis.* Liber Helprici de arte calculatoriâ. Summa extravagantium facta à magistro Bernardo, tunc præposito Papiensi, posteà episcopo Faventino, in-4.° vél. *b. s. s.*

Ms. à 2 colonnes, du 15ᵉ siècle. Lothaire, auteur du 1ᵉʳ ouvrage mentionné dans ce titre, parvint à la papauté sous le nom d'Innocent III, le 8 Janvier 1198. Ce traité a été imprimé pour la 1ʳᵉ fois vers 1470, in-4.°, à Mayence, par P. Schoiffer. (V. *Dict. Bibl. choisi du* 15ᵉ *siècle,* t. 3, p. 117.) Helpric, moine et écolâtre de l'abbaye de Granfeld, écrivit son traité du comput ecclésiastique ou *de arte calculatoriâ* en 980, selon Mabillon. Quant à l'ouvrage intitulé *Summa extravagantium,* je pense que c'est le *Breviarium juris canonici,* indiqué par Montfaucon comme existant Ms. dans la *Bibliothèque Ambrosienne* de Milan et dans celle du Mont-Cassin. (V. *Bibl. Ms.ᵗᵃ*, t. 1ᵉʳ, pp. 221 et 510.)

244. Documenta vitæ spiritualis, in-4.° vél. *b. s. s.*

Ms. à 2 colonnes, écriture du 15ᵉ siècle, contenant un traité en 257 chapitres, dont le 1ᵉʳ commence par ces mots : *Præpara animam tuam ante orationem,* et le dernier par ceux-ci : *in omnibus operibus tuis præcellens esto.* Il paraît que cet ouvrage, qui a été attribué à St. Bernard, est d'Arnoul, religieux de l'abbaye de Bohéri.

245. Jesus, Maria, in-4° vél.

Ces méditations spirituelles en anglais paraissent avoir appartenu à l'abbaye des Bénédictines anglaises de Cambrai.

CATALOGUE DES MANUSCRITS

246. Vraie creance, in-4.° vél. *b*. s. s.

Ce Ms., que nous plaçons parmi ceux du 14ᵉ siècle, est en langue vulgaire ; on y lit d'abord un commentaire sur le symbole des apôtres, puis un dialogue dans lequel un père enseigne à son fils toutes les vérités de la religion et de la morale. Pour donner une idée de l'ouvrage et de l'idiôme parlé alors, je citerai le passage suivant : « Biax père, a dist » le fiex, molt maves bien ensegnie de ce dont je me doutoie. » Mes vous maves molt espoente quand vous me dites que » je ne serai pas sauf pour laissier mon pechie pour la » paour denfer, se je nay encore une autre paour ovec, ce » est la paour de perdre Diu. »

247. De imitatione Christi, in-4.° *b*.

Écriture du 15ᵉ siècle. A la suite de l'Imitation on trouve un autre traité intitulé : *De Disciplinâ Claustralium*. L'Imitation de J.-C. est en 4 parties et ne porte pas de nom d'auteur.

248. Liber magistri Hugonis de vanitate et de arcâ Noë, in-4.° vél. *v*. s. s.

Écriture du 14ᵉ siècle, à longues lignes. Les deux ouvrages qu'il renferme ont été long-temps attribués à Hugues de St.-Victor. Les auteurs même de l'*Hist. litt. de France*, t. XII, p. 17, étaient dans cette conviction ; mais leur continuateur, Dom Brial, t. 13, pp. 500 et 501, s'est rangé de l'avis de Casimir Oudin qui estime que les 2 traités dont il s'agit sont des productions de Hugues de Fouilloy, prieur de St.-Laurent.

249. Speculum Ecclesiæ, in-4.° vél. *b*. c. m.

Ce volume, d'une belle écriture du 15ᵉ siècle, sur vélin très fin, à 2 colonnes, est un recueil de divers traités que je vais indiquer : *Speculum Ecclesiæ*, en 8 chap. C'est probablement l'ouvrage de Hugues de St.-Cher. *Summa de ecclesiasticis officiis*, par Guillaume d'Auxerre. *Theophrastus de nuptiis*, par Hugues de Fouilloy. *Sermo de alis angelicis, sive de Angelis. Dialogus de veteri Testamento. Elucidarium totius religionis*, par St. Anselme, de Cantorbéry. *Libri duo contrà Gentiles*, par le même. *Avicularium*, avec des figures d'oiseaux, par Hugues de Fouilloy. *Monologion*, par S. Anselme. *De incarnatione Verbi*, par le même. *De pro-*

cessione Spiritûs Sancti, par le même. *De conceptu virginali et prologion*, par le même. *Summa*, par Jean Belet. *De septem ordinibus*, par Ives de Chartres. *Sermo ad sacerdotes ordinatos. Intentio magistri Isaac in canone missæ. Officiorum libri duo*, par St. Isidore. *De divinis officiis*, par Robert, abbé de Th. *Epistola Everardi de quibusdam articulis fidei. Dialogus Roscii et Everardi. Liber Benjamin*, par Richard de St.-Victor. Dix autres traités par le même. *Super canticum canticorum. Expositio super planctum David*, par Raoul de Flavi ou de Flay.

250. **Meditationes spirituales et theologicæ.** in-4.° *b*. GUILL.

Ms. à longues lignes, écriture du 15ᵉ siècle. Ce volume contient plus de choses que n'indique le titre, puisque l'on y trouve les actes de plusieurs Saints, entr'autres de St. Guillaume, de St Baudouin, archidiacre de Laon, de Baudouin *de Bocla*, premier fondateur d'un monastère nommé *Bodelo* et de plusieurs autres Baudoins, de St. Éleuthère, de St. Eustache et de ses compagnons, de St. Liéphard ou Liphard, dont les reliques se trouvaient à l'abbaye d'Honnecourt, en Cambrésis.

251. **Hortulus rosarum de valle lacrimarum**, in-4.° *b*. s.s.

Ms. à longues lignes, du 15ᵉ siècle. L'*Hortulus rosarum*, composé de 18 chapitres, n'occupe que les 13 1ʳᵉˢ pages du volume. Le reste est rempli par les traités suivants : *Doctrina fratris Jacobi de Tuderto. Articuli fidei. Elucidarium*, ouvrage déjà mentionné dans le n° 249. *Tractatus parvulus de Sanctissimo Sacramento*; ce *petit traité* est textuellement le 4ᵉ livre de l'*Imitation de J.-C. Sermo Jacobi de Vitriaco, de Sacramento altaris. Tractatus de divinis moribus*, par St. Thomas d'Aquin. *Speculum animæ*, par Henri de Hesse ou de Langestein. *Schola cœlestis exercitii. Meditationes Sancti Augustini. Extracta ex libro Senecæ de remediis fortuitorum. Ex soliloquio Augustini. De modo tenendi horas canonicas. De pluralitate beneficiorum*, extrait des *Abeilles* de Thomas de Cantimpré. *De formulâ honestæ vitæ*, attribué à St. Bernard. *Doctrina Beati Simonis de Januâ*. A la suite de cet article on trouve une pièce de vers curieuse, sur le caractère et les habitudes des divers peuples des Pays-Bas. *Super Salutatione angelicâ. Regulæ fratris Ægidii, socii Beati Francisci. De munditiâ, continentiâ et castitate sacerdotum. Liber Sancti Augustini de desiderando Deo. Manuale Sancti Augustini. Seneca de quatuor virtutibus cardinalibus,* imprimé à Delft, 1497. *Modus confitendi.*

252. Manipulus Curatorum, in-4.° *b.* s. s.

Cet ouvrage est le même que celui dont nous avons parlé sous le n° 174 ; il est à 2 colonnes, écriture du 14ᵉ siècle. A la suite de ce traité on trouve la vie de Ste. Barbe, écrite de la même main, mais à longues lignes.

253. Cassiani de institutionibus monachorum, libri decem. De tribus ascensionibus spiritualibus, in-4.° GUILL.

Ms. à longues lignes, écriture du 14ᵉ siècle. Ce volume contient encore : *Exercitium monachorum.* Quelques méditations, dont la 1ʳᵉ est intitulée : *De dolore et fletu. Meditationes S. Anselmi. Coronula laudis Beatæ Mariæ. Salutationes ad singula membra Crucifixi. Meditationes passionis Christi. Exercitium compendiosum,* par Jean Bourchelli. *Ammonitio ad stabilitatem in primâ vocatione.*

254. S. Bernardus de humilitate, in-4.° vél. *b.* s. s.

Ce Ms. est d'une haute antiquité ; on pourrait croire, par la forme de l'écriture, qu'il remonte à l'époque où vivait le célèbre personnage dont il porte le nom. A la suite de l'ouvrage de Saint Bernard on trouve : *Liber magistri Hugonis de institutione noviciorum.*

255. Lettres sur l'obligation de porter l'habit long, etc., pour les ecclésiastiques, in-8.° *v.*

Écriture du 18ᵉ siècle. Cet ouvrage curieux et plein d'intérêt est dû à Guillaume-Charles-Joseph de Planques. Cet écrivain, dont les biographies ne parlent pas, est né dans le diocèse de Montpellier : il entra au grand séminaire de St.-Sulpice le 21 février 1691. Il s'attacha depuis à la congrégation des prêtres de St.-Sulpice, et fut successivement employé dans diverses maisons. Il mourut au grand séminaire, le 9 octobre 1729, âgé de 64 ans. Outre l'ouvrage indiqué ci-dessus, il a encore composé, 1° Remarques sur la Bible de Sacy, Ms. au séminaire de St.-Sulpice, à Issy; 2° *Sanctiniana*, ou bons mots des Saints. (V. ci-après, n° 753.)

256. Præparatio sacerdotum ad Missæ sacrificium, in-4.° vél. *b.* s. s.

Écriture du 14° siècle, capitales enluminées, titres en rouge.

257. Tractatus moralis de oculo, in-8° vél. *b.*

Ms. à longues lignes, du 14° siècle. Ce livre a été donné au Chapitre cathédral de Cambrai par l'évêque Pierre D'Ailly. Deux auteurs ont écrit sur *l'œil moral*; ce sont Jean de Limoges, (V. Sanderus, *Bibl. Ms^{ta} Belg.* p. 359,) et Robert Grossetête, évêque de Lincoln. A qui des deux faut-il attribuer ce traité? Je ne saurais le dire. En voici le début : *Si diligenter volumus in lege Domini meditari.*

258. Stimulus amoris, in-8.° vél. *b.* s. s.

Ms. à 2 colonnes, écriture petite, mais assez lisible. Il a appartenu à Jean Ludovici, de l'ordre des Frères prêcheurs du couvent de Louvain.

259. Contemplatio passionis Christi, in-4.° *v.* s.s.

Ce Ms. contient, outre l'ouvrage dont le titre est ci-dessus: *Sermo Sancti Johannis de penitencia. Tractatus Sancti Thome de perfectione statûs spiritualis.* Ce dernier ouvrage est un imprimé en caractères gothiques, sans chiffres, signatures ni réclames, sans noms et sans lieu d'impression. Je pense qu'il est dû aux presses des Frères de la vie commune.

260. De quatuor novissimis. De munditià et castitate sacerdotum, in-4.° *v.* s.s.

Ms. à longues lignes, écriture du 14° siècle. Le traité *De quatuor novissimis* forme la 1re moitié du volume; le reste est rempli par le livre *De munditiâ et castitate,* et par un appendice intitulé : *Nota quoddam horribile factum seu miraculum de Udone, episcopo.*

261. Anicii M. Severini Boetii philosophicæ consolationis liber, in-4.° vél. *b.* s. s.

Ms. à longues lignes, qui paraît être du 12° siècle. Les 8 1res pages sont surchargées de notes marginales et interlinéaires. Cet ouvrage de Boèce jouit d'une grande célébrité; il a été imprimé pour la 1re fois à Nuremberg, en 1476, in-fol. Il en existe plusieurs traductions françaises ; la plus ancienne a été publiée par le célèbre Jean de Meung. On sait que Boèce naquit à Rome en 470 ; qu'après avoir été élevé à la dignité de consul, il éprouva toutes les rigueurs de la fortune, fut détenu dans la forteresse de Calvanie, où il perdit la vie par ordre de Théodoric, en 526. Ce fut dans cette prison qu'il composa son livre : *De consolatione philosophiæ*. « Dans ce petit ouvrage, dit M. Tabaraud (*Biogr. univ.*, art. » Boèce), l'un des meilleurs qui nous restent de l'antiquité » chrétienne, on admire l'élévation des pensées, la noblesse » des sentimens, la facilité, la justesse des expressions, dans » les matières même les plus abstraites, et une pureté de style » au-dessus des autres écrivains de son siècle : on peut seule- » ment y reprendre quelques répétitions et quelques argumens, » en petit nombre, plus subtils que solides. » Les vers dont sa prose est entremêlée annoncent, dit Vossius, un génie véritablement romain. A la suite de cet ouvrage se trouvent quelques autres petits traités de Boèce, savoir : *De Trinitate liber contrà Euticem et Nestorium. Utrùm Pater, Filius et Spiritus Sanctus de divinitate substantialiter prædicantur. Ea quæ sunt, bona sunt. Relatio de quodam sacerdote.* Ce dernier opuscule est sans nom d'auteur. Ce précieux Ms. contient encore l'art poétique d'Horace et la satyre : *Qui fit, Mœcenas.*

262. Compendium salutis, in-8.° *b*.

Ms. à longues lignes, écriture du 13ᵉ siècle. A la fin on lit ces mots : *Explicit* 1461 ; 21 *aprilis per me Jo. Major. Cameraci Recolect. Deo gratias.* Il existe dans la bibliothèque de Lyon deux copies manuscrites d'un *Compendium salutis*, par Marc, chartreux du monastère de Pierre-Châtel, en 1392. (V. *Catal. des Mss. de Lyon*, par M. Delandine, t. 1ᵉʳ, pp. 364 et 389.)

263. Expositio venerabilis Bedæ, presbyteri, super septem Epistolas beatorum apostolorum Jacobi, Petri, Johannis et Judæ, quæ canonicæ, id est, universales appellantur, in-8.° vél. s. s.

Ce livre était possédé, en 1557, par Jean Lecras, vicaire de Nouroy ; antérieurement il était à l'usage de l'abbaye de Vaucelles. C'est un beau Ms. à longues lignes, du 13ᵉ siècle.

264. Manipulus Curatorum, in-8.º *b. s. s.*

A la suite du *Manipulus Curatorum* dont nous avons déjà eu occasion de parler, on trouve ; 1º 3 ballades morales en langage du 15º siècle ; 2º *Sompnium Doctrinale*, par Arnould Gheiloven, chanoine régulier du Val-Verd, près de Bruxelles, qui mourut en 1442, et qui est auteur du fameux *Gnotosolitos*, dont il sera question au nº 353. Le Songe doctrinal est une espèce de traité d'éducation divisé en 3 parties. Dans la 1ʳᵉ, l'auteur indique les études auxquelles la jeunesse doit et peut se livrer ; dans la 2ᵉ, il développe les conditions d'une bonne éducation ; la 3ᵉ est une description allégorique et morale de la forêt de Soigne. On lit à la fin : *Explicit sompnium doctrinale per fratrem Arnoldum compilatum. Pro labore orationes devotas instanter exposco.*

> *Dentur pro pœna scriptori cœlica regna.*
> *Huic det omnipotens Christum sine fine videre.*

3º Un discours sur ce texte de St. Paul : *Videte quomodo cautè ambuletis*, par Jean *de Stochoniâ*.

265. Tractatus de professione monachorum. De correctione fraternâ. De spirituali amicitiâ. Meditationes Beati Bernardi. Expositio Missæ, in-16. vél. *b.* c.m.

Joli Ms. à 2 colonnes, lettres *tourneures* enluminées. Quelques figures grotesques. Le traité de l'*Amitié spirituelle* est d'Ailrède, abbé de Riéval ou Reverbi. L'*Exposition de la Messe* est entremêlée de vers.

266. Tractatus de arte benè moriendi, in-16. vél. *v.*

Ms. du 15ᵉ siècle, à longues lignes. Ce traité est suivi des opuscules suivants : *Speculum peccatorum. Aliud speculum peccatoribus valde proficuum. Quædam meditationes et sententiæ. Liber de septem gradibus scalæ pœnitentiæ continens meditationes devotas super septem psalmos pœnitentiales à D. Petro de Ailliaco, Cameracensi Episcopo, postmodùm Sacro-Sanctæ Romanæ Ecclesiæ Cardinali.* Il existe 2 traductions françaises de ce dernier ouvrage. (V. *Notice sur Pierre D'Ailly*, par M. Arthur Dinaux, dans les *Mém. de la Société d'Émulation de Cambrai*, année 1824, pp. 309 et 313.)

ÉCRITURE SAINTE, INTERPRÈTES, THÉOLOGIENS.

267. Evangelium Nicodemi de passione Christi, in-16. *b.* s. s.

Nicodème fut, comme on sait, l'un des disciples du Sauveur et lui rendit les derniers devoirs avec Joseph d'Arimathie; mais l'évangile publié sous son nom est un ouvrage déclaré apocryphe par le Pape Gélase, en 494. (*V.* D. Calmet, *Dict. de la Bible.*) A la suite de l'évangile de Nicodème on trouve, dans ce volume, les *Objecta* des religieux de Citeaux contre la règle de ceux de Cluny, et la réponse de Pierre, abbé de Cluny; le tout precédé d'une lettre de ce dernier à St. Bernard. Le volume est clos par ce vers:

Explicit iste liber; scriptor sit crimine liber.

268. Libri Salomonis, Thobiæ, Judith, Hester, Machabeorum, Isaiæ, Jeremiæ, Ezechielis, Danielis, duodecim prophetarum, Job, Actuum apostolorum, SS. Jacobi, Petri, Joannis apostoli et Judæ Epistolæ. Apocalypsis. S. Pauli epistolæ ad Romanos, etc., g^d in-fol. 2 vol. vél. *b.* c. m.

Beau Ms. du 12e siècle, grande écriture parfaitement lisible, à 2 colomnes.

269. Libri regum, Dabreiamin, id est, Paralipomenôn, liber Esdræ, g^d in-fol. vél. *b.* c. m.

Ce volume présente la même dimension, les mêmes formes, les mêmes caractères et le même âge que le n° précédent. Il est remarquable en ce que la division par chapitres n'est pas la même que celle qui est adoptée dans les éditions imprimées.

270. Biblia Sacra, in-fol. 5 vol. vél. *b.* s. s.

Précieux Ms. à 2 colomnes, du 13e siècle; le 5e volume est terminé par le Psautier, que précèdent les épîtres de St. Paul et de St. Pierre.

271. Controversia per modum dialogi, super fidem catholicam, g^d in-fol. vél. *b.*

Ms. à 2 colonnes, du 14ᵉ siècle, initiales enluminées et rehaussées d'or avec fleurons. L'ouvrage commence par ces mots : *In omnibus curiosus existis nec me desinis infestare.* Il est divisé en 3 parties, et chaque partie en plusieurs livres. L'auteur est Guillaume Ockam, anglais, de l'ordre des Frères Mineurs, et disciple du fameux Jean Scot. Il vivait au 14ᵉ siècle.

272. Commentarium super epistolas Sti. Pauli, gᵈ in-fol. vél. *b.* C. M.

Beau Ms. du 14ᵉ ou du 13ᵉ siècle. Le texte des épîtres est encadré dans la page par les commentaires, qui tiennent beaucoup plus de place que ce texte lui-même.

273. Fratris Raymundi de S. Trinitate et Fide Catholicâ. De Judicis curâ. Item de honestate clericorum, in-fol. 2 vol. vél. *b.* C. M.

Ce Ms., qui a appartenu à Raoul Le Prêtre, paraît avoir été écrit vers la fin du 14ᵉ siècle. Le texte, tracé en petites colonnes, est environné de longs commentaires. Le 2ᵉ volume porte pour titre : *De honestate clericorum.*

274. Postillæ Fr. Nicolai de Lyra super quatuor evangelia, epistolas Sti. Pauli, actus apostolorum et apocalypsim ; super libros Salomonis, Tobiæ, Judith, Hester, Machab. et Prophetarum majorum et minorum, in-fol. 2 vol. vél. *b.* C. M.

Ms. à 2 colonnes, terminé en l'an 1331, le 13 des calendes d'avril. Le calligraphe a mis cette inscription à la fin de chaque volume :

Vinum scriptori debetur de meliori ;
Scriptores de jure sunt potatores.

Le 2ᵉ volume est orné de peintures magnifiques dont quelques-unes sont consacrées à la description du temple de Salomon.

275. Postillæ Fr. Nicolai de Lyra, super libros Moysis, Josue, Judicum, Ruth, Regum, etc., etc., in-fol. vél. *b.* C. M.

Ms. à 2 colonnes, de la même époque et de la même main que le précédent, enrichi, comme ce dernier, de peintures rehaussées d'or.

276. Commentarium super Psalmos, in-fol. vél. *b*. c. m.

Ce Ms., qui appartenait à Nicolas Falourdeur, chanoine et prévôt de l'église de Cambrai, fut donné à cette église par ses exécuteurs testamentaires, en 1408. Le texte des psaumes est écrit en petites colonnes et environné du commentaire dont l'auteur n'est pas nommé.

277. Expositio Bedæ in Lucam, in-fol. vél. *b*. c. m.

Ce Ms., un des plus anciens que possède la bibliothèque, en minuscules du 8ᵉ siècle, est malheureusement très endommagé dans sa partie supérieure; une bande de parchemin conservée en regard du titre porte une inscription en lettres onciales de quatre lignes, que nous transcrivons ici :

> *En tibi ter senos, pia Virgo Maria, libellos*
> *Quos Beda in Luca tractavit presbiter almus,*
> *Hildowardus ego, devotus munere præsul*
> *Dono; mihi vitam tribuas sine fine beatam.*

L'évêque Hildouard, qui fit ce présent à son église, vivait à la fin du 8ᵉ siècle et au commencement du 9ᵉ. Tous les feuillets sont fortement détériorés dans leur angle supérieur et extérieur. Cette altération consiste en un racornissement qui paraît être le résultat de la combustion. Peut-être ce Ms. a-t-il été ainsi maltraité dans l'incendie de 1148 ou dans celui de 1068, qui désolèrent l'église de Cambrai. Il est mentionné en ces termes dans une vie latine des évêques de Cambrai : *Codex sæculi Carolini optimæ notæ in membranis max. et 2 columnis, sed heu! superiori in parte putrefactus.* Le livre commence par l'épître d'Acca qui invite Bède à entreprendre un commentaire sur St. Luc.

278. Incipit liber Magni Aurelii Casziodori Senatoris, jam Domino præstante conversi, super Psalterium, in-fol. vél. c. m.

Ms. carlovingien, à 2 colonnes. Quelques pages déchirées vers le commencement. Avant le commentaire se trouve une préface; puis des généralités sur les psaumes, en 17 chap. Le Ms. s'arrête au psaume 83.

279. Homiliæ in epistolas Sti. Pauli, apostoli, in-fol. *v.* s. a.

Ms. à 2 colonnes, écriture grande, nette, mais remplie d'abréviations et paraissant appartenir au 13ᵉ siècle. Il commence par ces mots : *Omnia quæcumque facitis in verbo aut in opere, omnia in nomine Domini Nostri J.-C. facite.*

280. Commentarium venerabilis Fr. Simonis de Cassia super totum corpus evangeliorum, in-fol. vél. *b.* c. m.

Beau Ms. à 2 colonnes. Le titre porte que l'auteur a commencé cet ouvrage à la prière de son ami, Thomas *de Lrorsmis*, docteur ès-lois de Florence. L'écriture est vraisemblablement du 14ᵉ siècle. Il manque le 15ᵉ livre intitulé : *De justitiâ christianâ.*

281. Expositio S. Hieronymi super Danielem et alios Prophetas, in-fol. vél. *b.* c. m.

Écriture carlovingienne, à 2 colonnes. Ms. parfaitement conservé, sans ornemens. Le volume finit avec le 2ᵉ livre sur Habacuc.

282. Libri xv Sancti Augustini de S. Trinitate, in-fol. vél. *b.*

Beau Ms. à 2 colonnes, écriture peut-être mérovingienne. Le titre, en lettres onciales rustiques, est ainsi conçu : *In nomineDomini incipit epistola Augustini episcopi ad Aurelium. Domino beatissimo et sinceríssimâ hilaritate venerando sancto fratri et consacerdoti Papæ Aurelio Augustinus salutem in Domino.*

283. Sententiarum libri quatuor fratris Richardi de Media-Villa, in-fol. vél. *b.*

Ms. à 2 colonnes, du 14ᵉ siècle. L'auteur, Richard de Moyenne-Ville, appartenait à l'ordre des Frères Mineurs. On voit sa signature au revers de la dernière page.

284. Sententiarum libri quatuor, in-fol. vél. *b.* c. m.

Ms. à 2 colonnes, du 14° siècle, donné à l'église de Cambrai par Hellin Bourel, grand-vicaire de cette église.

285. **Commentarium super S. Lucam**, in-fol. vél. *b*. C. M.

Ms. du 14° siècle. Le texte est contenu dans de petites colonnes qu'environne un long commentaire.

286. **Expositio Strabi super Pentateucum**, in-fol. vél. *b*. C. M.

Ce livre qui, avant d'être dans la bibliothèque du Chapitre métrop., appartint à l'abbaye d'Ourcamp et à P. Preudhomme, est un Ms. à 2 colonnes, d'une belle écriture du 12° siècle. Strabus, moine de l'abbaye de Fulde, en Allemagne, disciple et secrétaire du célèbre Raban Maur, vivait vers l'an 840.

287. **Commentarium super Psalmos**, in-fol. vél. *b*. C. M.

Beau Ms. à 2 colonnes, du 14° siècle, enrichi de figures et de plans topographiques. Les feuillets ne sont chiffrés qu'au verso. L'ouvrage commence par ces mots : *Cum omnis prophetas Spiritûs Sancti revelatione constet esse locutos.*

288. **Psalterium glossatum**, in-fol. vél. *b*. C. M.

Le texte est enfermé dans de petites colonnes, autour desquelles on a écrit le commentaire, qui est le même que dans le n° précédent. Ce Ms. paraît appartenir au 15° siècle; il est d'une belle écriture qui se lit avec facilité, malgré les nombreuses abréviations dont elle est surchargée.

289. **Homiliæ multarum lectionum evangelicarum**, in-fol. vél. *b*. C. M.

Ms. à 2 colonnes, écriture carlovingienne, sans ornemens, mais avec les titres coloriés en rouge.

290. **Glossæ super epistolas B. Pauli**, in-fol. vél. *b*. C. M.

Ms. à 2 colonnes, du 14° siècle.

291. **Glossa super duodecim Prophetas minores**, in-fol. vél. *b*. C. M.

Beau Ms. Le texte est en grand caractère, du 13° siècle; les gloses sont en caractère plus petit, sous forme de marge.

Initiales enluminées. Premiers mots du livre : *Non idem ordo est duodecim Prophetarum apud Hebreos.*

292. Tractatus de Psalmo trigesimo sexto et aliis usque ad quinquagesimum, in-fol. vél. b. c.m.

Ms. à 2 colonnes, du 14ᵉ siècle.

293. Tractatus B. Ambrosii super Psalmum Beati immaculati, etc., in-fol. vél. b. c.m.

Beau Ms. du 13ᵉ siècle, à 2 colonnes, capitales coloriées, belle écriture.

294. Leviticus glossatus, in-fol. vél. b. c.m.

Beau Ms. du 14ᵉ siècle; texte entre 2 colonnes de commentaires.

295. Tractatus S. Augustini super xxxv priores Psalmos, in-fol. vél. b. c.m.

Ms. du 14ᵉ siècle, à 2 colonnes, écriture semblable à celle du n° précédent.

296. Commentarium theologicum, in-4.° b., *en mauvais état.* c.m.

Malgré ce titre, transcrit sur le dos du livre aussi bien que sur le catalogue, ce Ms. est une traduction latine des *Éthiques* d'Aristote.

297. S. Thomas in tertium sententiarum, in-fol. vél. b. c.m.

Ms. à 2 colonnes, du 14ᵉ siècle, capitales enluminées.

298. Liber primus Fr. Thomæ de Aquino in 44 distinctiones, in-fol. vél. b. c.m.

Ce Ms. a été donné au Chap. cathédral par l'évêque Pierre D'Ailly. Il est à 2 colonnes et de la même écriture que le n° précédent.

299. Psalterium cum glossâ, in-fol. vél. b. c.m.

Beau Ms. du 14ᵉ siècle. Le texte, en grands caractères, occupe le milieu de la page; les commentaires sont sur les marges.

300. SS. Lucas et Joannes cum glossâ, in-fol. vél. *b*. c. m.

Le texte et les commentaires sont disposés comme dans le n° précédent, et l'écriture est de la même époque.

301. Jeremias cum glossâ, in-fol. vél. *ph*. c. m.

Ce Ms. présente à peu près la même écriture que le n° précédent et est du même âge. Il est à remarquer qu'on a effacé au bas de la 1re page une note indiquant sans doute le 1er possesseur de ce Ms. Les mêmes ratures ont été faites sur un certain nombre d'autres.

302. Parabolæ Salomonis et Ecclesiastes cum glossâ, in-fol. vél. *b*. c. m.

Ce Ms. est conforme au précédent, quant à l'écriture, l'âge et la disposition respective du texte et des commentaires.

303. Biblia sacra, in-4° vél. *b*. c. m.

Ce Ms. qui, avant d'appartenir au Chap. métrop., était en la possession de Pierre Preudhomme, chanoine de la métropole depuis 1573 jusqu'en 1628, est d'une très belle écriture du 14e siècle, à 2 colonnes. Il est remarquable par les ornemens, rehaussés d'or dont il est enrichi et par la fraîcheur du coloris des lettres initiales.

304. Homiliæ S. Augustini in epistolâ S. Joannis apostoli, in-4° vél. *b*. s. s.

Ms. à longues lignes, écriture carlovingienne. Les commentaires de chapitres sont remarquables par la forme des initiales formées d'oiseaux, de reptiles et de quadrupèdes.

305. Liber S. Gregorii super Ezechielem, in-4.° vél. *b*. c. m.

Ms. précieux par son antiquité, écriture carlovingienne, à longues lignes. Le commencement et la fin manquent.

306. Evangelium Sti. Lucæ glossatum, in-4.° vél. *b*. c. m.

Ms. du 13e siècle. Le texte est au milieu de la page et les commentaires sur la marge. Une main plus moderne a écrit çà et là des notes au crayon qui sont tout-à-fait illisibles.

307. Glossa magistri Stephani, archiepiscopi Cantuariensis, in XII Prophetas minores, in-4.° vél. b. c. m.

Ms. à 2 colonnes, du 13ᵉ siècle. Vers la fin du volume, se trouve le texte des petits Prophètes avec de courts prologues.

308. Origenes super Cantica canticorum. Hieronymus super Marcum, in-4.° vél. b. c. m.

Ce livre a appartenu à Pierre D'Ailly, évêque de Cambrai. Il est à 2 colonnes; l'écriture est du 14ᵉ siècle. Il est endommagé sur la marge inférieure.

309. Quatuor Evangelia, in-4° vél. b. c. m.

Très précieux Ms. à longues lignes, du 9ᵉ siècle. En tête du livre se trouve l'épître de St. Jérome au pape Damase: *Novum opus facere me cogis ex vetere*; puis le prologue du même saint: *Plures fuisse qui evangelia*; et une autre épître au pape Damase: *Sciendum est etiam*. Viennent ensuite les canons d'Eusèbe de Césarée, insérés dans des portiques enluminés, d'ordre corinthien. Quatre grandes miniatures d'un style grossier présentent les attributs des quatre évangélistes, savoir: l'homme ailé pour St. Mathieu, le lion ailé pour St. Marc, le bœuf ailé pour St. Luc et l'aigle pour St. Jean. En regard de la figure caractéristique de St. Mathieu, on voit une autre miniature composée de cinq personnages. Celui du milieu est assis sur un trône; il a en tête une couronne à trois fleurons, dans la main droite un sceptre et dans la gauche un corps sphérique. La lettre initiale de chaque évangile compose également une miniature qui occupe toute la page. Le commencement des évangiles et des chapitres est en rouge et en lettres onciales enclavées; le reste est ce que nous appelons écriture *minuscule caroline*. Les paroles du Sauveur, pendant la passion, sont en encre verte dans St. Mathieu, St. Marc et St. Luc. La stichométrie ou distinction par versets, n'y est pas observée, du moins elle n'est pas telle qu'on l'a adoptée dans les éditions imprimées. Au dedans de la couverture et en face de la dernière page du livre, on trouve une liste de 42 noms, et après cette liste les mots suivants: *Hæc sunt nomina malefactorum qui ecclesias misere cum comite Raniero succenderunt.*

310. Biblia completa cum interpretationibus nominum hebraicorum per ordinem alphabeticum digestorum, in-4.° vél. *b.* C. M.

Ms. à 2 colonnes, écriture très menue et difficile à lire, du 13 siècle, capitales rehaussées d'or.

311. Evangelium secundum Marcum cum glossà, in-4.° vél. *b.*

Ms. du 13 siècle, texte intercalé au milieu de la page entre les commentaires.

312. Evangelium Sti. Marci glossatum, in-4.° vél. *b.* C. M.

Il existe dans le n° précédent un prologue qui ne se trouve point dans celui-ci ; du reste ces deux Mss. ont entr'eux beaucoup de rapport.

313. Biblia metrica, quæ Aurora appellatur, in-4° vél. *b.* S. S.

Ms. à 2 colonnes, écriture chargée d'abréviations, peu lisible, du 14° siècle. C'est mal-à-propos qu'en tête de ce livre on l'attribue au vénérable Bède ; cet ouvrage est de Pierre de Riga, né à Vendôme, mort en 1209, à l'abbaye de *St.-Denis* de Reims, où il était chanoine régulier. On doit la publication de cette bible en distiques à Georges Galopin, religieux de *St.-Guislain*, près de Mons.

314. Horologium divinæ sapientiæ. Beda in epistolas canonicas, in-4.° *c.* S. S.

Ms. à 2 colonnes, du 15° siècle. Ce volume porte mal-à-propos le titre *Beda in epistolas canonicas.*

315. Glossa in XII minores Prophetas, in-4.° vél. *b.* C. M.

Ms. à 2 colonnes, écriture du 14° siècle. Ce commentaire est le même que celui du n° 307. Ils commencent l'un et l'autre par ces mots : *Ossa* XII *Prophetarum pullulant de loco suo.*

316. Evangelium Sti. Mathæi glossatum, in-4.° vél. *b.* C. M.

Texte intercalé dans la glose, écriture du 13° siècle.

317. Joannes evangelista glossatus, in-4.º vél. *b*. C. M.

Même forme et même âge que le précédent.

318. Joannes evangelista glossatus, in-4.º vél. *b*. C. M.

Ms. du 11ᵉ siècle, d'une forme analogue aux deux nᵒˢ précédents.

319. Paterius super libros Job, Judicum et Psalmorum, in-4.º vél. *v*. C. M.

Ms. du 11ᵉ siècle, à 2 colonnes. L'auteur de cet ouvrage vivait à la fin du 6ᵉ et au commencement du 7ᵉ siècles; il était disciple de St. Grégoire, et son livre n'est autre chose qu'un extrait des œuvres de ce père de l'église. Le Ms. a appartenu à Pierre Preudhomme.

320. Lucas glossatus, in-4.º vél. *b*. C. M.

Le texte de St. Luc est intercalé au milieu des commentaires, comme nous l'avons déjà fait remarquer pour d'autres Mss.

321. Expositio Sti. Isidori super scripturam, in-4.º vél. *b*. S. A.

Ms. à longues lignes du 12ᵉ siècle.

322. Joannes evangelista cum glossà, in-4.º vél. *b*. C. M.

Texte intercalé comme il a déjà été dit.

323. Liber Sapientiæ glossatus, in-4.º vél. *b*. C. M.

Ms. du 14ᵉ siècle, chargé de notes interlinéaires.

324. Epistolæ canonicæ S. Jacobi cum glossà, in-4.º vél. *b*. S. A.

Ce Ms. est du 14ᵉ siècle. Le texte et les commentaires sont disposés comme nous l'avons déjà fait remarquer pour beaucoup d'autres.

325. Varia variorum opuscula, in-4.º *b*. S. S.

J'ai cru pouvoir intituler ainsi ce volume, écrit au 15ᵉ siècle, et qui contient: *Liber Augustini de visitatione infir-*

morum. Joannis Nyder dispositorium moriendi. Notabilia infirmo plurimum utilia. Libellus de ministratione infirmorum. Consolatoria informatio pro infirmo ex tractatu J. Gerson. De vocatione spirituali. Epistola B. Bernardi ad Sugerium. Varia extracta de morte, etc. Tractatus de arte moriendi. Varia de resurrectione. Sermo S. Augustini de igne purgatorii. Speculum religiosorum à quodam Carthusiensi domús Leodiensis. Regula S. Benedicti in gallicum sermonem traducta per G. Juvenalem, imprimé en 1500, à Paris, par Marnef. *De adventu S. Adriani apud ecclesiam Gerardimontensem. De irrito bono monachorum. Ægidii Nettelet sermo per dialogum ad pacem habendam compositus.*

326. **Commentaria** in Lucam, in-4.° vél. b. s. s.

Ce Ms. paraît être du 11ᵉ siècle. A la suite du prologue on voit une petite miniature représentant l'évangéliste qui ouvre un bœuf avec un énorme couteau. Le texte est toujours intercalé comme nous l'avons déjà dit pour beaucoup d'autres Mss.

327. **Biblia Sacra**, gᵈ in-fol. 2 vol. vél. b.

Beau Ms. du 14ᵉ siècle, à 2 colonnes, ornemens rehaussés d'or, capitales enluminées.

328. **Liber Jeronimianus**, seu S. Jeronimi liber epistolaris. Moguntiæ, Schoiffer de Gernzheim, 1470, in-fol. 2 vol. b.

Ce prétendu Ms. est un imprimé sorti des presses de Schoiffer. (V. *Dict. Bibliogr.* de la Serna Sant., t. 3, p. 13.)

329. **Expositio Fr. Thomæ** ord. præd. super decem libros de Civitate Dei Beati Augustini, in-fol. vél.

Écriture du 14. siècle. Cet ouvrage a appartenu au Cardinal D'Ailly, et Raoul Le Prêtre l'a acheté des exécuteurs testamentaires de ce prélat.

330. **Summæ Alexandri** libri duo, in-fol. 2 vol. vél. b.

Ms. à 2 colonnes, écriture du 13ᵉ siècle, commençant par ces mots : *Quoniam sicut dicit Boecius in libro de Trinitate.*

331. S. Augustini libri XIII de Civitate Dei contra Paganos, in-fol. vél. *b*. C. M.

Ms. du 8° siècle, en lettres minuscules, titres en onciales. On trouve çà et là des notes d'une écriture du 13° siècle. La même main a aussi intercalé un feuillet qui manquait vers le commencement du Ms.

332. S. Augustini de Civitate Dei libri XV, in-fol. vél. *b*. C. M.

Ms. du 13° siècle, à 2 colonnes, ayant appartenu au cardinal D'Ailly, comme le prouve cette note écrite de sa main : *Ego P. Card. Cameracensis hunc librum dedi Magro Nichasio Moneti Cōpédien ut oret pro me.* Raoul Le Prêtre obtint dans la suite ce livre des exécuteurs testamentaires de Nicaise, en échange d'un missel à l'usage de Soissons.

333. Expositio S. Augustini super Psalm. LIII usque ad LXXXIX, in-fol. vél. *b*. C. M.

Ce Ms., qui par malheur est endommagé, présente encore un beau monument d'écriture carlovingienne.

334. Concordantiæ Bibliorum, in-fol. vél. *b*. C. M.

Ms. à 3 colonnes, écriture du 13° siècle, capitales enluminées.

335. Glossa super Mathæum et Lucam, in-fol. vél. *b*. C. M.

Ms. du 14° siècle, texte intercalé entre les commentaires.

336. Mathæus et Marcus glossati, in-fol. vél. *b*. C. M.

Ms. d'une forme analogue à celle du précédent.

337. Deuteronomium cum glossâ, in-fol. vél. *b*. C. M.

Ms. du 13° siècle, texte et commentaires disposés comme il a été dit précédemment.

338. Epistolæ S. Pauli cum glossâ, in-fol. vél. *b*. C. M.

Ms. du 11 siècle, belle écriture, capitales enluminées. Le commentaire ne remplit pas toujours les marges.

339. Cassiodori expositio in Psalmos, in-fol. vél. *b*. C.M.

Ce Ms., qui provient de l'abbaye d'Ourcamp et qui a appartenu à Pierre Preudhomme, est à 2 colonnes. L'écriture est du 13° siècle. Il ne contient que les 50 derniers psaumes avec les commentaires.

340. Paralipomenôn lib. duo, Ruth, Thobias, Judith, Hester, lib., etc., in-fol. *b*. C.M.

Ms. du 12° siècle, commentaires et texte disposés comme ci-dessus.

341. Concordiæ Evangelistarum, in-fol. vél. *b*. C.M.

Ms. à 2 colonnes, belle écriture du 13° siècle. Ce livre, qui a appartenu aux chanoines de l'église St.-Nicolas de Marché-Raoul, fut écrit par *Warnerus, Belvacensis*.

342. Concordia Evangeliorum, in-fol. vél. *b*. C.M.

Beau Ms. à longues lignes avec des notes interlinéaires ; l'écriture est du 13° siècle.

343. Origenis expositiones super Librum Jesu, filii Nave, Judicum et partem primi Regum, in-fol. vél. *b*. C. M.

Ms. à 2 colonnes, écriture du 14° siècle. A la suite des homélies d'Origène, on trouve encore une lettre d'Ailrède, abbé de Reverbi, à G., évêque de Londres, probablement Gilbert Foliot, prélat savant, contemporain d'Ailrède ; Puis un discours sur l'avent, 32 homélies touchant les malheurs de Babylone, des Philistins et des Moabites, un sermon sur *Astitit regina à dextris tuis*, un autre sur la fête de St. André, et un autre sur St. Jean-Baptiste. Le *Traité de l'Amitié spirituelle*, indiqué en outre par le catalogue de Possevin, ne s'y trouve pas.

344. S. Augustinus de concordià Evangelistarum, in-fol. vél. *b*. C.M.

Ms. fortement endommagé, écriture à 2 colonnes, du 13° siècle.

345. Beda de tabernaculo. Explanatio ejusdem de templo Salomonis, etc. Item explanatio ejusdem in libro Tobiæ, in-fol. vél. *b*. c. m.

Ce recueil de plusieurs ouvrages du vénérable Bède est du 11ᵉ siècle. Ce Ms. est à 2 colonnes; l'écriture est belle et lisible, les capitales sont enluminées et les couleurs en sont très fraîches.

346. Cantica canticorum. Homiliæ et sermones quarumdam lectionum evangelicarum. Legenda Sti. Vedasti, in-fol. vél. *b*. c. m.

Ms. du 9ᵉ siècle, en lettres minuscules massives. La vie de St. Vaast, qui a été composée ou plutôt retouchée par Alcuin, est en XI chapitres. Elle n'est pas précédée, comme dans les imprimés, de l'épître dédicatoire d'Alcuin à Radon ; ce qui lui donne un caractère de ressemblance avec le Ms. de la même vie, qui se trouve dans la bibliothèque de Vienne et qui a été décrit par Lambecius, *Comm. de Bibl. Cæsareâ*, *libr*. 2, p. 409. On y trouve aussi quelques passages qui ne sont pas tout-à-fait les mêmes que dans les éditions données par Surius, Bollandus et Ghesquière. Après cette légende, vient une homélie du même Alcuin pour le jour de St. Vaast. Le reste du volume est rempli par des homélies de St. Grégoire et de Bède.

347. Psalterium cum glossâ, in-fol. vél. *b*. c. m.

Ms. à 2 colonnes, capitales et lettres *tourneures* enluminées. Premiers mots du commentaire : *Cum omnis prophetas Spiritûs Sancti revelatione constet esse locutos*. Le Ms. a été donné à l'église de Cambrai par Thomas de Ramillies et Nicolas, son neveu, prêtres, grands-vicaires de ladite église.

348. Lectura Fr. Hugonis super secundum sententiarum, in-fol. vél. *b*. c. m.

Ms. du 14ᵉ siècle, à deux colonnes, capitales et titres enluminés, donné par Pierre D'Ailly.

349. Glossa in Ezechielem et Danielem proph., in-fol. vél. *b*. c. m.

Ms. du 14ᵉ siècle, capitales enluminées, enrichi de plusieurs plans géométriques tracés avec soin et analogues à certains passages des deux prophètes.

350. Summa de religione, in-fol. vél. c. m.

Ms. à 2 colonnes, du 15ᵉ siècle, surchargé de notes marginales par une main plus moderne. Le 1ᵉʳ livre traite de la Trinité ; le 2ᵉ, de la Création ; le 3ᵉ, de la Rédemption ; et le 4ᵉ, des Sacremens. Ce dernier manque ; mais la table subsiste ; après quoi se trouve une page sur-ajoutée et tout-à-fait illisible. Le volume est terminé par un cahier contenant un écrit du docteur Jean André sur le 4ᵉ livre des décrétales, adressé à Guy de Baisio, archidiacre de Bologne ; et par une table alphabétique des matières.

351. Postillæ in Psalterium, in-fol. vél. *b*. c. m.

Ms. à 2 colonnes, écriture du 13ᵉ siècle. L'auteur est Nicolas de Gorram. A la fin du volume on trouve une espèce de traité d'hygiène et de médecine populaire, en langue romane du 13ᵉ siècle. Ce traité commence ainsi : « Constantius et maistre Galiens et Ypocras nous tiesmoignent que cascuns cors humains est fais de IIII humeurs, et selonc ses humeurs ont-il diverses meurs. » Voici une des recettes de ce singulier traité : « Se vous voles savoir se uns hom mora u non quant il est malades prendes sen orine et se le metes en 1 vasiel et faites une feme ki nourise un oir malle degouter de son lait ens. Se vous vees le lait floter il mora. et se li lais se mielle avec lorine si puet bien warir. »

352. Commentarium in libris regum, in-fol vél. *b*. c. m.

Beau Ms. qui paraît appartenir au commencement du 14ᵉ siècle ; il est taché par l'humidité dans un grand nombre de pages. Le nom du premier possesseur a été effacé au commencement du livre.

353. Gnotosolitos Fr. Arnoldi de Hollandià, in-fol. vél. *b*. c. m.

Ms. du 15ᵉ siècle, à 2 colonnes, donné à l'église N. D. de Cambrai par Jacques de Rota, chanoine de Nivelle. On trouve à la fin du 1ᵉʳ livre une note ainsi conçue: *Explicit 1ᵃ pars Gnotosolitos composita et completa per fratrem Ar--*

noldum in Viridi-Valle professum canonicorum regularium ordinis S. Augustini, Cameracensis Dyoc. in Sylvâ Zoniæ propè Bruxellam, anno Domini MCCCCXXIII, XXIII *die julii. Ut careas labe Gnotosolitos habe.* Celle-ci termine le 2e et dernier livre : *Et sic est finis Deo gratias, anno Domini* MCCCCXXIIII, *ipso die Servatii Tungrensis episcopi, in monasterio Viridis-Vallis per me fratrem Arnoldum doctorem decretorum minimum scriptum et compilatum. Ad exemplar verò ejusdem à magistro Nicholao de Blaesenbeke materia hâc pergamenâ ex calcate* (sic) *comparata per Balduynum Dierics... sic copiatum atque rescriptum, anno* MCCCCXXVI *in profesto visitationis Virginis gloriosæ ad Elisabeth gratiâ Dei completam.*

In mercede suâ peto sit Jesus atque Maria.

L'ouvrage est précédé d'un prologue adressé à Walter de Bulet, Guillaume de Druempt et Jean Daneels, secrétaires, scribes et clercs de la ville de Bruxelles. Il a été imprimé par les Frères de la vie commune, à Bruxelles, in-fol., sous le titre : *Speculum Conscientiæ.* (V. *Dict. Bibliogr. du* 15e *siècle*, t. 2, p. 435.) Ce mot *Gnotosolitos* vient du grec Γνωτι σεαυτὸν, connais-toi toi-même. L'auteur, Arnould Gheiloven, qui se nommait souvent aussi *de Hollandiâ* ou *de Roterodamis*, était chanoine régulier au Groenendael, ou Val-Verd, dans la forêt de Soigne. Il mourut le 30 août 1442. Nous décrirons un autre de ses ouvrages sous le n° 566.

354. Vetus et Novum Testamentum, in-fol. vél. *b.* C. M.

Ce Ms., qui a appartenu à Pierre Preudhomme, est à 2 colonnes, écriture du 14e siècle.

355. Secunda pars libri secundi summæ editæ à fratre Thomâ de Aquino, in-fol. *b.*

Cette seconde partie de la Somme de St. Thomas commence par le traité : *De fide.* L'écriture est du 14e siècle.

356. Pars secunda libri secundi summæ S. Thomæ de Aquino, in-fol. vél. *b.* C. M.

Ce Ms., qui contient les mêmes choses que le précédent, et qui n'en diffère que parce qu'il est sur vélin, a été donné à l'église de Cambrai par Jean de Namur, chanoine de la même église.

357. Prima pars summæ simul et secunda secundæ S. Thomæ de Aquino, in-fol. 2 vol. vél. *b.* c. m.

Ms. à longues lignes, appartenant à la même époque que les 2 précédents, endommagé en plusieurs endroits.

358. Prima pars secundi libri, prima pars summæ, summa tertiæ partis D. Thomæ de Aquino, in-fol. 3 vol. vél. *b.* c. m.

Ms. à 2 colonnes, du 14ᵉ siècle. (V. les *Additions.*)

359. Tractatus D. Thomæ de fide catholicâ, in-fol. vél. *b.* c.m.

Ms. à 2 colonnes, écriture du 13ᵉ siècle, titres en rouge, capitales enluminées.

360. Liber secundus Fr. Thomæ de Aquino, in-fol. *b.* c.m.

Ms. à 2 colonnes, écriture du 14ᵉ siècle, remplie d'abréviations.

361. Liber tertius Fr. Thomæ in tertium sententiarum, in-fol. vél. *b.*

Ms. à 2 colonnes, de la fin du 13ᵉ siècle, possédé par Hellin de Dury, archidiacre de Brabant, qui le donna au chap. métrop.

362. Glossulæ super Psalterium collectæ de dictis sanctorum patrum à quodam catholico, vél. *b.* c.m.

Ms. du 13ᵉ siècle, à 2 colonnes, capitales enluminées, belle écriture, bon état de conservation. L'ouvrage ne traite que des 50 1ᵉʳˢ psaumes.

363. In hoc libro continentur Omiliæ Beati Joannis oris aurei in Evangelium Sti. Mathæi, numero xxv, in-fol. vél. *b.* c. m.

Ce Ms. des homélies de St. Jean Chrysostôme est d'une haute antiquité. On peut sans crainte le faire remonter au 9ᵉ siècle. Il est à longues lignes et parfaitement conservé. On lit à la fin ces mots en majuscules onciales. *Johannes Constantinopolit. Episc. in Matheum legenti vitam scribenti salutem in Xp̄o æternam. Rogo te per adventum domini ut in orationib. tuis memineris mei.* Une main du 15ᵉ siècle a recopié en face du titre la 1ʳᵉ et la dernière pages du volume, dans la crainte, sans doute, que ces pages, déjà un peu altérées, ne finissent par être illisibles ou enlevées.

364. Apocalypsis Sti. Joannis, in-4° vél. *b.* C. M.

Ce Ms. précieux est du 9ᵉ ou du 10ᵉ siècle. C'est un monument intéressant de l'état de la calligraphie et de la peinture à cette époque. En face de chaque page du texte on voit un tableau représentant un passage de l'apocalypse. Ces peintures sont très grossières, et les couleurs y sont pour ainsi dire jetées au hasard et sans aucun goût; les pages du texte sont toutes encadrées.

365. Commentarium in Psalmos pœnitentiæ, in-fol. vél. *b.* C. M.

La 1ʳᵉ page de ce Ms. manque. Il est à 2 colonnes, belle écriture du 13ᵉ siècle. Les capitales sont enluminées. Le volume est bien conservé.

366. Expositio super Psalmum *Quid gloriaris*, etc., et alios, in-fol. vél. *b.* C. M.

Beau Ms. à 2 colonnes, du 13ᵉ siècle, capitales enluminées.

367. Tractatus Mḡri Hugonis de arcà Noë, in-fol. vél. *b.* C. M.

Ce Ms., qui est du 13ᵉ siècle, offre une belle écriture à 2 colonnes; l'auteur est Hugues de Fouilloy, prieur de St.-Laurent, et non Hugues de St.-Victor, comme on l'a cru long-temps. (V. ci-dessus, n° 248.)

368. Liber Exodi cum glossà, in-fol. vél. *b.* C. M.

Belle écriture du 14ᵉ siècle. Ce Ms. est un peu piqué des vers, inconvénient attaché aux reliures en bois.

369. Expositio super Librum sententiarum, in-fol. vél. *ph.*

Ms. à 2 colonnes, du 14e siècle. On lit sur le dernier feuillet l'épitaphe de Pierre D'Ailly. *Mors rapuit Petrum,* etc.

370. Tabula auctoritatum et sententiarum Bibliæ inductarum in compilationibus decretorum et decretalium D. Joannis Caldarini, in-fol. *b.* c. m.

Ms. à 2 colonnes, du 14e siècle. L'auteur est Jean Caldarini, dominicain, mort en 1345. Le même volume contient une copie du *Manipulus Curatorum.*

371. Biblia metrificata Petri Rigæ, in-fol. vél. *b.* c. m.

Ce Ms., qui contient l'abrégé de la Bible en vers latins hexamètres et pentamètres, est à 2 colonnes, avec ornemens et capitales enluminées. Il contient un prologue et beaucoup de vers qui ne se trouvent pas dans le n° 313, décrit plus haut.

372. Expositio Sti. Hieronymi in Mathæum, in-4.° vél. *b.* c. m.

Ms. Carlovingien à longues lignes. Les dernières pages sont endommagées.

373. Expositio Bedæ in Apocalypsim, in-4.° vél. *b.* c. m.

Voici encore un Ms. très recommandable par son antiquité. Nous croyons pouvoir le placer dans le 8e siècle; la dernière page est en partie arrachée.

374. Explanatio S. Hieronymi super sex Prophetas, in-fol. vél. *b.* c. m.

Belle écriture du 13e siècle, à 2 colonnes, volume très bien conservé.

375. Epistolæ S. Pauli, cum annotationibus, in-fol. vél. *v.* s. a.

Le commencement de ce Ms. manque, ainsi que la fin; il est d'une belle écriture du 14e siècle.

376. Bible historiale, in-fol. 3 vol. *b.* s. s.

L'auteur de cette traduction de la Bible en langue romane est Guyart des Molins, prêtre et chanoine de St-Pierre d'Aire,

INCIPIT PRAEFA-
TIO APOCALIPSIN

Apocalipsis sci iohannis inque bella
& incendia interfaniei ecclesiaeque siue
etruentur figurisque reuelare
dignatus e, septem mihi frater
eusebii

au diocèse de Térouane, lequel se fait connaître dans le prologue où il déclare en outre qu'il a commencé son ouvrage en 1291, au mois de juin, ayant alors 40 ans accomplis; qu'il l'a terminé au mois de février 1294; et qu'il fut élu doyen de son chapitre en 1297, le jour de St. Remi.

377. Evangelia Joannis et Marci cum glossâ, in-fol. vél. *b. s. s.*
Ms. du 14ᵉ siècle.

378. Summa de quæstionibus theologiæ secundùm magistrum Præpositum, in-fol. vél. c. m.
Ms. à 2 colonnes, du 14ᵉ siècle, écriture peu lisible; les dernières pages sont endommagées. Ce Ms. est encore un don de Pierre D'Ailly à son église.

379. Traité des Trois Journées, in-fol. *v. s. s.*
Ms. à 2 colonnes, ouvrage mystique dans lequel les 3 Journées qui conduisent en Paradis signifient la Contrition, la Confession et la Satisfaction. A la fin du volume on trouve le codicille de maistre Jehan de Meun, dit *Clopinel.* Cette pièce, qu'il ne faut pas confondre avec le *Testament* du même auteur, roule sur les mystères de la religion. Elle a été imprimée plusieurs fois.

380. Liber Anselmi Cantuariensis archiepi, de conceptu virginali et de originali peccato, in-4.º vél. *b.*
Ms. à 2 colonnes, du 13ᵉ siècle, provenant de l'archidiacre Hellin de Dury. Le traité sur la conception de la Ste. Vierge n'est point d'Anselme, puisque la fête de la conception, qui s'y trouve mentionnée, n'a été instituée qu'après la mort de cet écrivain, qui cessa de vivre l'an 1109. Quant au traité du péché originel, on ne peut le lui contester. (*V.* Dupin, *Nouv. Bibl. des aut. eccl.* t. 8, 2ᵉ partie, pp. 102 et suiv.) Le même volume contient encore des extraits de St. Jean Chrysostôme, de St. Augustin, et d'Haimon, moine de Fulde, sur les épîtres de St. Paul aux Corinthiens. Au verso du feuillet 94 il est fait mention d'une éclipse de soleil arrivée le 1ᵉʳ mars 1233, et d'une tempête extraor-

dinaire qui, le jour de Pâques suivant, désola le village de Marcq.

381. Varia S. Augustini opuscula, in-4.º vél. C.M.

Ms. à longues lignes, du 12⁰ ou 13ᵉ siècle, contenant: *De deitate et incarnatione Christi. De essentiâ divinitatis Dei, et de invisibilitate et que immensitate ejus. Quæstiones Orosii et responsiones Augustini. Liber contrà quinque hostium genera. De curá pro mortuis.* Une pièce de 38 vers, intitulée: *De vilipendendâ molestiâ carnis.* Et enfin le récit de quelques miracles.

382. Missale, in-4.º vél. *v.* S.A.

C'est par erreur que ce Ms. porte le titre, *Commentaria in Scripturam*; c'est un petit missel à 2 colonnes, écriture du 15ᵉ siècle.

383. Bedæ in Cantica Canticorum expositio, in-8.º vél. *b.* S.S.

Ms. à longues lignes, du 11ᵉ siècle. A la suite de l'ouvrage de Bède, on trouve une récapitulation allégorique de divers points de la Bible, par St. Ambroise, St. Isidore et autres Pères de l'église. En tête du volume on lit une lettre d'Ives de Chartres à Ponce, abbé de Cluni.

384. Epistolæ canonicæ Jacobi, Petri, Johannis et Judæ cum glossâ, in-8.º vél. *b.* C.M.

Ms. du 14ᵉ siècle.

385. Distinctiones Fr. Mauritii de ordine Minorum, in-4.º vél. *ph.*

Ms. à 2 colonnes, du 15ᵉ siècle. Recueil alphabétique de théologie morale, commençant par le mot *Abjectio*, et finissant par le mot *Zona*.

386. Dialogus Christiani et Judæi de sacramentis quem Anulum placuit nuncupari, in-4.º vél. *b.* C.M.

Ms. à longues lignes, du 12ᵉ siècle. Le dialogue est précédé d'une épître dédicatoire à un abbé désigné seulement par la lettre R. Il est divisé en 3 livres. Nous trouvons aussi dans ce volume le traité: *De gratiâ Dei*, par Francon, moine d'Afflighem, avec la lettre de Fulgence qui invite Francon à composer ce traité, et la réponse de ce dernier; plus 2 lettres du même Francon, l'une à un novice nommé Lambert sur la question : « Si un moine peut en sûreté de conscience quitter son état et son habit », l'autre aux religieuses de Bigard, près de Bruxelles. (V. sur Francon, *Hist. litt. de France*, t. XI, p. 588, et *Mémoires* de Paquot, édit. in-12, t. 2, p. 399.) Les derniers feuillets du Ms. sont remplis par quelques hymnes sur des mètres différents, et 3 chansonnettes en langue romane, notées. Le livre a appartenu à Jacques de Vitry, curé de Wasiers. (V. les *Additions*.)

387. De Ecclesiâ, in-4.° vél. *b*. C. M.

Ms. à longues lignes, du 12ᵉ siècle. Nous transcrivons ici une note écrite par l'abbé Mutte, en face de la 1ʳᵉ page : *Hic deficit primum folium; secundum verò quod superest continet partem capitis primi quod inscribitur* de Ecclesiâ *in opusculo edito apud Melchiorem Hittorpium de divinis catholicæ ecclesiæ officiis et mysteriis,* p. 1334 *et seqq. editionis Parisiensis sub titulo: Hugonis de sͨo Victore in Speculum de mysteriis ecclesiæ.*

388. Tractatus de vitiis et peccato linguæ, in-4.° vél. *b*.

Ms. à 2 colonnes, du 15ᵉ siècle. Ce traité, divisé en 9 parties, est peu lisible à cause des abréviations qu'on y rencontre à chaque mot. Au feuillet 133, chapitre de l'orgueil, on trouve un article sévère contre les femmes coquettes qui portent des robes à longues queues.

389. Isidorus de summo bono, in-4.° vél. *b*. S. S.

Ms. à longues lignes, du 10ᵉ siècle. Les 8 1ᵉʳˢ feuillets ont été recopiés par une main du 13ᵉ siècle, ainsi que quelques autres à la fin du volume. Le 1ᵉʳ livre de ce traité contient 31 chap., le 2ᵉ 51, et le 3ᵉ 67. L'édition de Madrid, in-fol., 1778, offre 13 chap. de moins; mais les passages qui sont ici en plus, se retrouvent dans d'autres ouvrages de St. Isidore. A la suite du traité *De summo bono*, on lit les 13 1ᵉʳˢ chap. d'un ouvrage sur les catéchumènes.

390. Sporta super quæstiones varias ad religionem pertinentes, in-4.° *b*. GUILL.

Ms. du 15° siècle, contenant 29 traités, consultations ou épîtres concernant des matières ecclésiastiques, bénéficiales et autres. Cet ouvrage de Gilles Carlier, doyen de Cambrai, a été imprimé à Bruxelles, in-fol., 1478 et 1479, par les Frères de la vie commune. (V. *Rech. sur l'Église métr. de Cambrai*, p. 127.)

391. De vitiis et virtutibus. Item de festis plurimorum sanctorum, in-4.° *b*. c.m.

Ms. à longues lignes, du 15° siècle. C'est un recueil d'extraits de divers auteurs ecclésiastiques sur des matières religieuses.

392. Summa Anthonini, in-4.° *b*. s.s.

Ms. du 14° siècle, à longues lignes. L'auteur de cet ouvrage est St. Antonin, qui naquit en 1389 et mourut en 1459, étant archevêque de Florence. La Somme de St. Antonin est précédée de divers autres opuscules, entr'autres d'un dialogue extrait de *Malogranatus*, entre un père et son fils, et de deux pièces de vers latins rimés. La dernière finit par ce quatrain :

> *Si vis in hoc mundo honestè vivere,*
> *Fuge mulieres corde et opere.*
> *Vide ne vincaris earum munere.*
> *Felix qui poterit eis resistere.*

393. Compendium catholicæ fidei, in-4.° *b*. s.s.

Ms. du 15° siècle, dont le 1er chapitre est intitulé : *De creatione mundi*, et le dernier : *De fine mundi et de extremo judicio*. L'auteur est Fantini Dandulo, archevêque de Crète et évêque de Padoue, mort en 1459. A la suite de cet ouvrage on trouve : *Summa compilata per gloriosum doctorem Thomam de Aquino de officio sacerdotis. Libellus Sancti Thomæ de Aquino de modo confitendi et de puritate conscientiæ. Tractatus brevis Bonaventuræ de modo se præparandi ad celebrandum missam. Tractatus Johannis Gerson de pollucione nocturnâ; an impediat celebrantem vel non. Tractatus de symonia Johannis Gerson. Tractatus de probatione spirituum, ejusdem. Breviloquiam Sancti Thomæ de Aquino de creatione Beatissimæ Trinitatis. Canones pœnitentiales. Tractatus de auditione confessionum Johannis Gerson. Tractatus de remediis contrà recidivum peccandi, ejusdem.*

394. Summa Raymundi, in-4.º vél. *b*. s. s.

Ms. à 2 colonnes, du 14º siècle ou même du 13º siècle. L'ouvrage qu'il contient est dû à St. Raimond de Pennafort, né en 1175, dans la Catalogne, et mort en 1275, à Barcelone. La meilleure édition de cette Somme est celle qu'a donnée à Lyon, en 1718, le père Laget, Dominicain. A la fin du volume on trouve un petit traité de droit canonique sur le mariage, par le même auteur.

395. Summa Goffredi, in-4.º vél. *b*. s.s.

Ms. à 2 colonnes, du 14º siècle.

396. Expositio S. Gregorii in Cantica Canticorum, in-8.º vél. *v*. C.M.

Ms. à longues lignes, du 12º siècle.

397. Apocalypsis cum glossâ, in-8.º vél. *v*. s. s.

Ms. à 2 colonnes étroites, du 11º siècle. Les cahiers sont signaturés à la fin de chacun en chiffres romains.

397 *bis*. Liber Apocalypsis, in-4.º vél. *b*.

Ms. du 15º siècle, à deux colonnes, orné de 78 figures grotesques, nouvellement acquis par les soins du bibliothécaire actuel.

398. Compendium theologicæ veritatis, in-8.º vél. *ph*. C.M.

Ms. à 2 colonnes, capitales enluminées, écriture du 14º siècle. En mauvais état.

399. Commentaria textualia in D. Pauli ad Romanos Epistolam, in-8.º *v*. s.s.

Ms. du 16º siècle, portant la date du 7 janvier 1577.

400. Commentaria super Psalmos, in-fol. vél. *b*. C.M.

Le texte est écrit en petites colonnes et en caractère gothique beaucoup plus grand que celui des commentaires, qui sont les mêmes qu'au n° 287. La lettre initiale de chaque psaume est rehaussée d'or; les autres capitales et ornemens sont enluminés.

401. Testamentum Vetus, in-fol. vél. *b*.

Ms. à 2 colonnes, du 8ᵉ siècle. Il est fâcheux qu'une main maladroite ait collé des bandes de parchemin sur la marge supérieure sans avoir l'attention de restituer le texte. Ce Ms. est sans contredit l'un des plus précieux de la bibliothèque.

402. Psalterium cum glossâ, in-fol. vél. *v*. s.s.

Ms. du 14ᵉ siècle, texte compris dans de petites colonnes, environné par un commentaire très étendu, qui est le même que dans le nº 400.

403. Innocentius IVᵘˢ Pont: Max: de jure et justitiâ, in-fol. 3 vol. vél. *b*.

Ms. à 2 colonnes, du 13ᵉ siècle. Le véritable titre est *Apparatus Decretalium*. Les marges contiennent beaucoup de notes écrites par une main du siècle suivant. Le pape Innocent IV fut élu en 1243 et mourut en 1254. L'ouvrage dont il est ici question, fut imprimé à Venise, à Lyon, à Francfort et ailleurs.

404. Tractatus de incarnatione, de lege, de decalogo et de sacramentis in specie, in-fol. vél. *b. aux armes de Cambrai.* C. M.

Ms. à 2 colonnes, écriture du 15ᵉ siècle. Ce livre est piqué des vers dans sa dernière page.

405. Tractatus varii theologici, in-fol. vél. *v. aux armes de Cambrai.* C. M.

Ms. à 2 colonnes, du 14ᵉ siècle, ayant appartenu à Hellin de Dury, docteur en théologie et chanoine de Cambrai. C'est la Somme de Guillaume d'Auxerre ou de Segnelai.

406. Tractatus de sacramentis in genere et in specie, liber quartus, in-fol. vél. *v. aux armes de Cambrai.* C. M.

Ce Ms., qui a été la propriété de Hellin de Dury, est à 2 colonnes, du commencement du 14ᵉ siècle. Ce traité a pour auteur Alexandre de Halles, dit le docteur irréfragable.

407. Tractatus de sacramentis, in-fol. vél. *v. aux armes de Cambrai.*

Ms. à 2 colonnes, du commencement du 14ᵉ siècle, ornemens enluminés et rehaussés d'or sur la 1ʳᵉ page. Deux autres traités sont contenus dans ce volume, savoir : *De penitentiâ* et *de claustro animœ*. Ils sont ici attribués, ainsi que le traité *De sacramentis*, à Guillaume d'Auvergne, évêque de Paris ; cependant l'ouvrage intitulé *De claustro animœ* passe généralement pour être de Hugues de Fouilloy.

408. Quodlibeta Henrici de Gandavo, in-fol. vél. *v. aux armes de Cambrai.* C. M.

Ms. à 2 colonnes, du 13ᵉ siècle. Outre les *quodlibeta* de Henri de Gand, on y trouve encore, *quodlibeta Godefridi ; quodlibeta Hervei et alia*. Henri de Gand, nommé aussi Goethals, et surnommé le *Docteur solennel*, était chanoine de Tournai et docteur de Sorbonne. Il vivait sur la fin du 13ᵉ siècle. (*V.* Foppens, *Bibl. Belg.*, t. 1, p. 445.) Hervé, dit le *Breton*, général de l'ordre des Frères prêcheurs, vivait en 1318.

409. Libri XIII S. Hilarii de Trinitate. Item liber disputationum inter S⁽ᵘᵐ⁾ Athanasium episcopum et Arium presbyterum, in-fol. vél. *b.* C. M.

Ms. à 2 colonnes, écriture carlovingienne. Le prologue est fortement endommagé ; les 4 1ʳᵉˢ pages qui suivent ont été recopiées au 14ᵉ siècle. Ce Ms. est remarquable par la netteté de l'écriture. L'ouvrage de St. Hilaire, évêque de Poitiers, sur la Trinité, ne comprend que 12 livres ; mais ici on y a joint comme 13ᵉ livre, le *Traité des Synodes* adressé aux évêques de Germanie, des Gaules, de la Grande-Bretagne, etc. Suit une lettre de St. Hilaire aux évêques, contre Auxence, évêque arien. Le volume est terminé par un écrit ayant pour titre : *De disputatione catholicœ fidei Athanasii episcopi contra Arium presbyterum, perversi dogmatis principem Sabellium, et Folinum audiente Probo judice sub Constantino Imperatore.*

410. Psalterium cum glossâ, in-fol. *v.* s. s.

Ms. à 2 colonnes, écriture du 13ᵉ siècle. Chaque verset des psaumes est traduit en langue vulgaire. Voici comment le traducteur a rendu le 1ᵉʳ verset du 1ᵉʳ psaume ; *Beatus vir.*
« Ly homs est bien cureus qui nala pas el consel des felons
» et qui na pas este en la voie des pecheours et qui nasist
» pas en la caiere de pestilence.

411. Homiliæ Adamancii Origenis, in-fol. vél. *v.* s. a.

Ms. à 2 colonnes, belle écriture du 14ᵉ siècle, capitales enluminées et quelquefois rehaussées d'or, vignettes représentant quelquefois des figures grotesques. Ces homélies sont précédées d'un prologue de Rufin, prêtre d'Aquilée, contemporain de St. Jérome, mort l'an 410.

412. Commentaria in Psalmos, in-fol. vél. *v.* s. a.

Ms. à 2 colonnes, écriture du 14ᵉ siècle. Ce commentaire est celui des nᵒˢ 287 et 400.

413. Commentaria in Psalmos, in-fol. vél. *v.* s. a.

Ms. à 2 colonnes, du 14ᵉ siècle, l'auteur de ce commentaire s'appelait *Henricus*. A la fin on lit : *Pater noster pro animâ Henrici.*

414. Liber qui dicitur Gregorialis super scripturam, in-fol. 4 vol. vél. *v. le* 3ᵉ *vol. manque.* s. a.

Ms. à 2 colonnes, du 14ᵉ siècle. Le calligraphe à qui on le doit se nommait Johannes de le Motte. Les matières contenues dans le 3ᵉ volume qui manque se retrouvent dans les nᵒˢ 426, 438 et 474.

415. Libra sententiarum Veteris ac Novi Testamenti, in-fol. vél. *v.* s. a.

Ce recueil est un Ms. du 14ᵉ siècle, à 2 colonnes. Les marges sont chargées de notes d'une écriture à peu près contemporaine.

416. Nonnulla S. Hieronymi opera, in-fol. vél. *v.* s. a.

Beau Ms. à 2 colonnes, écriture du 13ᵉ siècle. Les 2 1ʳᵉˢ pièces de ce recueil sont le commentaire sur l'Apocalypse et la glose sur Daniel, en 7 livres. Nous y voyons ensuite le traité sur l'origine de l'âme, adressé à St. Jérome. Un autre au même, sur le v. 10 du chap. 2 de l'apôtre St. Jacques, avec les réponses de St. Jérome. Lettre de St. Augustin à Optat, sur l'origine de l'âme ; de St. Jérome à Marcellin et à Anapsychie, sur l'âme ; plusieurs lettres de ces deux Saints. Dialogue de St. Jérôme contre les Pélagiens. Livre apologétique d'Orose. Discours d'Origène : *De tribus virtutibus.* Lettre d'Épiphane à Jean de Jérusalem, traduite par St. Jérome. Traité de St. Jérome à Pammachius, contre Jean de Jérusalem. Quelques lettres du même, et enfin l'oraison funèbre de Fabiola, dame romaine.

417. Expositio super varios libros Veteris et Novi Testamenti, in-fol. vél. *b*. c. m.

Ms. à 2 colonnes, écriture du 13ᵉ siècle. Il est évident que cet ouvrage est l'*Histoire scholastique* de Pierre le *Mangeur* ou *Comestor*, ainsi appelé, non à cause de son grand appétit, mais parce que, dit Trithème, il dévorait les livres. Il vivait au 12ᵉ siècle et devint chancelier de l'église de Paris, après avoir été doyen de celle de Troyes. L'*Histoire scholastique* est adressée à Guillaume de Champagne, archevêque de Sens. Ce livre a eu 9 éditions, dont la 1ʳᵉ parut à Augsbourg, in-fol., 1473. Il a été traduit en français dès l'an 1297, par Guyart des Molins, doyen de St.-Pierre d'Aire, en Artois.

418. S. Ambrosii expositio in Psalmum CXVIII, in-fol. vél. *b*. s. s.

Ms. à longues lignes, du 11ᵉ siècle, grandes capitales enluminées, quelquefois rehaussées d'or. C'est un recueil de plusieurs sermons prêchés par St. Ambroise vers l'an 386. Il y a autant de discours que de lettres dans l'alphabet hébreu, qui font la division de ce psaume.

419. Commentaria in Epistolas Beati Pauli, in-fol. *v*. s. s.

Ms. du 17ᵉ siècle, dicté par Jacques Jansson, professeur à Louvain, et écrit par Philippe de Surhon, religieux du monastère de St.-Martin, à Tournai. Devenu, en 1627, abbé du St.-Sépulcre, à Cambrai, il donna ce Ms., en 1654, à son abbaye.

420. Commentaria in Psalmos, in-fol. *ph*. s. s.

Ce Ms., du commencement du 17ᵉ siècle, contient des commentaires sur quelques psaumes, et en particulier sur les psaumes 104 jusqu'à 150. On y trouve en outre des notes sur les petits cantiques qui se lisent dans l'office romain aux jours fériés ; enfin des notes sur plusieurs chapitres de l'Ecclésiaste ; le tout dicté par Georges Colvenère, professeur de théologie à Douai, et écrit par André Prevôt, de Cambrai, en 1614. A la fin du volume on lit d'autres commentaires dictés en 1613, sur les épîtres de St. Jean et sur les actes des apôtres, par Estius et Lintérens, autres professeurs de la faculté de théologie de l'université de Douai.

421. Commentaria in Pentateucon et Prophetas, in-fol. *v.* s. s.

Ms. du 17e siècle, contenant 344 pages.

422. Evangelium Sti. Mathæi cum glossâ, in-fol. vél. *b.* s. s.

Ms. du 14e siècle, grande écriture pour le texte, caractères plus petits pour la glose. Les cahiers sont chiffrés au verso.

423. Commenta in Epistolas canonicas, B. Jacobi apostoli, Petri, Johannis, Judæ et in Apocalypsim, in-fol. *v.*

Ms. du 17e siècle. La partie qui contient les commentaires sur les épîtres a été terminée le 12 décembre 1608. La fin du commentaire sur l'apocalypse manque.

424. Expositio Adamantii Origenis in libro Jesu Nave et aliis, in-fol. *v.* c.m.

Ms. à 2 colonnes, du 14e siècle, capitales enluminées et quelquefois rehaussées d'or. Ce volume, qui contient absolument les mêmes choses que le n° 411, paraît appartenir à la même époque ; mais l'écriture, un peu moins soignée, est chargée d'abréviations, tandis qu'il y en a fort peu dans le n° 411.

425. ΠΕΡὶ ἈΡΧΩΝ Origenis, in-fol. vél. *b.* c.m.

Ms. à 2 colonnes, même âge et même écriture que le précédent. Ce sont les 4 livres d'Origène sur *les principes.*

426. Exceptiones ex opusculis S. Gregorii super plures libros Veteris Testamenti, vél. *b.* c.m.

Beau Ms. à 2 colonnes, du 13e siècle, capitales enluminées, ornemens très bien conservés. Le Ms. a appartenu à Pierre Preudhomme. Ces extraits ont pour auteur Alulfe, moine de St.-Martin de Tournai. Mabillon a donné le prologue d'Alulfe dans le t. 1 de ses *Analecta*. La 2° partie seulement de l'ouvrage a été imprimée, in-4.°, Paris, 1516.

427. Glossa super Ecclesiasten, Parabolas et Cantica Canticorum, in-fol. vél. *b.* c. m.

Ms. du 14° siècle, grand caractère pour le texte, plus petit pour les commentaires, ornemens et capitales enluminées.

428. Liber Numerorum glossatus, in-fol. vél. *b.* c. m.

Ms. du 14° siècle. La première capitale est remarquable par sa dimension, par la richesse et la bizarrerie de sa peinture.

429. Liber Numerorum glossatus, in-fol. vél. *b* c. m.

Ms. du 13° siècle, dont les cahiers sont chiffrés au verso, en chiffres romains.

430. Leviticus glossatus, in-fol. vél. *b.* c. m.
Ms. du 13° siècle, de la même main que le précédent.

431. Commentarium super Epistolas Beati Pauli, in-fol. vél. *b.* c. m.

Ms. du 13° siècle. Le nom du calligraphe à qui on le doit est *Warnerus Belvacensis*.

432. Expositio S. Hieronymi super Isaiam, in-fol vél. *b.* c. m.

Ms. à 2 colonnes, écriture carlovingienne. Le dernier feuillet est fortement endommagé. Du reste c'est encore un monument remarquable de la calligraphie du 9° siècle.

433. Hieronymus super quatuor Evangelistas, in-fol. vél. *b.* c. m.

Ms. à longues lignes, écriture du 9° siècle. Il manque une page ou deux au commencement, c'est-à-dire, dans les épîtres préliminaires de St. Jérome au pape Damase. Après ces épîtres, vient l'indication des évangiles pour toutes les féries de l'année ; puis les 4 évangélistes, dans l'ordre ordinaire, avec un prologue et une table des chapitres pour chaque. La dernière page contient une prière, notée à la manière ancienne, pour implorer le ciel en faveur du Pape, de l'Empereur et de l'Évêque de Cambrai.

434. Glossa super St. Mathæum, in-fol. vél. *b*. C. M.

Ms. du 14ᵉ siècle. Ce livre a appartenu à maître H. de Carvin.

435. Commentarium S. Joannis, episcopi Constantinopolitani super epistolas ad Hebræos, ex notis editum post ejus obitum à Constantino, presbytero Antioceno, et translatum de græco in latinum à Muciano scholastico, in-fol. *v. aux armes de Cambrai.*

Ms. à longues lignes, écriture carlovingienne. L'auteur de ce commentaire est St. Jean Chrysostôme, mort en 407. Constantin, qui le recueillit sur des notes, après la mort de ce célèbre orateur chrétien, vivait à Antioche à la même époque. Quant au traducteur, *Mucianus Scholasticus*, je ne trouve son nom dans aucune biographie.

436. Evangelium Sti. Marci glossatum, in-fol. vél. *b*. C. M.

Ms. du 14ᵉ siècle; il a appartenu à H. de Carvin. A la fin du volume, en dedans de la reliure, on trouve un fragment noté de la passion de St. Étienne, en langue vulgaire.

437. Expositio fratris Angelomi monachi super quatuor libros Regum. Beda super Tobiam. Augustinus de curà pro mortuis, in-fol. vél. *b*. C. M.

Ms. du 12ᵉ siècle, enrichi d'un plan de Jérusalem tracé à la même époque que le corps de l'ouvrage. L'auteur, Angelome, était un moine de l'abbaye de Luxeuil, au 9ᵉ siècle. Ces commentaires, qui sont allégoriques et mystiques, se trouvent dans la Bibliothèque des Pères; ils ont en outre été imprimés séparément, à Cologne en 1530 et à Rome en 1665. Le copiste a clos l'ouvrage d'Angelome par ce vers:

Scriptori requiem, Lector, deposce perhennem.

DE LA BIBLIOTHÈQUE DE CAMBRAI. 81

Après quoi viennent, 1° quelques extraits de St. Grégoire; 2° une pièce de vers dans laquelle l'auteur déplore les crimes et les malheurs de son temps. Les deux 1ers sont ainsi conçus :

Flete, perhorrete, lugete, dolete, pavrete
Flenda, perhorrenda, lugenda, dolenda, pavenda.

3° D'autres vers intitulés : *Admonitio Victoris Papæ*; 4° une allocution à Satan, en vers léonins; 5° 7 vers sur les sept jours de la création; 6° les 3 chartes de l'empereur Frédéric, sans date, concernant l'élection de Pierre d'Alsace à l'évêché de Cambrai en 1167. Ce Ms. avait appartenu d'abord à l'abbaye de St.-André du Cateau.

438. Exceptiones ex opusculis Beati Gregorii papæ in Novum Testamentum, in-fol. vél. *b.* C. M.

Ms. à 2 colonnes, du 13ᵉ siècle, belle écriture, capitales enluminées. Ce volume forme la 2ᵉ partie de l'ouvrage d'Alulfe mentionné au n° 426.

439. Glossa super libros Josue et Judicum, in-fol. vél. *b.* C. M.

Ms. du 14ᵉ siècle.

440. Isaias glossatus, in-fol. vél. *b.* C. M.
Ms. du 13ᵉ ou du 14ᵉ siècle.

441. Commentarium Philippi, presbyteri, super lib. Job, in-fol. vél. *b.* C. M.

Ms. en lettres SEMI-ONCIALES, à longues lignes, précieux monument de la calligraphie du moyen âge. Géry Balique, chanoine et doyen de Cambrai au 16ᵉ siècle, a possédé ce trésor et l'a fait relier. Cette écriture est nette, pure, égale. On peut sans crainte faire remonter ce Ms. à la fin du 7ᵉ siècle. Une main moderne l'avait intitulé : *Commentarium Philos. Parisiensis*. Possevin, dans son catalogue, a mis *Philippi Parisiensis*. Ces fausses indications m'ont long-temps embarrassé. J'ai reconnu enfin que c'est l'ouvrage de Philippe, prêtre, disciple de St. Jérôme, qui vivait en 404. Ce commentaire a été imprimé à Bâle, in-fol., 1527. Il commence par ces mots : *Adhortante te, immò potius compellente, Nectari, pater beatissime.* Il est divisé en 3 livres.

6

441 *bis.* Job, in-4.°

Le Ms. commence par un prologue et un argument qui sont de St. Jérome. Premiers mots du prologue : *Cogor per singulos divinæ scripturæ libros.* Derniers mots : *Eligat unusquisque quod vult et studiosum se magis quàm malivolum probet.* Premiers mots de l'argument : *Job exemplar patientiæ.* Derniers mots : *reposita est hæc spes mea in sinu meo.* Il manque à la fin les 3 derniers chap. du livre de Job et 9 versets du chap. XXXIX. Du reste l'ouvrage n'est pas divisé par versets. On sait que cette division n'a eu lieu qu'en 1212, et que le card. Langhton en est l'auteur. Ce Ms. paraît appartenir au 12e siècle.

442. Liber Deuteronomii cum glossâ, in-fol. vél. *b.* C.M.

Ms. du 13e ou du 14e siècle.

443. Expositio S. Gregorii super Ezechielem, in-fol. *b.* S.S.

Ce prétendu Ms. est un imprimé à 2 colonnes, en caractère gothique, réglé, sans date ni lieu d'impression, sans chiffres, signatures ni réclames. Le titre au haut des pages et les annotations marginales sont manuscrites et d'une encre plus pâle que l'impression. Les caractères sont ceux des Frères de la vie commune. La Serna Santander estime que ce livre a été imprimé à Bruxelles vers 1475.

MYSTIQUES, THÉOLOGIENS ET PRÉDICATEURS.

444. Quatuor libri S. Augustini de doctrinâ christianâ. Epistolæ Hieronymi ad Paulinam de institutione clericorum et divinæ historiæ expositione, in-fol. vél. *b*. C. M.

Ms. à longues lignes, écriture carlovingienne ou même mérovingienne. On voit sur la dernière page une ligne qui contenait sûrement le nom du calligraphe ; nous n'avons pu lire que ces mots : *Enim est operarius hic mercede laboris.*

445. Opera Anselmi Cantuariensis, in-fol. vél. *v*. S. A.

Ms. à 2 colonnes, qui paraît appartenir au 14e siècle. On trouve à la fin du volume le Traité de St. Augustin sur les articles de foi.

446. De Civitate Dei Lib. XXII, in-fol., vél. *b*. C. M.

Beau Ms. à 2 colonnes. En tête est une jolie miniature représentant l'auteur écrivant ; sur le 2e plan, des anges qui viennent l'inspirer ou l'encourager, et sur le 3e compartiment, des diables qui veulent ou le séduire ou le détourner de son pieux travail. Ce Ms. est du 15e siècle.

447. Exposition de six livres de la Cité de Dieu, in-4.° 2 vol. *v*. S. A.

Ms. à longues lignes, du 14e siècle. L'auteur de cette traduction est Raoul de Presles, qui la dédia à Charles V, roi de France. L'ouvrage est enrichi de vignettes d'un dessin grossier. A la fin du 1er volume on lit ces mots : « Le XVIIIe jour d'octobre an IIII^{xx} et III (1483) reverend père en Dieu mons l'abbé de St.-Aubert, Philippe, achepta ceste 1re partie de la Cité de Dieu selon St. Augustin avoecq les 2 autres parties seconde et tierche en 2 aultres volumes. » La 3e partie manque. L'abbé de St.-Aubert qui acheta ce Ms. est Philippe Blocquel. (V. *Rech. sur l'Égl. métr. de Cambrai*, p. 123.)

448. S. Augustinus de Civitate Dei, in-4.°
v. s. a.

Beau Ms. du 13ᵉ siècle, à longues lignes.

449. S. Augustin de la Cité de Dieu, in-fol. 3 vol. v. s.s.

Autre exemplaire de la traduction de Raoul de Presles. A la fin du 3ᵉ volume on lit ces mots : « Ceste translacion et exposicion fut comenciée par maistre Raoul de Praelles à la Toussaint de lan de grasse mil iijᶜLXXI et fu achevée le 1ᵉʳ jour de septembre l'an de grasse mil iijᶜLXXV. *Deo gratias.* » Les 1ʳᵉˢ pages du prologue manquent. Raoul de Presles, maître des requêtes de l'hôtel du roi Charles v, traduisit, par ordre de ce prince, *la Cité de Dieu*. Sa traduction fut imprimée à Abbeville, 2 vol. in-fol., 1486.

450. Tractatus de vitiis et virtutibus, in-fol. vél. *b*. c. m.

Ms. à 2 colonnes, du 13ᵉ siècle, écriture menue, un peu confuse. L'ouvrage commence par ce texte d'Isaïe : *Hæc est via ; ambulate in eâ, nec ad dextram, nec ad sinistram.*

451. Guillelmus Parisiensis de Sacramentis, de Trinitate, de notionibus, in-fol. vél. *b*.

Ms. à 2 colonnes, du 13ᵉ siècle. A la fin du traité *De Trinitate*, on trouve, écrite de la même main que le reste du volume, une liste des rois de France qui s'arrête à Louis VIII, ce qui semble fixer l'âge de notre Ms. à l'an 1226 au plus tard. A la suite de cette nomenclature, une main plus moderne a continué la série des rois jusqu'à Charles v. Vient ensuite une liste des patriarches de Jérusalem, qui finit à Héraclius, mort en 1192.

452. Liber Anselmi cur Deus homo? De Trinitate. De doctrinâ christianâ. Tractatus Augustini ad pœnitentes. Dialogus sive Speculum Virginum. Bernardus ad Eugenium papam de consideratione, in-fol. vél. *b*. c.m.

Ms. à 2 colonnes, du 13ᵉ siècle. Les ouvrages ci-dessus mentionnés ne se trouvent pas en entier dans ce volume, mais seulement par extraits. L'auteur du 1ᵉʳ, St. Anselme,

Bède sur le Cantique des Cantiques, sur Job, sur Ézéchiel, etc.

458. Exameron, sive tractatus de sex diebus, S. Ambrosii, in-fol. vél. *b*. s.s.

Ms. à 2 colonnes, du 12ᵉ siècle, capitales enluminées. Ce Ms. contient encore d'autres traités et discours du même St. Ambroise, savoir : *De Sacramentis. De Gedeone.* Sur l'évangile *Quis ex vobis arguet me de peccato ? De simoniâ. Ad sororem suam Marcellam de virginitate. De viduis.* Le volume est terminé par : *Dicta magistri Symonis de semitonio Platonico,* et par une prose notée en l'honneur de St. Quentin.

459. Summa Bertholina, in-fol. *b*. GUILL.

Ms. à 2 colonnes, écriture du 14ᵉ ou du 15ᵉ siècle. C'est un recueil alphabétique des cas de conscience.

460. Catholicon Johannis de Januâ, in-fol. *b*. s.s.

Ms. à 2 colonnes, écriture du 14ᵉ siècle. Son auteur, nommé ici Jean de Januâ, était de Gênes, et son vrai nom était *Balbi* ou *de Balbis*. En intitulant cet ouvrage *Catholicon* ou *universel*, il fait entendre qu'il y a traité de tout. En effet, l'ouvrage est tout à la fois un traité de grammaire, d'orthographe, d'étymologie, de syntaxe, de prosodie, de rhétorique ; le tout terminé par un vocabulaire latin. L'auteur acheva ce volumineux écrit en 1286. Le *Catholicon* fut imprimé en 1460, par Faust et Schoiffer. On assure que c'est le 4ᵉ ouvrage que l'imprimerie ait produit, avec indication de l'année.

461. Compendium de Sacramentis, in-fol. *b*. s.s.

Ms. à 2 colonnes, qui contient en outre : *Tractatus de leprâ morali fratris Johannis Nider sacre theologie professoris.* Jean Nider vivait au commencement du 15ᵉ siècle. Il se trouva au concile de Constance, en 1414, et à celui de Bâle, en 1431.

462. Mémoires pour servir à l'histoire du Jansénisme, in-4°. 10 vol. *v*.

Ce Ms. porte la date de 1750 à 1751. Pour donner une idée de ce qu'il contient, nous allons transcrire l'avertissement.

« Le titre de Mémoires pour servir à l'histoire du Jansénisme, que j'ai placé au frontispice de ce manuscrit, n'est point un terme dont je me suis servi à dessein d'en imposer à celui à qui ce manuscrit tombera entre les mains après ma mort. Je l'ai ainsi intitulé, ce nom me paraissant assez convenable à un recueil de livres et écrits qui ont paru en différents temps en faveur de la cause Jansénienne. J'avertis donc que ce n'est ici qu'un recueil de plusieurs de ces ouvrages, que j'ai ramassés afin d'en avoir une connaissance plus exacte, et que je pusse m'en garantir moi-même, et ceux qui me confient leurs consciences. C'est un fruit des lectures que j'ai faites en différens temps, et par là on voit que je n'ai pas dû me mettre en peine de marquer et de suivre les temps où ces différents écrits ont été publiés. Quand j'ai connu qu'on avait répondu à un mauvais livre par quelqu'ouvrage solide, j'ai eu soin de le marquer en son lieu.

» Je me suis servi pour ce recueil, des ouvrages du clergé de France, de ceux de M. de Soissons, aujourd'hui archevêque de Sens, de ceux de M. de Sisteron, de la Réponse hebdomadaire à la Gazette ecclésiastique, et enfin de quelques-uns des mauvais ouvrages que j'ai lus, des réponses qu'on y a faites, comme aussi de plusieurs mandemens, lettres et instructions pastorales qui portent condamnation de quelqu'ouvrage, etc. J'étais déjà bien avancé dans ce recueil quand il m'est tombé entre les mains le livre en deux volumes, intitulé : *Bibliothèque ou Catalogue des livres Jansénistes, Quenellistes, etc.*, mais comme j'avais reconnu plusieurs écrits qui ne sont point dans ce catalogue, et que d'ailleurs on n'y parle que très brièvement de ceux qui y sont cités, je n'ai pas cru pour cela mon travail inutile; je l'ai continué, me servant dudit *Catalogue* pour les ouvrages dont je n'ai rien trouvé d'ailleurs. A la fin de ce manuscrit je mettrai la table alphabétique qu'on lit dans ce Catalogue, en y ajoutant en son lieu les livres dont il n'y est pas fait mention. »

463. Cassiani Collationes Patrum, in-fol. vél. *b*. s. s.

Ms. à longues lignes, qui paraît appartenir au 10ᵉ siècle.

La 1re page contient une bulle du pape Calixte; à la fin du volume on trouve *Isidorus de hæresibus Judæorum.*

464. Sermones dominicales super Epistolas et Evangelia, in-fol. vél. *b.* s. s.

Ms. à 2 colonnes, écriture menue et peu lisible du 14e siècle. Ces sermons ont pour auteur Jean Alegrin, d'Abbeville, mort en 1236.

465. In hoc codice continentur Omeliæ Gregorii papæ in Ezechielem numero XII, in-4.° vél. *b.* s. s.

Ms. à longues lignes, écriture du 11e siècle.

466. Homiliæ S. Gregorii in Ezechiele numero VI, in-4.° vél. *b.* s. s.

Ms. à longues lignes, faisant suite au précédent, mais peut-être un peu moins ancien. Vers la fin du volume on trouve la vie de St. Servais, celle de St. Ethbin et celle de St. Hilaire.

467. Expositio Sti. Gregorii in Scripturam, in-4.° vél. *b.* s. s.

Ms. à longues lignes, du 10e ou du 11e siècle. La première page contient une série de sentences courtes et morales; la première est ainsi conçue : *Decet regem discere legem.* Vient ensuite un prologue de Paterius.

468. Summa magistri Petri Cantoris Parisiensis, in-4.° vél. *v.* s. A.

Ms. à 2 colonnes, du 13e siècle. Cet ouvrage, qui est aussi quelquefois intitulé *Verbum abbreviatum*, se compose ici de 86 chapitres dont le 1er a pour titre : *De superfluitate librorum*, et le dernier : *Dé monachis proprietariis.* L'auteur, Pierre, chantre de l'église de Paris, au 12e siècle, jouissait d'une grande réputation de vertu et de savoir. Le clergé de Tournai et celui de Paris le postulèrent successivement pour leur évêque; mais ces deux élections ne furent pas confirmées. Pierre le Chantre est mort en 1197. Le *Verbum abbreviatum* a été imprimé à Mons, en 1639, in-4.°, par les soins de D. Georges Galopin, religieux et bibliothécaire de l'abbaye de St.-Guislain. (V. *Mém. pour l'Hist. litt. des Pays-Bas,* par Paquot, édition in-12, t. x, p. 272-283. — *Hist. litt. de France*, t. xv, p. 283-303.)

469. Summa magistri Johannis Belechi, de ecclesiasticis officiis, in-4.° vél. *v.*

Ms. à 2 colonnes, du 14° siècle. M. Daunou a consacré un article à Jean Beleth, dans l'*Hist. litt. de la France*, t. xiv, pp. 218 et suiv.

470. Decretales Gregorii, in-4.° vél. *v.* s. s.

Ms. à 2 colonnes, vélin blanc et pur, grandes marges. Les décrétales du pape Grégoire xi ont été imprimées, pour la 1re fois, à Mayence, par Schoiffer, in-fol., 1473.

471. Tractatus varii Sti. Augustini, in-4.° vél. *b.* s. s.

Ms. à longues lignes, écriture du 12° siècle. Les ouvrages, vrais ou supposés, de St. Augustin, contenus dans ce volume, sont au nombre de 14. La dernière page du Ms. contient des recettes contre diverses maladies.

472. Summa Britonis, in-4.° vél. *b.* s. s.

Ms. à 2 colonnes, écriture du 15° siècle. Ce livre a appartenu à Pierre du Pont, chanoine de St.-Géry. L'ouvrage commence par 16 vers latins rimés, et se termine par un dixain également rimé.

473. Tractatus de animâ et accidentibus, in-8.° vél. *ph.* C. M.

Ms. à longues lignes, du 15° siècle. Ce traité est de notre célèbre Pierre D'Ailly, qui est également auteur des ouvrages ci-après, contenus dans le même volume. 1° *Speculum considerationis*. 2° *Oratio Dominica anagogicè exposita*. Après cet opuscule on lit une note ainsi conçue et qui paraît écrite de la main même de P. D'Ailly : *J. R. P. Dnus P. Cardialis Camacen apcæ sedis legats oibs devotè orantibs pro pace eclie et dicetibs oroem prdcam XL dies indulgentiarum concessit. Dat. Basiliæ ano 1414, mes julii die 16*. 3° *Compendium contemplationis*, en 3 livres. 4° *Sermo de Sanctâ Trinitate*, avec les constitutions du pape Benoît xiii, sur le même sujet. 5° *De duodecim honoribus S. Joseph*. 6° *Epistolæ ad novos Hebreos*. Ces épîtres, précédées d'une lettre d'envoi à Philippe de Maizière, ne portent pas le nom de Pierre D'Ailly. 7° *De oratione Dominicâ*.

474. Pars quarta Gregorialis de sententiis, in-8.° *b.*

Ms. du 15⁰ siècle. On lit ce qui suit à la fin du volume :

Gregorii libris tractatus Gregorialis
Terminat hic finem; benedictum sit Dei nomen.
Hæc ex Gregorii qui traxit opuscula libris,
Gregorii precibus in pace quiescat Alulfus.

(V., sur Alulfe et son ouvrage, ce qui a été dit plus haut sous les n⁰ˢ 426 et 438.)

475. Compendium theologiæ, in-8.° vél. *v.* s.s.

Ms. à 2 colonnes, du 15" ou du 14⁰ siècle. Il est à croire que c'est l'ouvrage publié par Pierre D'Ailly sous le même titre.

Explicit hoc totum; propina; da michi potum.

Suivent quelques pages de proverbes et sentences.

476. Catéchisme de St.-Sulpice de Paris.

Ce Ms. porte la date de 1777. On lit cette note au commencement : « S'il se trouve quelques fautes dans ce Ms., il ne faut pas les attribuer à l'estimable auteur qui l'a composé, mais à la négligence ou à l'incapacité des écrivains. »

477. Summa Goffredi, in-8.° vél. *v.* s.s.

Ce Ms. est du commencement du 15⁰ siècle ; il est à 2 colonnes. On peut présumer que l'auteur de cette Somme est Goffredus de Trano, dont parle Possevin, *App. sacer.*, t. 1, p. 648.

478. Summa vitiorum, à Fre. Guillelmo Paraldi epo Lugdunensi, in-8.° vél. *v.*

Ms. à 2 colonnes, écriture soignée du 13⁰ siècle. Guillaume Paraldi n'est autre que Guillaume Pérault, dominicain, docteur de Paris. Ce personnage n'a jamais été évêque de Lyon, comme le titre ci-dessus semble l'indiquer ; mais il y a rempli les fonctions épiscopales, sous l'archevêque Philippe de Savoie, qui n'était pas dans les ordres, et qui plus tard renonça à son siége pour épouser Alexia, fille héritière du comte de Bourgogne. Le traité contenu dans ce Ms. a été imprimé plusieurs fois. Une note placée à la fin du volume porte que l'ouvrage fut achevé en 1236, et le Ms. en 1277.

479. Soliloquium S. Bonaventuræ, in-4.° *b*. s s.

Ce soliloque de St. Bonaventure est un imprimé de 45 feuillets, in-4.° qui ne porte ni date ni lieu d'impression, sans chiffres et sans réclames, mais avec signatures. Les pièces Mss^tes qui viennent ensuite sont : *Sermo J. de Scoonhoviâ de spirituali ambulatione scriptus nec non finitus per Jacobum de Vivario, religiosum ecclesiæ S.-Sepulchri Cameracensis, anno Dni 1482, 8^i mensis maï. Tractatus de diversis diaboli temptationibus Johannis Gerson. Tractatus ejusdem pro devotis simplicibus,* etc. *Opusculum tripartitum de præceptis decalogi, de confessione et de arte moriendi per eumdem. Tractatus ejusdem de modo vivendi omnium fidelium. Tractatus ejusdem de arte audiendi confessiones. Tractatus ejusdem de remediis contrà recidivium peccandi. Conclusiones ejusdem de diversis materiis. Jacobus de Vivario,* Jacques du Vivier, dont il est fait mention ci-dessus comme copiste de ce Ms., en a transcrit un certain nombre d'autres qui appartiennent à notre bibliothèque. Jean de Scoonhoviâ était un religieux du Val-Verd, près Bruxelles. Il mourut en 1431. (V. les *Mémoires* de Paquot, édit. in-12, t. IV, p. 250, et Foppens, *Bibl. Belg.*, p. 725.)

480. Distinctiones Fr. Nicolaï de Byard, in-8.° vél. *b*. c.m.

Ms. à 2 colonnes, du 14e siècle, capitales enluminées. Nicolas de Byard, dominicain, vivait vers 1400. Ses ouvrages ne paraissent pas avoir été imprimés. Ce Ms. a appartenu à Jean Maignier, chanoine de Cambrai, mort en 1418.

481. Tractatus de virtutibus. Vita trium Regum Magorum. Meditationes, etc., in-4.° s. s.

Outre les trois traités indiqués dans le titre, ce Ms. contient encore : *Lamentatio animæ agonisantis. Clementina de statu monachorum et canonicorum. Tractatus de pœnitentia. Sermo magistri Ægidii Nettelet, in plena synodo, 1465. Parvum opus Fr. Bonaventuræ.* Ce volume, qui paraît être de l'écriture de Jacques du Vivier, religieux du St.-Sépulcre, est fortement endommagé dans les cahiers qui occupent le milieu du volume. Gilles Nettelet fut doyen de Cambrai depuis 1472 jusqu'en 1506.

482. S. Augustinus de dignitate sacerdotum, in-4° *b*. s.s.

Le traité mentionné dans ce titre n'occupe que onze feuillets du manuscrit qui en a 261. Le volume est rempli par quantité d'autres opuscules que nous allons indiquer sommairement : *Sermo beati Augustini ad illos qui in hujus sæculi illecebris voluptuosè versantur. Liber Alberti discipuli beati Augustini. Isidorus de sex ætatibus hominis. Braccarense concilium. Sermo in nativitate Domini Nostri Jesu Christi. De nativitate Jesu Christi. In Circumcisione Domini. In die Epiphaniæ de baptismo Domini. In ramis palmarum. In die sanctâ Pasche. In die Ascensionis. In die Pentecostes. Sermo cujusdam de custodiâ interioris hominis. Sermo in Septuagesimâ. Vita beati Job prophetæ, auctore Petro Blesensi. Epistola Sancti Bernardi ad heremitas. Liber Sancti Bernardi de diligendo Deo. Liber Sancti Bernardi de Laude nove milicie. Meditationes Sancti Bernardi. Speculum beati Bernardi.* Ms. du 14° siècle.

483. Sermones antiqui in diversis anni solemnitatibus, in-8.° vél. c.m.

Ms. à 2 colonnes, du 14° siècle.

484. Sermones varii de sanctis, in-8.° vél. *sans couverture.*

Ms. à 2 colonnes, du 13° siècle. Cette espèce de légende est incomplète.

485. Sermones B. Petri Comestoris, in-8.° vél. *b*. s.s.

Ms. à longues lignes, qui paraît appartenir au 12° siècle. (V., sur Pierre Comestor, ci-dessus, n° 417.) Ces sermons finissent par la formule que Casimir Oudin regarde comme caractéristique de cet auteur.

486. Homiliæ V. Bedæ. S. Gregorii papæ, et aliorum super Dominicas per annum, in-fol. vél. *b*.

Ms. à 2 colonnes, écriture du 15° siècle. La fin manque.

487. Homiliæ Patrum in festa et Evangelia, in-fol. vél. *b*. s.s.

Ms. à 2 colonnes, que nous croyons pouvoir assigner au 12ᵉ siècle. La 1ʳᵉ page présente la figure d'un écrivain assis devant une table, tenant d'une main une plume et de l'autre un instrument pour effacer. A l'une des extrémités de la table on voit une écritoire en forme de corne. A gauche du personnage un livre est ouvert sur un pupitre. On y lit le commencement du psaume *Beatus vir qui non abiit.* Le verso de ce feuillet présente un tableau singulier, offrant 40 vers dont 8 forment des acrostiches qui s'entre-croisent. Au recto du 2ᵉ feuillet se trouve un grand médaillon ovale dont la principale figure est celle du Sauveur, à la droite duquel St. André est appuyé sur une légende ainsi conçue : *Obsecro Dñe fac misericordiam cum servo tuo R.* A gauche, Ste. Maxellende adresse ces paroles à J.-C. : *Domine ne avertas faciem tuam à puero tuo R.* Aux pieds du Christ on voit une autre figure appuyée sur un cercueil, à la partie supérieure duquel on lit les mots *Fr. Ranierus.* Une banderolle s'élève d'un côté avec ces mots : *S. Andrea P. secretũ Xp̃i magistri tui intercede pʳ me;* de l'autre une inscription ainsi conçue : *Sub tuâ protectione confugio, beata virgo Maxellendis.* J.-C. tient de la main gauche un livre ouvert avec ces mots : *Pro eo quod rogastis me exaudivi vos; nunc jam fiat illi sicut petistis.* Ce livre remarquable contient en outre plusieurs vignettes bizarres qui mériteraient d'être décrites. Une liste des papes, insérée à la fin du volume, et finissant par Alexandre III, en 1159, fait présumer que l'âge de ce Ms. doit être rapporté à cette année. Le Ms. a appartenu à l'abbaye de St.-André du Cateau.

488. Augustini Tractatus CXXIV in Evangelium S. Johannis. in-fol. vél. *b.* s.s.

Ms. à 2 colonnes, du 13ᵉ siècle, initiales enluminées. Ce sont les homélies prêchées par St. Augustin en 416 et 417, d'après le texte de l'évangile de St. Jean. L'auteur y combat surtout trois sortes d'hérétiques, les Ariens, les Donatistes et les Pélagiens.

489. Homiliæ Patrum in festa et Evangelia, in-fol. vél. *v.* s.s.

Ce Ms., à 2 colonnes, est remarquable par son antiquité comme par son état de conservation. Il offre un certain nombre de vignettes, et peut remonter au 11ᵉ siècle.

490. Tractatus, Meditationes et Sermones super festa Ecclesiæ et Sanctorum, à Petro de Alliaco. in-fol. s.s.

Ms. à 2 colonnes, terminé en 1425. Les ouvrages qu'il contient sont : Traité de l'Ame ; Miroir de Considération ; Abrégé de Contemplation, en 2 traités ; Traité de 5 sens spirituels ; Épilogue sur le quadruple exercice spirituel ; Traité de l'Oraison Dominicale ; l'Oraison Dominicale développée ; Méditations sur l'*Ave Maria* ; Traité sur les 7 Psaumes de la Pénitence ; 2 Méditations sur le Psaume *In te Domine speravi* ; Méditation sur le Psaume *Judica me* ; Parole abrégée sur le Psautier ; Traités sur les Cantiques de la Vierge, de Zacharie et de Siméon ; 3 Sermons sur l'Avent ; 2 sur la Nativité ; Sermons sur la Circoncision, sur la Septuagésime, sur le 4ᵉ Dimanche de Carême, sur la Résurrection, 2 sur la Pentecôte ; Traité sur la manière d'élire un pape ; Sermons sur la Trinité, sur St. Chrysogone, 2 sur St. Louis, évêque de Toulouse, 2 sur la Toussaint ; 3 Discours prononcés dans le Synode de Cambrai ; Invective contre les faux pasteurs ; Épître de Léviathan aux faux pasteurs ; Discours sur la Paix ; 2 Harangues prononcées devant le pape Clément VII pour obtenir la canonisation de Pierre de Luxembourg ; 3 harangues au pape Benoît XIII, pour l'union de l'église de la part du roi de France et du roi des Romains ; Traité sur l'Abstinence des viandes, adressé à Jean de Gouhenaus, qui de militaire s'était fait chartreux. Ce dernier ouvrage est souvent attribué à Gerson ; mais il porte ici le nom de l'évêque de Cambrai. La 1ʳᵉ page du traité *De animâ* est remarquable par la richesse de ses ornemens.

491. Homiliæ V. Bedæ et aliorum super IV Evangelia, in-fol. vél. c.m.

Ms. à 2 colonnes du 15ᵉ siècle. Il manque des pages au commencement et à la fin.

492. Homiliæ Patrum et sermones super festa per annum, in-fol. vél.

Ms. à 2 colonnes, du 15ᵉ siècle. Plusieurs pages manquent vers la fin.

493. Sermones vulgares, in-fol. vél. c.m.

Ms. à 2 colonnes, portant la date de 1292. Ces sermons latins, qui ont pour auteur Étienne de Reims, archidiacre de Meaux, sont précédés d'une introduction sur la manière de prêcher. Ils sont au nombre de 76, et concernent les différens états de la vie, tant ecclésiastique que civile. Il y en a pour les prélats, les chanoines, les curés, les écoliers, les juges, les avocats, les moines noirs et blancs, les sœurs blanches et grises; pour les croisés, les hospitaliers et frères d'ordres militaires ; pour les pauvres, les lépreux, les pélerins; pour les puissans de la terre, les riches, les bourgeois, les marchands, les laboureurs, etc., etc. Le volume est terminé par 2 tables et une série alphabétique de proverbes en langue vulgaire du 13ᵉ siècle. Chaque proverbe est accompagné d'une sentence analogue, tirée de la Bible. Ex. « Au seneschal de la meson puet-on cognoistre le baron. Eccli. cap. x. *Secundùm judicem populi, sic et ministri ejus.* »

494. In hoc volumine continentur hæc Tertia Pars Flori; Sermones quoque S. Augustini de resurrectione Domini; Omeliæ etiam Origenis super Luca, et super *In principio erat verbum* Omelia una, in-fol. vél. *v.* s.a.

Beau Ms. du 13ᵉ siècle, à 2 colonnes. Les trois quarts du volume sont remplis par l'ouvrage de Florus, qui est un commmentaire sur les épîtres de St. Paul, composé uniquement de passages empruntés à St. Augustin. Les épîtres commentées sont celles aux Galates, aux Éphésiens, aux Philippiens, aux Colossiens, aux Thessaloniciens, à Thimothée, à Tite, à Philémon, et aux Hébreux. Ainsi il n'y manque que les épîtres aux Romains et aux Corinthiens. Florus, diacre et ensuite prêtre de Lyon, vivait sous Charles-le-Chauve. Cet ouvrage, dont Sigebert, *de viris illustr.*, parle avec admiration, a été imprimé parmi les œuvres du vénérable Bède, à qui on l'a attribué long-temps. Il se trouvait aussi Ms. à l'abbaye de Cambron et à celle de Liessies. (*V.* Sanderus, *Bibl. Belg. Ms^{ta}*, 1ʳᵉ partie, p. 354, 2ᵉ partie, p. 23.)

495. Epistolæ Bernardi, abbatis Clarævallensis, in-fol. 2 vol. vél. *v.* s. a.

Ms. à 2 colonnes, du 13ᵉ siècle. Le 1ᵉʳ volume contient

132 Lettres, plus l'*Éloge de la nouvelle milice,* apologie des Templiers, adressée par St. Bernard à Hugues de Paganis, leur 1ᵉʳ Grand-Maître ; l'Épitaphe du Saint : *Claræ sunt valles,* etc. ; différentes pièces de poésie qui paraissent être d'Hildebert, évêque du Mans ; un Traité des 5 paroles que J.-C. a prononcées étant sur la croix, que je ne crois pas de St. Bernard, quoiqu'il soit ici sous son nom ; un Sermon sur l'Annonciation, et enfin une Épitaphe en 8 lignes rimées, trouvée, dit le titre, *in sepulchro Domini.* Les Lettres contenues dans le volume 2, sont au nombre de 150 ; elles sont suivies de la Vie de St. Malachie, avec 2 Sermons et une Lettre aux Irlandais sur le même Saint.

496. Epistolarium Henrici de Arenâ, canonici Cameracensis et Clementis VII, papæ, secretarii, in-fol. vél. *v. aux armes de Cambrai.* C. M. *manquent les* 30 1ᵉʳˢ *feuillets.*

Ms. à 2 colonnes, écriture du 14ᵉ siècle. Le titre m'a fait croire long-temps que c'était un recueil de lettres apostoliques rédigées par H. de Arenâ, au nom de Clément VII, (Robert de Genève, qui avait été évêque de Cambrai). Un examen plus attentif m'a convaincu que ces lettres, qui ne portent que la date du mois et n'ont aucune souscription, étaient celles de Jean XXII, qui siégea depuis 1316 jusqu'en 1334. Ces lettres, qui sont au nombre de 460, offrent un grand intérêt historique. On y remarque celles qui sont adressées aux Rois de Sicile, d'Arragon, de Chypre, et surtout à Ossin, roi d'Arménie, et à la Reine, sa femme, dans le but de ramener l'Arménie à l'union catholique. Henri de Arenâ, reçu chanoine de Cambrai, en 1366, mort en 1394, et non en 1399, comme le dit Foppens, d'après Possevin, ne peut donc pas être le rédacteur de ces lettres. Une note placée en tête du volume, semble indiquer qu'il l'a acheté à Avignon, 8 florins, d'un écrivain de la chancellerie apostolique.

497. Lectiones ex Epistolis B. Pauli et Prophetis, in variis anni festivitatibus, in-fol. *v. aux armes de Cambrai.* C. M.

Ms. à 2 colonnes, du 14ᵉ siècle. La 1ʳᵉ page présente 2 écussons aux armes de Pierre André, évêque de Cambrai, mort en 1368.

498. Sermones S. Bernardi, abbatis, de tempore et de festis, in-fol. vél. *b. garni en cuivre.*

Ms. à 2 colonnes, de la fin du 14e siècle. Les sermons sont au nombre de 128. Les 6 1ers sont pour l'avent ; les 6 derniers offrent des instructions sur la dédicace de l'Eglise.

499. Hìc sunt libri Hilarii, episcopi, n° XII, de fide catholicà, contrà omnes hæreses, quos in exilio conscripsit missus ad hæreticis Arianis propter Deitatis unitatem Dni J.-C. cum patre, in-fol. vél. *v. aux armes de Cambrai.* C. M.

Ms. à 2 colonnes, d'une très haute antiquité. St. Hilaire, évêque de Poitiers, au 4e siècle, fut surnommé par St. Jérome, *le Rhône de l'éloquence latine.* Il était époux et père lorsqu'il se convertit au Christianisme. Il composa cet ouvrage sur la Trinité pendant son exil en Phrygie.

500. Quæstiones variæ Fr. Thomæ de Aquino ; 1° autem de potentià Dei, etc., in-fol. vél. *v. aux armes de Cambrai.* C. M.

Ms. à 2 colonnes, écriture chargée d'abréviations et très confuse.

501. Sermones diversi B. Petri, Ravennatis epi, in-fol. *garni en cuivre.* VAUC.

Ms. à 2 colonnes, du 12e siècle. Ces sermons sont au nombre de 175. St. Pierre Chrysologue, archevêque de Ravenne, vivait au 5e siècle. Ses sermons, recueillis vers l'an 708 par Félix, l'un de ses successeurs, ont été souvent imprimés. Le 167e des éditions, qui n'est pas de lui, puisque c'est un éloge de ses vertus, ne se trouve pas dans notre Ms.

502. Omeliæ et Sermones de Quadragesimà, in-fol. vél. *v. aux armes de Cambrai.*

Ms. à longues lignes, du 11e siècle. En tête de la 1re page on lit les vers suivants, en lettres semi-onciales :

Hos anime flores quibus ornentur bene mores,
Ex famulis unus fert Lanvinus tibi munus,
Stella, Maria, maris, quem perpetuo tuearis.

Le volume est terminé par ce sixain :

Suscipe gratanter tibi collectum vigilanter

Ex famulis unus quod Lanvinus tibi munus,
Offert, stella maris, que semper amare probaris,
Quod reficit mentem sub carnis fasce ruentem;
Hoc opus ille tibi voluit, mater pia, scribi
Quod sibi solamen per sœcula conferat. Amen.

Les homélies et sermons sont de St. Jérome, de St. Augustin, de St. Maxime, de Bède, etc.

503. Epistolæ Hieronymi, necnon quædam Homeliæ, in-fol. vél. *b.*

Ms. à 2 colonnes, du 15° siècle. Les lettres, en y comprenant 2 ou 3 discours, sont au nombre de 122. Le reste du volume contient : *Deflorationes quædam de libro Psalmorum*, par Richard de St.-Victor. Ce sont probablement les remarques mystiques dont parle M. Daunou, *Hist. litt. de France*, t. XIII, p. 484: Questions sur le Lévitique, les Nombres, le Deutéronome, Josué, les Juges, St. Mathieu et St. Luc, tirées des œuvres de St. Augustin. Le Ms. porte sur la dernière page la signature de J. Carlier.

504. Homiliæ multarum lectionum et evangeliorum, in-fol. vél. *v. aux armes de Cambrai.* C. M.

Ms. à 2 colonnes, que l'on peut sans crainte faire remonter au 8° siècle. Ce volume contient encore une grande partie de la vie de St. Vaast, par Alcuin, et des fragmens de Sulpice Sévère.

505. Liber S. Ambrosii de divinis officiis. Libri ejusd: de pœnitentiâ, et Epistolæ, in-fol. vél. *b.* C. M.

Ms. à 2 colonnes, écrit en 1300, par Robert Florie, curé de Namps-au-Mont, diocèse d'Amiens. Capitales enluminées et souvent rehaussées d'or. A la suite des traités indiqués dans le titre, on trouve encore 2 ouvrages du même auteur, savoir: *Exposition du Psaume* 118 et *Traité du bien de la mort.*

506. Liber secundus Magistri Hugonis de sacramentis, ab incarnatione Verbi usque ad finem et consummationem omnium, in-fol. vél. *b.* C. M.

Ms. à 2 colonnes, belle écriture du 13° siècle, capitales enluminées. Hugues de St. Victor, auteur de cet ouvrage, est mort en 1142.

507. De incarnatione Christi, de virtutibus, in-fol. vél. *v. aux armes de Cambrai.* C.M.

Ce Ms., qui a été donné par Pierre D'Ailly au Chap. métrop., est à 2 colonnes, écriture du 14" siècle. La fin manque.

508. Codex theologicus, in-fol. vél. *b.* C.M.

Ms. du 15ᵉ siècle, donné au Chap. métrop. par Pierre D'Ailly.

509. Epistolæ Petri Blesensis, in-4.° vél. *b.* C.M.

Ms. à longues lignes, du 15" siècle; il contient 113 lettres de Pierre de Blois, l'un des meilleurs écrivains du 12ᵉ siècle. Ces lettres sont divisées en 2 parties, l'une de 71, et l'autre de 42 lettres. A la fin on lit une pièce de 63 vers léonins ayant pour titre : *Sermo Epyphaniæ Domini stilometro editus à Ram., episcopo Petragorum, quomodò tres reges venerunt et quomodò fecerunt quatuordecim dietas et que sunt diete.* On trouve dans le t. 15 de l'*Hist. litt. de France*, p. 341 à 413, une excellente notice de Dom Brial sur la vie et les ouvrages de Pierre de Blois.

510. Quæstio 84ᵃ 3ᵉ partis S. Thomæ de sacramento pœnitentiæ, 1601, in-fol. *ph.*

C'est un cahier de théologie dicté à l'Université de Douai ou au séminaire de Cambrai.

511. Liber lectionum seu epistolarum, in-fol. vél. C.M.

Ce lectionnaire est écrit en LETTRES D'OR, sur du VÉLIN POURPRÉ. La 1ʳᵉ page seulement est en lettres vermillon; mais il est à croire qu'elle a été aussi en or et que le temps a fait disparaître l'encre métallique. Les titres des leçons ont été écrits en LETTRES D'ARGENT, dont la plupart sont effacées, au point qu'il n'y reste qu'une empreinte noire très lisible. Les titres sont en onciale, et le texte en minuscule. Il est inutile de faire remarquer qu'un pareil Ms. est infiniment rare et précieux. Le plus souvent ce luxe était réservé pour les livres qu'on offrait aux empereurs, rois, princes et princesses. L'âge de celui-ci peut être reporté au temps de Charlemagne ou de Louis-le-Débonnaire. (V. *Nouv. Traité diplom.* t. 1ᵉʳ, p. 543 ; t. 2, p. 100 à 106. — Petit-Radel, *Rech. sur les Bibl.*, p. 107.)

512. Epistolæ Ivonis Carnotensis ēpi, de ordinationibus, in-fol. vél. C. M.

Ce recueil des lettres d'Ives de Chartres, est un beau Ms. à 2 colonnes, du 13ᵉ siècle. Les lettres sont au nombre de 276. Les 3 1ᵉˢ sont des brefs du pape Urbain II, pour l'élection d'Ives ; la dernière est une lettre d'Ives au pape Pascal II. Le volume est complété par un traité fort curieux sur les cérémonies qui se pratiquent à Rome, avec des notes historiques et descriptives des lieux les plus remarquables de cette ville. Le 1ᵉʳ chap. est intitulé : *In quibus festivitatibus D. Papa debet coronari.* Ce traité, où il est question d'Innocent II, comme régnant, ne peut pas être d'Ives de Chartres, qui est mort en 1116, 14 ans avant le pontificat d'Innocent. Notre Ms. a été connu de Du Cange, qui en a fait usage dans son Glossaire de la basse latinité. Il pourrait, aussi bien que celui dont parle Lambecius, t. 2, p. 233, servir à la correction des éditions imprimées.

513. Annæi Senecæ Opera, in-fol. vél. *b*.

Ms. à 2 colonnes, écriture du 13ᵉ siècle. Le volume commence par les lettres de St. Paul à Sénèque et de Sénèque à St. Paul. On a cru long-temps, et quelques savants pensent encore que Sénèque a eu des relations avec St. Paul. Ceux qui voudraient avoir quelques détails à ce sujet peuvent consulter les *Soirées de St.-Pétersbourg*, t. 2, p. 128 ; le *Manuel du Bibliophile*, par M. Peignot, t. 1: p. 127 ; *Histoire abrégée de la littérature romaine*, par M. Schœll, t. 2, p. 450 ; *Infernus damnatorum carcer*, par Jérémie Drexelius, in-12, Cologne, 1674, p. 25. Notre Ms. contient aussi toutes les autres épîtres de Sénèque, ses traités moraux et ses tragédies, avec quelques commentaires, et enfin des sentences détachées. On peut lire, dans la *Biogr. Univ.*, un excellent article sur Sénèque, par M. Charles Durozoir.

514. Epistolæ S. Hieronymi, in-fol. vél. s.s.

Ms. à 2 colonnes, du 13ᵉ siècle, capitales enluminées. 95 lettres sont contenues dans ce recueil, à la fin duquel on lit une note détaillée sur le Concile de Latran, qui eut lieu en 1216.

515. Quidam Sermones B. Bernardi, in-fol. vél. *b*. C. M.

Ms. à 2 colonnes, du 14ᵉ siècle, chargé sur les marges de notes d'une écriture postérieure. Les sermons sont au nombre de 117.

516. Sermones et Homiliæ super Evangelia, in-fol. vél. *v. aux armes de Cambrai*. C. M.

Ms. à 2 colonnes, écriture du 13ᵉ siècle, vignettes et capitales enluminées. La 1ʳᵉ vignette représente le lavement des pieds. Outre les 70 sermons ou homélies contenus dans ce volume, on y trouve encore des extraits de St. Augustin.

517. S. Augustini Opera quædam, in-fol. vél. *b*. s. s.

Ms. à 2 colonnes, du 14ᵉ siècle, capitales et vignettes enluminées. En tête du volume on voit un tableau qui représente un prélat non mitré, entouré de livres et portant la lettre A sur son genou droit, ce qui désigne sans doute St. Augustin. Chaque traité est précédé d'une miniature analogue au sujet. Les ouvrages compris dans ce volume sont: le *Traité de la doctrine chrétienne*; le *Livre des Pasteurs, du Mensonge, de l'Avarice et de la Luxure*.

518. Primus liber summæ Magistri Alexandri de Hales, in-fol. vél. *v*. S. A.

Ms. à 2 colonnes, du 15ᵉ siècle. Alexandre de Hales, surnommé le *Docteur irréfragable*, vivait au commencement du 13ᵉ siècle. Cette Somme a été imprimée à Paris en 1509.

519. Quæstiones Magistri Odonis. Sermones ejusdem. Epistolæ ejusdem. Epistola Magistri Stephani, Tornacensis episcopi, in-fol. vél. *b*. C. M.

Beau Ms. à 2 colonnes, du 13ᵉ siècle, provenant, comme beaucoup d'autres, de l'abbaye d'Ourcamp, qui paraît les avoir cédés à P. Preudhomme, chanoine de Cambrai. L'auteur des ouvrages contenus dans celui-ci est demeuré jusqu'à présent presqu'inconnu aux biographes. L'*Hist. litt. de la*

France n'en fait même pas mention. Odon ou Eudes, après avoir été chanoine de Paris, se fit moine à Ourcamp, dont il fut élu abbé en 1167. En 1170 il reçut le chapeau de Cardinal et fut promu à l'évêché de Frascati (*Tusculum*). C'est lui que Possevin désigne par *Odo episc. Tusculanus*, sans pouvoir indiquer l'époque où il a vécu. Les *Questions*, qui roulent sur la théologie dogmatique et morale, occupent les deux tiers du volume. Les sermons sont au nombre de 15. Viennent ensuite 11 lettres; la 1re est adressée au pape Alexandre III, à qui Odon se plaint de l'évêque de Paris, dans le diocèse duquel il possédait un canonicat avant d'avoir embrassé la vie monastique à Ourcamp. Dans la 2e il implore le crédit d'Étienne, évêque de Meaux, contre les persécutions dont la maison d'Ourcamp est victime. Par la 3e il recommande au même évêque certaines religieuses de l'ordre de Citeaux. La 4e est adressée à un de ses amis, *commilitoni*, désigné par l'initiale G., qu'il invite fortement à venir partager sa retraite. Dans ces 4 lettres, Odon se qualifie *le dernier ou le plus petit des pauvres d'Ourcamp*; ce qui fait penser qu'à l'époque où il écrivait, il n'était encore que simple religieux. Les 4 suivantes portent: *ministre tel quel de l'église d'Ourcamp*; enfin, dans les 3 dernières Odon se nomme *ministre tel quel de l'église de Tusculum*. Il écrit la 5e à son frère A., pour le féliciter de sa conversion. La 6e a pour objet de témoigner à St. Thomas de Cantorbéry le regret de n'avoir pu lui faire un don plus distingué; la nature de ce don n'est pas indiquée. Dans la 7e il annonce au pape Alexandre III que, conformément à l'ordre qu'il en a reçu de l'abbé de Clairvaux, il va se rendre auprès du Saint-Père, à qui il recommande sa Maison. Dans la 8e il se réjouit du parti qu'a pris une femme nommée M. de renoncer au monde. Il fait part dans la 9e, aux abbés de Citeaux et de Clairvaux, de son élévation au siège de Tusculum et leur recommande l'Abbaye d'Ourcamp. La 10e est une réponse à O., consul romain, qui l'avait félicité sur sa nouvelle dignité. Dans la 11e il s'entretient avec l'abbé de Citeaux des difficultés du poste qu'il occupe. La dernière lettre du volume est adressée par Étienne, abbé de Ste-Geneviève, à Robert, moine de Pontigny, qui l'avait consulté sur les troubles de l'abbaye de Grandmont. (V. les *Additions.*)

520. Tractatus Theologicus Mgri Algeri Leodiensis, in-fol. vél. *b*. c.m.

Ms. à 2 colonnes, du 13e siècle. Alger était écolâtre à Liége dans le 12e siècle. Ce traité sur le sacrement de l'Eucharistie se trouve dans les diverses bibliothèques des pères. Erasme est le 1er qui l'ait donné au public. L'ouvrage est précédé d'une préface dans laquelle Nicolas de Liége donne un précis de la vie d'Alger. Ce Ms. a appartenu à P. Preudhomme.

521. Primus liber Mgri Hugonis de Sacramentis, in-fol. vél. *b*. c.m.

Ms. à 2 colonnes, belle écriture du 14e siècle, d'Hellin de Duri. Ce volume est le 1er t. du n° 506, dont il ne devrait pas être séparé.

522. Summa Magistri Guillelmi Altissidiorensis, in-fol. vél. *v. aux armes de Cambrai*. c.m.

Ms. à 2 colonnes, du 14e siècle, donné par Pierre D'Ailly au Chapitre de Cambrai.

523. Armacanus de quæstionibus Armenorum, in-fol. vél. c.m.

Ms. à 2 colonnes, terminé en 1403. L'auteur de ce livre est Richard Radulphe, archevêque d'Armach en 1347, mort à Avignon en 1360. Son Traité des erreurs des Arméniens a été imprimé à Paris en 1511 et 1612. Possevin, dans le catalogue placé à la fin de son *App. Sac.*, p. 123, a mal-à-propos désigné Richard comme archevêque Arménien.

524. Epistolæ S. Hieronymi, in-fol. *b*. s.s.

Ces épîtres de St. Jérome paraissent avoir été écrites par Jean du Vivier dont il a déjà été parlé plus haut. Les épîtres sont au nombre de 95.

525. Sermones S. Augustini contra Donatistas, in-fol. vél. *b*. c.m.

Le commencement et la fin de ce Ms. manquent. Il est à 2 colonnes, d'une écriture du 8e siècle.

526. Tractatus de Sacramentis P. Fournetii, in-fol. *ph*.

Ce Traité, qui a pour auteur le père Fournet, jésuite,

docteur et professeur en théologie, a été écrit en 1619, par Paul Hutin, de Cambrai.

527. Explanatio V. Bedæ de Gratiâ Dei, contra Julianum, in-fol. vél. *b*. c.m.

Ms. à 2 colonnes, du 9ᵉ ou du 8ᵉ siècle, sans aucune espèce d'ornemens.

528. Jacobus de Altâ-Villâ in libros sententiarum, in-fol. vél. *v*. s.s.

Ms. à 2 colonnes, écrit en l'an 1400; capitales en rouge. Jacques de Haute-Ville vivait en 1363.

529. Augustinus de Anconâ de ecclesiasticâ potestate, in-fol. *b*. s.s.

Ms. à longues lignes, de la fin du 14ᵉ siècle. L'auteur, Augustin d'Ancône, était un religieux ermite de St.-Augustin. Il naquit à Ancône en 1243, fut fait général de son ordre en 1300 et mourut en 1328.

530. Libri octo disputationum, in-fol. vél. c.m.

Ce Ms., dont le commencement manque ainsi que la fin, est à longues lignes. Il appartient au 9ᵉ siècle.

531. Quæstiones cxlii fratris Ægidii Romani, in-fol. vél. *b*. c.m.

Ms. à 2 colonnes. L'auteur de ce recueil, général des Augustins et archevêque de Bourges, est mort en 1316.

532. Collection d'Évangiles, de Sermons et d'Exemples, in-fol. *v*. s.a.

Ms. à 2 colonnes, du 15ᵉ siècle. Toutes les pièces qui s'y trouvent sont en langue vulgaire; la 1ʳᵉ est un sermon pour *le 1ᵉʳ Dimence del advent Nʳᵉ Seigneur;* la dernière, *Exemple de le Conception de le Vierge Marie.*

533. Psalterium cum glossâ, in-fol. vél. *b*. c.m.

Ce Psautier, qui est un beau Ms. du 14ᵉ siècle, est surchargé, sur les marges, de notes un peu plus modernes.

534. Tractatus de gratiâ Christi, salvatoris, in-fol. *v*.

Ce Ms., qui paraît être du 17ᵉ siècle, provient de l'ancien séminaire de Cambrai.

535. Verbum abbreviatum super Psalterio à Dño Petro de Ailliaco, in-fol. vél. *mauvais état.* c. m.

Ce Ms., qui contient un commentaire de Pierre D'Ailly sur les psaumes, est à 2 colonnes, écriture du 15ᵉ siècle. A la suite du *Verbum abbreviatum* on trouve une longue série de prières, d'antiennes et de méditations sur divers points de religion.

536. Sermons de Jehan Gerson et Robert Cibole, in-fol. *v.* s. a.

Ms. à longues lignes, qui a été écrit par Arnould de Gricourt ; voici les pièces qu'il contient : *Sermon de l'Annuntiacion Nostre Dame*, par Gerson ; *Sermon de S. Pierre et S. Pol*, par le même ; *Sermon de S. Michiel et aussi des bons Angeles*, par le même ; *Sermon des mors, et coment on doibt souvent ramembrer et pryer pour les mors*, par le même ; autre *Sermon des mors coment on doibt pryer deligemment pour eulx*, par le même; *Sermon de tous les Sains*, par le même ; 2 *Sermons du S. Esperit*, par le même; *Sermon de la Benoite et Saincte Trinité*, par le même; *Traictiet du Gardin amoureux* ; *Traitiet de consolation fait par ung Célestin lan* 1445. *devot dettié encontre ribulation* ; *Sermon du dimence aprez la Thiephaine*, par Mᵉ Robert Cibole ; *Sermon es 4 temps de Lavent*, par le même ; *Sermon du Sacrement de lautel*, par le même. Robert Cibole, docteur en théologie, chanoine de l'église de Paris, mourut en 1458. Il ne paraît pas que les ouvrages ci-dessus soient connus.

537. Libri S. Augustini ad Dardanum. Item opera aliquot Damasceni et Anselmi, in-fol. vél. *b.* c.m.

Ms. à 2 colonnes, du 14ᵉ siècle, contenant, outre l'ouvrage de St. Augustin mentionné dans le titre, 16 autres traités du même docteur ; les 4 livres de St. Jean Damascène, et 17 opuscules d'Anselme, archevêque de Cantorbéry.

538. Sermones D. Gilberti super Cantica Canticorum, in-4.° *v.*

Ms. à longues lignes, écriture du 15ᵉ siècle. Les sermons sont au nombre de 47.

539. Pars quinta Moralium S. Gregorii, papæ, in-fol. *b.*

Ms. à 2 colonnes, écriture du 15° siècle.

540. Sermones varii, in-fol. vél. *b.* s.s.

Ms. à 2 colonnes, écriture du 14° siècle. Le 1ᵉʳ sermon est intitulé *Ad presbyteros*, le dernier *In festivitate unius Virginis*.

541. Sermo D: Odonis abbatis. Acta Sti. Johannis, archiepiscopi Alexandrini. Item Severus de vitâ et virtutibus Sti. Martini, in-4.° *v.* s.A.

Ms. à longues lignes, du 10° ou du 9° siècle, capitales enluminées grossièrement. Le sermon de l'abbé Odon est une espèce de panégyrique applicable à toutes les fêtes de St. Benoît; ce qui fait présumer que l'auteur était abbé d'une maison de Bénédictins. La vie de St. Jean d'Alexandrie ou l'Aumônier, écrite en grec par Léonce, évêque de Naples, en Chypre, a été traduite par Anastase, le bibliothécaire, qui l'a fait précéder d'une épître au pape Nicolas I. Cette vie est divisée en LVI chap. La vie de St. Martin, par Sévère (Sulpice), est suivie des lettres de Sévère à Eusèbe, prêtre, puis évêque; à Aurèle, diacre, et à Bassule, belle-mère de l'auteur. Les 2 livres de dialogues, qui terminent le volume, traitent de la vie des Solitaires d'Égypte, et ensuite des vertus de St. Martin. Le 1ᵉʳ livre est divisé en XVIII chap. et le 2° en XIV. Les 2 derniers chap. manquent dans ce Ms., qui est d'une antiquité assez respectable pour être consulté avec fruit par les agiographes.

542. Alphabetum narrationum, in-4.° vél. *b.* C.M.

Ms. à 2 colonnes, du commencement du 15° siècle.

543. Homiliæ Mⁱ Johannis de Abbatis-Villâ, de Epistolis et Evangeliis dominicalibus per annum, in-4.° vél. *v.*

Ms. à 2 colonnes, écriture petite et confuse.

544. Dialogi S. Gregorii, in-4.° *v.* s.s.

Ms. à 2 colonnes étroites.

545. Homiliæ super Scripturam, in-4.° vél. *b.* s.A.

Ms. à longues lignes, capitales enluminées.

546. Sermones antiqui, in-4.º vél. *b*. C. M.
Ms. en mauvais état, écriture petite et assez confuse.

547. Compilatio Epistolarum Magistri Petri Blesensis, in-4.º vél. *b*. C. M.

Ms. à 2 colonnes, du 14ᵉ siècle. Les lettres de Pierre de Blois sont ici au nombre de 176. L'édition donnée par Goussainville, in-fol., Paris, 1667, en contient 183. Parmi ces lettres, il en est beaucoup qui sont écrites au nom d'autres personnes, bien que Pierre de Blois en soit rédacteur.

548. Sermones de tempore et de festis quibusdam. Item Dictionarium verborum cum temporibus primitivis, ordine alphabetico digestum, in-4.º vél. *b*. C. M.

Ms. du 12ᵉ siècle, partie à longues lignes et partie à 2 colonnes. La dernière partie est une espèce de traité de grammaire latine, avec un recueil alphabétique des verbes et de leurs temps primitifs.

549. De variis festis per annum, et de horis canonicis, in-4.º vél. *v*. S. A.

Ms. à 2 colonnes, écriture du 14ᵉ siècle. Ce volume porte le nom de l'abbé Robert.

550. Summa de Sanctis, seu Sermones in Scripturam, in-4.º vél. *b*. C. M.

Ms. à 2 colonnes, endommagé en plusieurs endroits.

551. Orationes S. Anselmi. Exhortationes beati Anselmi ad contemptum temporalium et desiderium æternorum, in-4.º *b*. S. S.

Le volume est terminé par *Liber de septem Verbis Domini in cruce*.

552. Dialogues de St. Grégoire, in-4.º vél. *b*. S. S.

Ms. à longues lignes. Cette traduction romane des Dialogues de St. Grégoire est du 13ᵉ siècle. Elle débute en ces termes : « Sainz Gregoires en sa jonece se mist en religion et fu merveilleusement dévotz et contemplatis. Puis pour la sainte de lui il fu si empeeschiez des besoignes seculeres que il estoit a grant meschief de cuer quant il li mambroit de la grant pais que il auoit eu en lordre, et fist un livre que len apele dyalogue ou il a de trop biaus examples et plains de grant edificacion. Si le weil mestre en fransoys pour les lais. Si comance ainsint. » Il existe une autre traduction plus ancienne des mêmes dialogues, parmi les Mss. de la bibl. du Roi. (V. un article de M. de Pastoret, pp. 6 et suiv. du t. XIII. de l'*Hist. litt. de la France.*)

553. **Sermones Discipuli de Sanctis**, in-4.° s.s.

Ms. à longues lignes, du 15ᵉ siècle. Ces sermons, au nombre de 48, sont suivis d'une table alphabétique des matières et d'un supplément d'exemples qui n'ont pu trouver place dans le corps de l'ouvrage. L'auteur, Jean Hérolt, natif de Bâle, de l'ordre des Frères prêcheurs, vivait en 1470. Il prit le nom de *Discipulus* par humilité. Ces sermons ont été imprimés plus de 30 fois dans le 15ᵉ siècle.

554. **Compendium theologiæ Bonaventuræ**, in-16. vél. *v*. s.s.

Ms. du 15ᵉ siècle. St. Bonaventure, auteur de cet ouvrage, naquit en 1221, à Bagnarea, dans la Toscane. Il a été canonisé par Sixte IV et mis au rang des Docteurs de l'Église par Sixte V.

555. **Auctoritates utriusque Testamenti**, in-16. vél. s.s.

Recueil alphabétique des sentences et maximes de l'écriture sainte, commençant par *De abstinentiâ* et finissant par *De zelo indiscreto*.

556. **Homiliæ super Evangelia**, in-16. vél.

Petit Ms. du 14ᵉ siècle.

557. **Hortationes pulchræ et utiles Fr. Johannis cognomento Roden**, in-16. *v*.

Ce Ms. du 15ᵉ siècle est l'ouvrage de Jehan de Rode de Hainborch, chartreux d'un couvent près de Prague, puis abbé et réformateur de l'abbaye de St.-Mathias, à Trèves, où il mourut en 1430.

DROIT CANONIQUE ET CIVIL.

558. Decreta Pontificum. Canones Apostolorum, in-4.º vél. *b*.

Précieux Ms. à longues lignes, écriture minuscule du 8ᵉ ou 9ᵉ siècle. Les Papes dont ce volume contient les décrets sont Sirice, Innocent I, Zozime, Boniface I, Célestin I, Léon-le-Grand, Hilaire, Simplicius, Felix III, Gélase I, Anasthase II, Symmaque, Hormisdas et Grégoire II. Ce dernier, comme on sait, occupa le trône pontifical depuis 715 jusqu'en 731. Notre Ms. offre encore les 50 canons attribués aux Apôtres. Les deux 1ᵉʳˢ feuillets présentent un fragment des actes du Concile d'Éphèse, lequel fait suite au n° 559.

559. Codex Canonum, in-4.º vél. *v*.

Ce Ms. paraît appartenir à la même époque que le précédent. La 1ʳᵉ pièce qu'il contient est une longue instruction sur la Messe, commençant par ces mots : *Primùm in ordine Misse ad introïtum canitur*. Nous trouvons ensuite : *Epistole Sci Clementi epi Romensis ad Scm Jacobum Apostolum de instituta Sci Petri Apostoli*. Le style barbare de ce titre fait assez présumer que la pièce est apocryphe. Puis viennent les Canons authentiques des Conciles suivants : Nicée, an 325; Ancyre, vers 314; Gangres, au 4ᵉ siècle; Antioche, 341, Laodicée en Phrygie, au 4ᵉ siècle; Chalcédoine, en 451; Sardique, 347; Carthage, au 4ᵉ siècle. 105 Canons de divers Conciles d'Afrique; Éphèse, 431. Ce Ms. est incomplet parce que les deux feuillets qui le terminent se trouvent au commencement du n° 558.

560. Gratiani Decretum, in-fol. vél. *b*.

Ms. à 2 colonnes, écriture du 14ᵉ siècle, donné par Lambin de Bruges à l'église d'Ourcamp; il a appartenu ensuite à Pierre Preudhomme. Gratien, moine bénédictin, né à Chiusi en Toscane, écrivit cette collection vers 1151. On lui reproche d'y avoir inséré les fausses décrétales inventées par Isidore Mercator et autres. Quoiqu'il en soit, le *Decret* a été long-temps le livre fondamental du droit canonique. Il a été imprimé, pour la 1ʳᵉ fois, à Strasbourg, en 1471.

561. Casus et notabilia Decretalium, in-4.º vél. *b.* c. m.

Ms. à 2 colonnes, du 14ᵉ siècle, capitales enluminées. L'auteur de cet ouvrage est nommé Bernard. Est-ce Bernard de Compostelle qui, au dire de Trithème, a écrit sur les Décrétales, ou Bernard, jurisconsulte de Parme, sous le nom duquel on a imprimé à Paris, en 1475, un livre intitulé : *Casus longi super quinque libros Decretalium ?*

562. Commentarium in Decretales, in-4.º vél. *b.* s. s.

Ms. à 2 colonnes, belle écriture du 14ᵉ siècle. On lit cette note au dedans de la couverture, en face de la dernière page : *Ce livres est de l'abbie de St.-Sepulcre de Cambray, et nous Henri abbe d'Anchin lavons emprunteit. Damp Regnat le scet bien et en ont cedule de nous.* L'abbé d'Anchin qui a écrit la note, ne peut être que Henri de Conflant, qui gouverna cette abbaye depuis 1391 jusqu'en 1421.

563. Concordia discordantium Canonum, in-fol. vél. *v. aux armes de Cambrai.* c. m.

Superbe Ms. enrichi de vignettes et d'ornemens divers, écriture du 15ᵉ siècle. Les miniatures de l'intérieur sont de la plus grande beauté et d'une fraîcheur remarquable. On trouve au chapitre 35 deux tableaux singuliers de généalogie ascendante et descendante. Il est à 4 colonnes, dont 2 occupent une partie de la marge.

564. Discordantium concordia Canonum, in-fol. vél. *b.* c. m.

Ce Ms. ressemble au précédent pour la forme et pour le soin avec lequel il a été confectionné ; cependant il est loin d'offrir les mêmes ornemens. On a ajouté à la fin 12 feuillets écrits avec une encre qui présente aujourd'hui une teinte verdâtre et qui commence à s'altérer.

565. 1ᵃ et 2ᵃ Lecturæ Antonii de Butrio super secundo Decretalium, de judiciis, in-fol. 2 vol. *b.* c. m.

Ms. à 2 colonnes, écriture du 14e siècle. Antoine de Butrio, auteur de cet ouvrage, est mort vers 1417. Ses œuvres ont été imprimées à Venise, en 1518.

566. Repertorium, seu Summa quæstionum et definitionum ab Arnoldo Theodorici, monacho Viridis-Vallis, in-fol. 3 vol. *b*. c. m.

Ms. à 2 colonnes, terminé en 1429. Arnould Theodorici est le même qu'Arnould Gheiloven, auteur du *Sompnium doctrinale* et du *Gnotosolitos* dont il a été question sous les n°s 264 et 353. L'ouvrage est dédié à Jean Bont, docteur *in utroque jure* et chancelier de Philippe, duc de Brabant. Nicolas Évrard, Président du grand conseil de Malines, le mentionne dans ses *Topica juris*, Louvain, 1552, sans doute d'après une autre copie Ms^te du *Repertorium* qui existait en cette ville, au collége des Trois-Langues.

567. Decretum cum commento, in-fol. vél. *b*. c. m.

Ms. à 2 colonnes, petite écriture du 15e siècle, capitales enluminées. C'est le décret de Gratien, dont il a été parlé plus haut.

568. Utriusque juris Repertorium, in-fol. vél. *b*. c. m.

Ms. à 2 colonnes, écrit en 1383 et terminé le 27 juin de la même année par Nicolas Nicolaï, d'Alcmar, prêtre, pour Robert Boistelli, bachelier en droit et archidiacre de Flandre dans l'église de Térouane. Nicolas Falourdeur, chanoine et prevôt de l'église de Cambrai, l'acheta à la mort de Robert Boistelli, et le légua au chapitre en 1408. L'auteur de cet ouvrage est Pierre de Braco, inconnu aux biographes. Il vivait vers le milieu du 14e siècle, était auditeur du sacré palais et chapelain du pape Innocent VI. Outre le *Répertoire*, il a encore écrit *Repudium ambitionis contrà miseros Cardinalium servitores*, Ms. dans la bibliothèque du Vatican; *Compendium*, etc., Ms. à St.-Gratien de Tours; et *Opera*, Ms. à St.-Victor de Paris.

569. Joannis de Blanosco Tractatus de jure, in-fol. vél. c. m.

Ms. à 2 colonnes, écriture du 14e siècle. Les 1res et dernières pages sont devenues tout-à-fait illisibles.

570. Lectura Dñi Hostiensis super libris Decretalium, in-fol. 5 vol. vél. *b.* C. M.

Ms. à 2 colonnes, du 15ᵉ siècle, légué à l'église de Cambrai en 1491, par Paul de Rota, chanoine et trésorier de cette église, qualifié *utriusque juris interpres disertissimus.* Le dernier volume est d'un format plus petit et d'une autre écriture.

571. Decretalium Libri sex cum glossâ, in-fol. vél. *v. aux armes de Cambrai.* C. M.

Le texte est écrit sur 2 petites colonnes, lesquelles sont entourées d'un long commentaire qui règne sur toutes les marges. Ce Ms., qui paraît appartenir au 14ᵉ siècle, est enrichi de vignettes rehaussées d'or, et d'une grande quantité de figures plus ou moins grotesques. En tête du volume on trouve une table de tous les archevêchés et évêchés du monde chrétien.

572. Novella D. Johannis Andreæ super Sexto, in-fol. vél. *v. aux armes de Cambrai.* C. M.

Ce Ms., qui est aussi du 14ᵉ siècle, est remarquable par les peintures du frontispice et par les miniatures qui ornent le commencement de chaque chapitre. Toutes ces miniatures offrent des portraits différents, qui sont peut-être ceux des personnages remarquables de l'époque.

573. Distinctiones Mḡri Boyc de Decretalibus in-fol. 2 vol. vél. *b.* C. M.

Ms. du 15ᵉ siècle, à 2 colonnes, capitales enluminées, plusieurs vignettes rehaussées d'or. C'est à tort que dans les *Rech. sur l'Égl. métr. de Cambrai*, j'ai attribué cet ouvrage à Henri Beye, chanoine de Cambrai; il est de Henri Bouhic ou Boyc, du diocèse de St.-Paul de Léon en Bretagne, qui vivait au 14ᵉ siècle.

574. Decreta cum apparatu Bartoli Brixiensis, in-fol. vél. *b.* C. M.

Ms. terminé en 1318, le samedi-saint, pour le texte, et en 1328, le jeudi avant Noël, pour les commentaires.

575. Capitula plurium conciliorum, et Epistolæ aliquot pastorum, gᵈ in-fol. vél. *b. mangé de vétusté,* C. M.

DE LA BIBLIOTHÈQUE DE CAMBRAI.

Ce Ms., qui est fortement endommagé dans sa partie supérieure, est à 2 colonnes; belle écriture du 13ᵉ siècle.

576. Plura Concilia OEcumenicæ Ecclesiæ, in-fol. vél. c. m.

Ms. à 2 colonnes, écriture du 9ᵉ siècle. Le commencement et la fin manquent. Les 1ʳᵉˢ pages du volume offrent la fin des canons d'un concile d'Antioche auquel assistèrent 30 évêques. Les conciles qui suivent sont ceux de Laodicée de Phrygie, 4ᵉ siècle, 1ᵉʳ canon sur les bigames; de Constantinople, an 381; de Chalcédoine, 451; de Sardique, 347; de Carthage, qui comprend 33 canons, date incertaine; canons de divers conciles d'Afrique, au nombre de 102; Décrets des papes Siricius, Innocent I, Zozime, Boniface I, Célestin I, St. Léon-le-Grand, Hilaire, Simplicius, Gélase, Anastase II, Hormisdas, Grégoire II; extraits de divers écrivains et pères de l'Eglise sur les prémices et les dîmes; sur la pénitence, la prière; des points de discipline, etc.; puis le capitulaire en 38 articles, que Charlemagne fit ajouter en 803 à la Loi Salique. Il est à remarquer que ce qui ne forme ici qu'un seul capitulaire, est divisé en 2 dans Baluze, t. 1, pp. 139 et 387, et dans D. Bouquet, t. 5, pp. 661 et 663. Le volume est terminé par les 25 premiers chapitres de la Loi Salique. (V. les *Additions*.)

577. 1ᵃ et 2ᵃ pars Novellæ Joannis Andreæ super Decretalibus, in-fol. 2 vol. vél. *b*. c.m.

Ms. du 14ᵉ siècle, à 2 colonnes, capitales et vignettes enluminées. Ce Ms. a été donné par Jean T'Serclaes, évêque de Cambrai, à Henri Leenere, licencié en droit et chanoine de Cambrai, qui en fit présent à son tour au Chapitre. Jean T'Serclaes est mort en 1388.

578. Commentum variorum, scilicet, Joannis Andreæ et aliorum super Decretalibus, in-fol. *v. aux armes de Cambrai*. c. m.

Ce Ms., qui est écrit en partie sur parchemin, et en plus grande partie sur papier, paraît être du 15ᵉ siècle.

579. De jure scripto et non scripto cum glossâ, in-fol. vél. *v. aux armes de Cambrai*. c.m.

Ms. du 14ᵉ siècle, à 2 colonnes entourées d'un commentaire. Cet ouvrage est le fameux décret de Gratien, célèbre canoniste qui vivait au 12ᵉ siècle. C'est un des plus beaux monumens qu'on ait élevés dans le moyen âge à la science du droit canon, dit M. Lécuy, *Biograp. Univ.*, art. *Gratien.*

580. Lectura D. Cyni de jure scripto, quæ libros novem complectitur, in-fol. vél. *v. aux armes de Cambrai.* C. M.

Ms. à 2 colonnes, du 14ᵉ siècle, copié par Pierre Volfrand, de St.-Flour. *Cino da Pistoia,* légiste et poète célèbre, publia, en 1314, ce commentaire, « ouvrage volumineux et rempli d'une érudition immense, qu'il composa cependant en 2 années, et qui le plaça, dès qu'il parut, au 1ᵉʳ rang des jurisconsultes de son temps. » Ginguené, *Hist litt. d'Italie,* t. 2, p. 295. La 1ʳᵉ édition de ce traité parut à Pavie, en 1483. Celle qui a été donnée en 1578, à Francfort-sur-le-Mein, est la meilleure et la plus belle.

581. Inventarium juris canonici Dñi Berengerii, Viternensis episcopi, in-fol. *b.* C. M.

Ms. à 2 colonnes, du 14ᵉ siècle. L'auteur de cet ouvrage est Bérenger de Fredol, évêque de Beziers, puis cardinal-évêque de Frascati (*Tusculum*). Il est mort en 1323. L'*Inventarium* est précédé d'une épître à Guillaume de Mandagot, archevêque d'Embrun, datée de l'an 1300, le dimanche après l'Assomption (21 août).

582. Speculum judiciale à M. G. Duranti compositum, in-fol. vél. *b.* C. M.

Ms. à 2 colonnes, du 14ᵉ siècle. Guillaume Duranti ou Durand vivait au 13ᵉ siècle. Il fut légat de Grégoire X, au concile de Lyon, en 1274, et évêque de Mende en 1286. Il est mort dans l'île de Chypre en 1296. L'ouvrage que contient ce Ms. a été imprimé à Lyon en 1516 et 1551, à Bâle en 1574, et à Francfort en 1592. Il est dédié au cardinal Ottoboni, qui fut depuis Adrien V.

583. Lectura Dñi Justiniani ad jus pertinens, in-fol. vél. *b.* C. M.

Ms. à 2 colonnes, du 14ᵉ siècle. Le commentaire règne le long des marges.

584. Corpus juris civilis cum glossâ, in-fol. vél. *b*. c. m.

Nous ne croyons pouvoir mieux faire connaître ce Ms. qu'en transcrivant la note qui nous a été laissée par le docteur Haënel, lors de la visite qu'il a faite à cette Bibliothèque en 1826 :

« C'est ce que nous appelons un *Volumen*, ou partie du *Corpus juris civilis*, qui renferme les *Institutes* de Justinien, les *Novellæ Justinianæ*, les Xe, XIe et XIIe du Code Justinien, et les *Consuetudines feudorum*; tout cela accompagné de la Glose accursienne. Le Ms. est du commencement du 14e siècle, et sans doute écrit en Italie, parce que l'écriture est du même genre que celle des Mss. qui ont été faits à Florence et à Milan. Les *Græca* manquent. Le même est à observer des inscriptions et souscriptions des constitutions du code. Le Ms. est remarquable par le désordre qui y règne dans les *Novellæ*, si l'on compare ce Ms. avec d'autres qui ne renferment, comme celui-ci, que les *Novellæ glossatæ*; car on ne trouve pas dans celui-ci la *Novella* 63, *De novi operis nunciatione*, puis la *Novella* 110, *De nauticis usuris*. On observe régulièrement dans les Mss. l'ordre qui suit : A. *Nov*. 120, *De alienatione*; B. *Nov*. 125, *Ut judices*; C. *Nov*. 124, *Ut judices jurent*; D. *Nov*. 131, *De ecclesiasticis*; E. *Nov*. 122, *Ut fratrum filii*; F. *Nov*. 159, *Ut restitutiones fidei commissorum*; mais ici l'ordre est tout autre; savoir : *Nov*. 120, *Nov*. 127, *Nov*. 124, *Nov*. 131, *Nov*. 159. La *Nov*. 125 manque donc. Plus remarquable est encore le désordre vers la fin des *Novellæ*. Ordinairement on trouve A. *Nov*. 143, *De raptis mulieribus*; B. *Nov*. 128, *De collatoribus*; C. *Nov*. 123, *De sanctissimis episcopis*; mais ici on observe, A. *Nov*. 143; B. *Nov*. tr.; *De privilegiis archiepiscopi Justinianæ primæ*, etc. (ce Ms. lit *Fragiane*); C. *Nov*. 13, (ici sans titre) *De rectoribus populi*; D. *Nov*. 21, (aussi sans titre) *De Armeniis*. (Ces 3 *Novellæ* B, C et D manquent dans presque tous les Mss. qui ne renferment que les Novelles glosées; notre Ms. augmente donc ce nombre.) E. *Nov*. 123; F. *Nov*. 128. Il est aussi à observer que la *Nov*. 134 porte une autre épilogue que les éditions. J'ai remarqué beaucoup de variantes dans ce Ms. »

HAËNEL.

585. Lectura Bartoli super tribus libris Codicis, in-fol. *b*.

Ce Ms. du 15ᵉ siècle a été écrit, ainsi que les 7 suivants, par Jean du Vivier, dont nous avons déjà fait mention. Bartole, célèbre jurisconsulte, né à Sasso-Ferrato, dans l'Ombrie, en 1313, enseigna le droit civil à Pise et à Pérouse. Il mourut dans cette dernière ville en 1356.

586. Lectura Bartoli super librum 1um Codicis, in-fol. *b*.

587. Lectura Bartoli super 1^a parte Codicis, in-fol. *b*.

588. Bartoli tractatus novorum, in-fol. *b*.

589. Bartoli de Saxoferato Tractatus de utroque jure super 1^a parte Codicis, in-fol. *b*.

590. Bartolus super 3^a parte Codicis, in-fol. *b*.

591. Bartoli 1^a pars Inforciati, in-fol. *b*.

592. Bartolus super 2^a parte Inforciati, in-fol. *b*.

593. Inforciatum cum glossâ, in-fol. vél. *b*. C. M.

La glose qui accompagne cet *Inforciat* est celle d'Accurse. Les inscriptions des chapitres manquent pour la plupart. Ce Ms., qui est du 14ᵉ siècle, a appartenu à Nicolas Brisset, chanoine, qui en fit don à l'église de Cambrai.

594. Vetus Digestum, in-fol. vél. *b*.

Ms. du 14.ᵉ siècle, contenant la glose d'Accurse. Ce Ms. est remarquable parce qu'il est divisé en 2 parties dont la 1ʳᵉ finit avec le 11ᵉ livre. Vers la fin on lit: *Istud Digestum est Guillermi Rœmundi.... Agensis diocesis.* Ordinairement les Mss. du *Digest. vet.* finissent avec le livre 24, titre 3, fragm. R. Celui-ci finit avec le titre 2 du 24ᵉ livre. C'est M. le Dʳ. Haënel qui m'a fait faire cette remarque.

595. Gratiani Decretum, in-fol. vél. *b*. s. s.
Ms. du 14ᵉ siècle.

596. Gratiani Decretorum Liber, in-fol. vél. *b*. C. M.

Ms. du 14º siècle, orné de capitales enluminées et de quelques tableaux pour établir les généalogies.

597. Gregorii Decretalium Libri quinque, in-fol. vél. *b*. s.s.

Ms. du 14º siècle. Le 4º cahier est chargé sur les marges d'une glose fort étendue.

598. Repertorium juris M. Guil. Duranti, in-fol. vél. *b*. c. m.

Ms. du 14º siècle, à 2 colonnes.

599. R. P. Honorati Fabri, Soc: Jesu theologi, Notæ theologicæ in Decretales, in-4.º vél. *v*.

Ce Ms., d'une belle écriture du 18º siècle, a pour auteur le père Honoré Fabri, Jésuite célèbre par quelques ouvrages d'astronomie et de physique, et pour avoir enseigné la circulation du sang avant que l'illustre Harvey eût rien écrit sur cette matière. Ces notes sur les Décretales n'ont jamais été imprimées. Le Ms. a appartenu à M. D'Hervault, archevêque de Tours.

600. Observations sur la jurisprudence générale d'Artois et la pratique suivie, tant en cette province qu'en la plupart des autres du Pays-Bas, ramassées par les soins de Mº Pierre des Masures, escuyer, licencié ès loix, et en son temps procureur général dudit pays et comté d'Artois, in-fol. 5 vol. *v*.

Pierre des Masures, mentionné par Foppens, *Bibl. Belg.*, p. 991, est mort en septembre 1638. Son ouvrage, qui est très savant, n'a jamais été imprimé. L'auteur, dans son préambule, parle de deux jurisconsultes qui ont écrit avant lui sur les Coutumes d'Artois ; l'un est Nicolas Gosson, mis à mort le 25 octobre 1578, par la faction des *mal-contens* ; l'autre est Guislain Pisson, qui est probablement le même que Gisbert ou Guillaume Piscis dont parle Foppens, ouvrage cité, page 419. Notre Ms. paraît avoir été copié vers l'an 1700. Une ample table des matières remplit le 5º volume.

601. Formules des lettres, dépêches et en

général de tous actes délivrés au grand conseil des archiducs Albert et Claire Eugénie, in-fol. *ph.*

A la suite de ces formules thioises et françaises, qui remplissent les trois quarts du volume, on trouve : *Digestorum Rubricæ et Annotationes ex Zoesii Commentationibus deductæ;* puis *Coûtumes du bailliage de Tournay et Tournesis.* Le Ms. est du 17ᵉ siècle.

602. Lettres sur l'élection de Joseph de Bergaigne, archevêque de Cambrai, et sur quelques affaires des États. Lettres de Pierre Hustin, échevin de Cambrai, capitaine d'une compagnie bourgeoise, procureur fiscal de la junte établie pour les affaires de Cambrai. Quatre registres pour servir de contrôle à la recette générale des finances de Bourgogne et de Bresse, 1708-1720. Ordonnance du Roi portant réglement pour le paiement des troupes pendant la campagne de 1744.

Ces diverses pièces contenues dans un registre en carton.

603. Commentaire sur la Coustume de Cambrai. Chartres de la ville du Châtel, en Cambrésis, renouvelées en 1573. Loix, Chartres et Coustumes du noble pays et comté de Hainault qui se doivent observer en la souveraine et haute court de Mons et juridictions dudit pays ressortissantes à ladite court de Mons. Loix, Chartres et Coustumes du chef-lieu de la ville de Mons et des villes ressortissantes audict chef-lieu de Mons, in-fol. c.

Ms. du 16ᵉ siècle. Il résulte d'une dissertation placée en tête de ce volume par l'abbé Mutte, que le *Commentaire sur la Coutume de Cambrai* doit être attribué à Christophe Preudhomme et à Sébastien Preudhomme, son fils. Le 1ᵉʳ naquit à Cambrai d'une famille honorable. Reçu en 1546 avocat à l'officialité ou cour spirituelle, il fut depuis échevin de la ville, et comparut en cette qualité à l'assemblée des

États, tenue le 26 avril 1574, pour l'homologation de la Coutume de Cambrai. Il paraît même que Preudhomme a pris une grande part à la rédaction de cette Coutume. Lors des troubles de 1579, le baron d'Inchy le punit de sa fidélité à l'archevêque en le faisant enfermer dans la tour du guet, connue dès cette époque sous le nom de *Tour de Galu*. A sa sortie de prison il se réfugia à St.-Quentin, d'où il fut bientôt expulsé, sur la demande du duc d'Alençon et du baron d'Inchy. Il alla vivre successivement au Quesnoy, à Landrecies et à Mons, où l'archevêque Louis de Berlaymont s'était retiré. Il mourut dans cette dernière ville en 1584. Il avait eu de Philippe de Valines, sa femme, 4 fils et 4 filles. Les fils furent tous gradués en droit. Sébastien, l'aîné, était avocat à la cour spirituelle dès 1573, et premier échevin en 1577. Il mourut le 20 mai 1581. Outre la part qu'il a eue au Commentaire ci-dessus, il a encore laissé quelques consultations estimées. Il est aussi auteur des vers latins insérés sous le nom de *Sebastianus Probus*, en tête des Coutumes de Cambrai. Le 2e fils de Christophe fut Pierre Preudhomme, souvent mentionné dans ce catalogue pour les Mss. précieux qu'il a possédés et transmis à la Bibl. du Chap. métr. Les Chartres de Hainaut ont été imprimées à Anvers, par Jean de Loe, 1558, in-8°, sans les tables alphabétiques qui se trouvent ici. Notre Ms. est terminé par les *Poincts et articles de la reddition de la ville, chasteau et citadelle de Cambrai en l'obéissance de S. M. C.*, en 1595. Cette capitulation est imprimée dans le *Legatus Ecclesiasticus pro Eccl. Cam.*, p. 82 et seqq.

604. Coustumes du pays et comté de Cambrai et de Cambrésis, in-4.° *ph.*

Ce Ms., qui contient les anciennes coutumes du Cambrésis, est fortement endommagé. Il est du 16e siècle.

605. Recueil de Nicolas Pingret, bailly du Chapitre de Cambrai, sur la jurisdiction dudit Chapitre, in-fol.

Il manque à ce Ms. le préambule et la table des chapitres.

606. Mémoires sur diverses matières ecclésiastiques, in-fol. *sans couverture.*

Ms. du 16e siècle. Ce sont des consultations latines et françaises sur divers points de droit canonique.

607. Synodalia, in-fol. *ph.*

Ce Ms., tout entier de la main de l'abbé Mutte, est daté du mois de juin 1728. Il contient des extraits faits sur un Ms. de la Bibl. du Roi, n° 4488. Ces extraits ont pour objet les synodes tenus à Cambrai en 1307 et 1308 ; à Lécluse, près d'Arleux, en 1309 ; à Valenciennes, en 1310; à Cambrai, en 1311, 1312, 1313, 1314, 1315, 1316, 1317 ; à Reims, en 1317; à Cambrai, en 1318, 1319 et 1320.

608. Commentaires sur la Coutume de Cambrai et du Cambrésis, par Jean-Ladislas de Baralle, Cambrésien, procureur général du Parlement de Flandre, in-fol.

Ce Ms., qui porte la date de 1751, est une copie faite par l'abbé Mutte, d'après l'original de de Baralle.

609. Arresta eruditissimi Cuvelier in Supremo Mechliniensi Consilio senatoris celeberrimi, in-fol. *v.*

Ce Ms. porte la date de 1690. Les arrêts y sont insérés par ordre alphabétique.

610. Cas remarquables sur la Coutume du bailliage de Tournai et Tournesis, in-fol. *v.*

Ce Ms., qui contient 285 pages, est du 18° siècle. Une note écrite au commencement du volume porte qu'il a coûté, pour l'écriture, 30 florins ; pour le papier, 3 florins 6 patards ; pour la reliure, 1 florin 16 patards. Total, 35 florins 2 patards. — 43 fr. 62 c.

611. Statuta Synodalia simul et novæ Additiones factæ in variis Synodis, in-fol. C. M.

Ms. du 18° siècle, copié par l'abbé Mutte, d'après un autre qui se trouvait à l'abbaye de Liessies. Les statuts qui occupent la 1re partie du Ms. ne portent pas de date. Ce sont des extraits curieux des synodes antérieurs au 14° siècle. Dans le chapitre intitulé : *De vitâ et honestate clericorum*, on indique les professions interdites aux ecclésiastiques ; ce sont celles de foulons, cordonniers, tisserands, comédiens (*ystriones*), jongleurs (*joculatores*), baillis séculiers, bouffons (*goliardi*), receveurs du tonlieu (*thelonarii*), fourniers, gardiens des fours banaux, tripiers, graissiers (*unctarii*). Les additions sont datées des synodes de 1260, 1273, 1274, 1275, 1277, 1278 (dans ce synode se trouve, en langue vulgaire, une longue formule des cas d'excommunication), 1282, 1283, 1286, 1289.

612. Decreta et Statuta Synodi Provincialis Cameracensis, habitæ Cameraci anno 1631, 1ª maii, in-fol. *c*. C. M.

Cette copie, qui a été faite et certifiée par le notaire Dupaix, en 1646, a appartenu à Georges Pugniet, curé de St.-Vaast, à Cambrai. Les Statuts synodaux de Cambrai, imprimés à diverses époques, ont été en dernier lieu recueillis sous ce titre : *Statuta Synodalia Ecclesiæ Cameracensis, in duas partes divisa, quarum prima synodos diocesanas, secunda provinciales complectitur*, in-4°, 2 vol., *Cameraci*, Sam. Berthoud, 1781.

613. Declarationes seu Elucidationes R. Cardinalium S. Congregationis; super singulis sessionibus et capitulis SS. et OEcumenici Concilii Tridentini, in-fol.

Ms. du 16ᵉ siècle.

614. Extraits de différens auteurs sur les droits, les franchises et la juridiction ecclésiastiques, in-fol. *c*. C. M.

Ce Ms., qui a appartenu à Jean-Chrysostôme Delattre, est du 17ᵉ siècle.

615. Constitutiones Clementis papæ, in-fol. vél.

Ms. du 14ᵉ siècle. Ces Constitutions, connues sous le nom de *Clémentines*, sont les décrétales du pape Clément V et les canons du concile de Vienne, publiés par l'autorité de Jean XXII, en 1317.

616. Statuta Ecclesiæ Collegiatæ Sti.-Nicolai de Avesnis, in Hannoniâ, in-4° *c*. S. S.

Ces statuts de l'église collégiale d'Avesnes en Hainaut, ont été écrits au 18ᵉ siècle. On y trouve, vers la fin, une liste de tous les chanoines de cette église depuis le milieu du 16ᵉ siècle jusqu'au 18ᵉ.

617. Mémoires des arrêts et révisions du Grand-Conseil de Mâlines. Opinions diverses des sieurs conseillers, leurs raisons, et fondemens sur lesquels ils ont décidé lesdits arrêts et révisions. in-fol. *v.*

Ms. du 17ᵉ siècle. L'auteur de ce recueil est Nicolas du Fief, conseiller au grand conseil de Malines et au conseil privé, chanoine de Tournai, prevôt de Maubeuge, mort à Bruxelles en 1651, âgé de 73 ans. (V. *Bibl. Belg.* de Foppens, p. 908.)

618. Egesippus de excidio Hierosolymitano, in-fol. vél. *b.* C. M.

Ms. du 9ᵉ siècle, en lettres minuscules. On sait qu'Hégésippe, le plus ancien des historiens ecclésiastiques, vivait au 2ᵉ siècle ; que son histoire de l'église, divisée en 5 livres, est maintenant perdue, à l'exception des cinq fragmens conservés par Eusèbe. L'ouvrage contenu dans ce Ms. n'est point de lui ; plusieurs critiques pensent que c'est une compilation tirée de l'historien Josèphe. J'ai comparé le texte de notre Ms. avec une édition de la même histoire, in-fol., Cologne, 1530, et j'ai reconnu que le Ms. ne va que jusqu'au chap. XV du 4ᵉ livre. A la fin, sur la couverture, on voit un diplome impérial qu'une main moderne a essayé de transcrire.

619. Canones Hibernici, in-fol. vél. *b.* C. M.

Ms. à 2 colonnes, écriture minuscule du 8ᵉ siècle. A la fin du volume on lit la souscription suivante en lettres capitales hautes et enclavées, et en onciales : *Explicit liber canonum quem Domnus Albericus episcopus urbis Camaracinsium et Atrabatensium fieri rogavit. Deo gratias. Amen.* Albéric, qui fit confectionner ce volume, occupa les siéges unis de Cambrai et d'Arras depuis 763 jusques vers 790. Notre Ms. a donc environ 1150 ans d'antiquité ; et pourtant ce n'est pas encore par là qu'il est le plus remarquable. Vers le milieu du volume, dans un chapitre intitulé : *De bonis non recipiendis*, on trouve une espèce d'exhortation en langue vulgaire du temps, dont voici un échantillon : *Ocus airde cruche archrist cembes ichomus coirp ocus anme airesechethar sclictu arfedot indag nimrathit isaire asber.* Je ne suis pas certain de n'avoir pas quelquefois confondu deux mots en un seul. Si ces phrases sont de l'ancien irlandais, on ne conçoit pas trop pourquoi Albéric aurait conservé ce langage étranger dans une allocution destinée aux peuples Francs dont il avait la direction. Ne serait-ce pas plutôt la langue celtique qu'on parlait en France et dans les Îles Britanniques avant que la langue romane se fût formée de la corruption du latin mêlé avec les idiomes indigènes ? Les canons contenus dans ce Ms. sont ceux du concile tenu en Irlande vers 684. D. Luc d'Acheri en a inséré des extraits dans son *Spicilége*, 2ᵉ édition, in-fol., 1723, t. I, p. 492. Les pères Martène et Durand y ont ajouté un supplément dans leur *Thes. nov. anecd.*, in-fol., 1717, t. IV, p. 1 ; mais notre Ms. offre beaucoup de choses qu'on ne trouve pas dans ces extraits. Du reste il ne contient que les 38 1ᵉʳˢ livres de la collection, qui en a ordinairement 65. (V. les *Additions*.)

HISTOIRE ECCLÉSIASTIQUE ET CIVILE.

620. Flavii Josephi, Hebreorum historiographi, Judaïcæ antiquitatis, Lib. xx; belli vero Judaïci cum Romanis Libri vii, g⁴ in-fol. vél. *b.*

Superbe Ms. à 2 colonnes, écriture du 14ᵉ siècle; les initiales de chaque sont richement enluminées et rehaussées d'un or très vif. L'initiale L du 1ᵉʳ livre, qui a 30 centimètres de haut sur 5 1/2 de large, est composée de six miniatures en forme de médaillons, représentant les six événemens principaux de la Genèse. Les six premiers feuillets du volume sont remplis par des tableaux coloriés qui indiquent la généalogie des 12 tribus d'Israël et des principales familles du peuple Hébreu, depuis Adam jusqu'à J.-C. Ce Ms. jouit dans le pays d'une certaine célébrité; et beaucoup de personnes sont persuadées que le fameux passage concernant J.-C. ne s'y trouve pas. C'est une erreur; ce passage se voit au 18ᵉ livre, chapitre 6, des *Antiquités Judaïques*. Les premiers mots sont en encre rouge, ainsi que ceux-ci qu'on lit, quatre lignes plus bas : *Christus hic erat*. On sait que, suivant certains critiques, tout ce qui, dans Josèphe, a rapport au Sauveur, aurait été interpolé. On connaît aussi les dissertations du P. Tournemine et de Lefranc de Pompignan sur cette controverse. Dans ce Ms., le point, comme point, est toujours au milieu de la ligne, au lieu d'être au bas.

621 Histoire des Belges ou du Hainaut, in-fol. *b.* C.M.

Cette histoire des Belges est une traduction abrégée de la grande histoire de Hainaut, par Jacques de Guise, dont M. le marquis de Fortia donne aujourd'hui une traduction complète. L'écriture est du 14ᵉ siècle, à 2 colonnes. Les initiales des chapitres sont en rouge. Cette traduction a été imprimée en 1531, in-fol., sous le titre : *Illustrations de la Gaule-Belgique*. L'imprimé s'arrête à l'année 1248, tandis que notre Ms. offre 35 chapitres de plus, et poursuit jusqu'en 1254, époque où Charles, comte d'Anjou, et Marguerite, comtesse de Flandres, sont reçus à Valenciennes.

Prosequentes or-
dine tempora,
mixte confuse
que et uirtutes sco-
rum, quas tragescen

Sicut graeci habent
de thetui quartum
caractares his sunt
ω θ æ ψ & be xum
e tu is it epistolas

622. Les Chroniques de S. Denis, finissant au trépas du Roi Philippe en retournant d'Arragon, in-fol. vél. *b.* c. m.

Ms. à 2 colonnes, capitales enluminées, ornemens rehaussés d'or. Au commencement d'un grand nombre de chapitres on a dessiné les portraits des Rois de France dont il est fait mention. On trouve des détails curieux sur les *Chroniques de St.-Denis* dans le *Catalogue des Mss. de la Bibl. de Lyon:* t. 2, p. 53. Ce Ms., qui a été possédé par Raoul le Prêtre, archidiacre en l'église de Cambrai, portait sur le revers de la couverture les 2 noms suivants, en écriture du 14ᵉ siècle: *Messire Jean Li Biaux Canones de Liege* et *sire Jehan Froissart né de Valenchiennes.* Ces 2 lignes, qui offraient peut-être les signatures de Froissart et de son collaborateur, ont disparu par la maladresse du relieur à qui on a confié dernièrement la restauration de ce Ms.

623. Chronique anonyme, in-fol. vél. *b.* s. s.

Ms. à 2 colonnes, qui paraît du commencement du 14ᵉ siècle. Il est divisé en 324 chapitres, dont le 1ᵉʳ est intitulé: *De la formation Adam, de Chaïm et de Seth et de chiaus ki diaus issirent;* le dernier, qui répond à l'an 1090, traite de l'usurpation de Nicéphore. Cette chronique est mentionnée dans la *Bibl. hist.* du P. Lelong, n° 16569. Le détail des généalogies pour les Pays-Bas, et le chapitre de la fondation d'Anchin, font croire que l'auteur est un moine de cette abbaye. Voici le début de l'ouvrage : « Ki le tresor de sapienche veut metre en laumaire de sa memoire et l'enseignement des sages es tables de son cuer escrire, sor toutes choses il doit fuir le fardiel de confusion. » Il semble que cette chronique, qui se rattache souvent à l'histoire de France, aurait pu fournir à M. Buchon quelques fragmens curieux pour l'intéressante collection qu'il vient de publier.

624. Gregorii Turonensis Historia Francorum, in-fol. vél. c. m.

Ce Ms. jouit d'une grande célébrité. Nous ne saurions mieux le faire connaître qu'en transcrivant la description qu'en a donnée dom Bouquet, dans la préface du t. 2 de son *Recueil des Historiens des Gaules et de la France.* « Depuis l'impression de ce volume, dit-il, on m'a communiqué un

Ms. de l'église de Cambrai, lequel contient les 10 livres de l'histoire de Grégoire de Tours. Ce Ms. est fort bien écrit, sur parchemin, et il a au moins mille ans d'antiquité, quant à sa 1re partie, c'est-à-dire, quant aux 6 premiers livres. Ces 6 premiers livres sont écrits en grandes lettres romaines qu'on appelle *onciales* : et pour qu'ils fussent copiés plus vite, on les a distribués à deux copistes, à qui on a donné à peu près égal nombre de feuilles à copier ; ce qui se voit par quelques lettres écrites différemment, par les titres qui sont au haut des pages, et par les chiffres mis au bas des pages, de quatre en quatre feuillets. Les 4 derniers livres sont d'un caractère plus petit, mais qui paraît être du 8e siècle ou du 9e au plus tard. Ces copistes peignaient fort bien, mais ils n'entendaient pas ce qu'ils écrivaient : c'est ce qui leur a fait faire un grand nombre de fautes.........
certamena pour *certamina* ; *tempores, homines, tempos, postolat, jobet, victuria*, pour *temporis, hominis, tempus, postulat, jubet* et *victoria*.

» Ce Ms., quant aux 6 premiers livres, est presqu'en tout conforme au Ms. de Corbie, qui n'a que 6 livres et qui a servi à dom Rainart..... Mais voici une correction très considérable que fournit le Ms. de Cambrai. Dom Ruinart remarque au chapitre 37 du livre 11, qu'avant ces paroles : *intereà Clhodovechus rex cum Alarico rege Gothorum in campo Vogladense decimo ab urbe Pictavà milliario convenit*, on a inséré dans les Mss. de Corbie et de Beauvais, ces mots : *anno* xv *Clodovechi*. Cette quinzième année de Clovis faisait naître une grande difficulté et ne pouvait se concilier avec le commencement du règne de ce prince. Le Ms. de Cambrai lève cette difficulté. Les 1res paroles que nous venons de citer commencent un nouveau chapitre, et avant ce chapitre et à la fin du précédent on lit clairement et distinctement ces mots : *anno* xxv *Chlodovechi* ; ce qui convient fort bien à l'an 507 auquel se donna la bataille de Vouglé. »

Dom Bouquet indique ensuite avec beaucoup d'exactitude les chapitres et les phrases qui manquent dans notre Ms. Les Bénédictins, auteurs du *Nouveau Traité de diplomatique*, parlent aussi avec éloge et en différentes occasions de ce Ms. Ils déclarent que les 6 premiers livres ont été écrits avant le milieu du 7e siècle et que la dernière partie est visin° 624

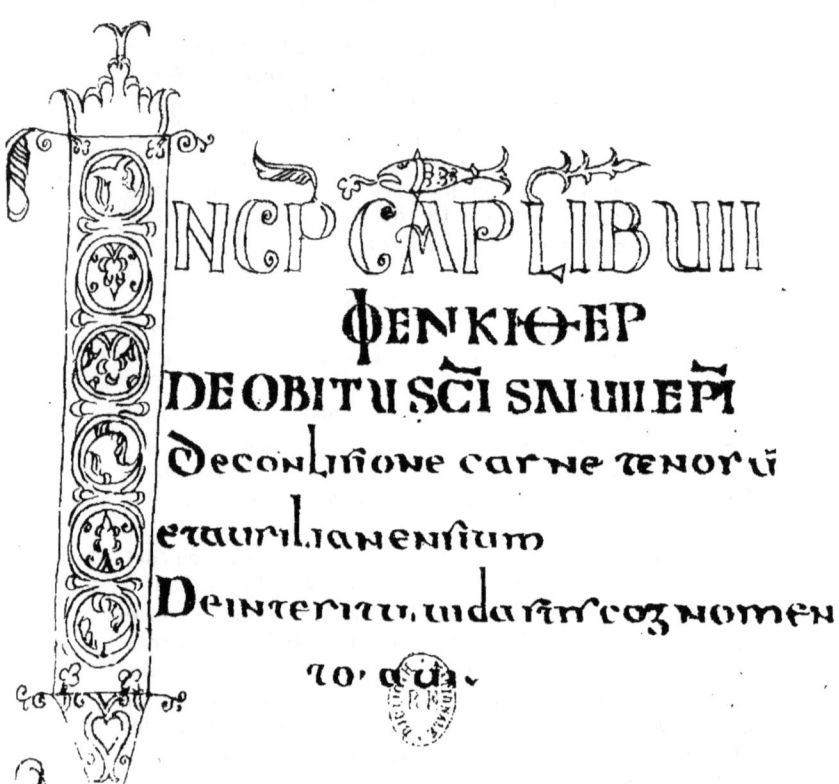

INCP CAP LIB UII
ᚠENKIΘ EP
DE OBITU SCI SN UIII EPI
de confusione carne tenorū
etaurilianensium
De interitu uuda ītr cognomen
to aui.

blement de la fin du même siècle ou du commencement du suivant; aussi la 1re écriture est une onciale mérovingienne massive et rustique, l'autre est une semi-onciale mérovingienne à l'œil minuscule. Le Ms. qui nous occupe a encore l'avantage de représenter la figure et de donner la valeur des 4 lettres que le roi Chilperic I voulut faire recevoir dans ses états. (V. *Nouveau Traité de diplomatique*, t. 2, pp. 58, 60, 62, 63, 64, t. 3, pp. 100, 104, 181, 182, 219.

625. Libri quinque Historiæ Tripartitæ, in-fol. vél. *b*. c. m.

Ms. à 2 colonnes, du 9e siècle ou environ. Cette histoire est, à ce qu'il paraît, celle de Sozomène, qui vivait au 5e siècle.

626. Le livre de Jehan Boccace des cas des nobles hommes et femmes, in-fol. c. m.

Ms. à longues lignes, du 15e siècle. La traduction, qui est due à Laurent de Premier-Fait, clerc du diocèse de Troyes, fut achevée le Lundi après Pâques, 15 avril 1409. Elle est dédiée à Jehan, duc de Berry, fils du Roi de France. Lors de la funeste maladie mentale de Charles VI, un médecin de Laon, nommé Harsely, conseilla entr'autres moyens, la lecture de Boccace qui depuis 30 ans faisait les délices de l'Italie. Ce fut par suite de ce conseil que Laurent de Premier-Fait traduisit l'ouvrage ci-dessus, auquel on joignit des peintures facétieuses pour distraire le roi de ses sombres pensées. Au bout de quelques mois de ce traitement, Charles se trouva dans un état si satisfaisant, qu'une guérison complète aurait sans doute couronné les efforts d'Harsely, si un autre accident ne fût venu détruire de si belles espérances (V. *Vies des grands Cap. français du moyen âge*, par M. Al. Mazas, t. 4, page 370).

627. Valère le Grand, des faits mémorables, in-fol. *b*. s. s.

Ms. à 2 colonnes, du 15e siècle; contenant une traduction en langue romane de Valère Maxime. Simon de Hesdin, docteur en théologie, frère servant de l'ordre de St.-Jean-de-Jérusalem, qui est auteur d'une partie de cette traduction, l'avait dediée au roi Charles V. Surpris par la mort, il laissa imparfait son ouvrage, qui fut continué, sur la demande de Jehan, duc de Berry, par Nicolas de Gonesse, maître ès arts et en théologie. Ce travail fut achevé en 1401.

628. Historia Tripartita ab Epiphanio scolastico translata, in-fol. vél. *p.*

Ms. à 2 colonnes, belle écriture du 13ᵉ siècle, contenant le même ouvrage que le n° 625. L'auteur de cette traduction est Épiphane le scholastique, qui vivait comme Sosomène, au 5ᵉ siècle ; ce fut à la prière de Cassiodore qu'il fit cette traduction. Le Ms. a appartenu à Valérien Duflos, archidiacre de Brabant en l'église de Cambrai, au commencement du 17ᵉ siècle.

629. Historia Ecclesiastica Rufini Presbyteri, in-fol. vél. *p.*

Ms. à longues lignes, écriture du 10ᵉ siècle, provenant aussi de Valérien Duflos.

630. Libri undecim Historiæ Ecclesiasticæ Rufini, in-fol. vél. *b.* c. m.

Ms. à longues lignes, du 10ᵉ ou 11ᵉ siècle.

631. Historia Ecclesiastica Eusebii, in-fol. vél. *b.* s. s.

Ms. à 2 colonnes, écrit par Fulcon ou plutôt Foulques, qui s'exprime ainsi à la fin du livre : *In honore Basilei Cosmi præsul Rotardus me scribere jussit, quæ orthographia optatq : scribere multa. Qui Deus est mundi tribuat ei polismata poli. Ex jussione pontificis Fulco levita me scripsit.* Rotard était évêque de Cambrai en 980.

632. Histoire des trois Rois Mages, in-4.° *c.*

Ms. du 15ᵉ siècle, dont on a enlevé les figures qui représentaient sans doute les Rois Mages. Cette histoire est divisée en 46 chapitres. Le 1ᵉʳ est ainsi intitulé dans la table : « Le premier chapitre de ce livre contient comment Orient est enluminé de la foi des trois Rois qui vinrent adorer Jhesucrist. Et aussi Orient est enrichi des saintes reliques des III Rois. » Le dernier porte ce titre : « Le xlvi° chapitre contient comment les III Roix sont dignes de collaudation et loenge, et là sont escriptes en latin les laudes des III Roix comme on les

treuve de là la mer, en plusieurs contrées, places et régions. »
L'auteur termine par cette apostrophe à la ville de Cologne :
« Resjoys toy, heureuse Coulogne qui es décorée de si
nobles tresors que tu te dois plus resjoir des III Roix que de
toutes les aultres richesses. Car pour lamour deulx on taime.
Pour eulx on te porte. Pour eulx on te va veoir du bout
du monde et les plus grans et les plus nobles te vont visiter,
et ton nom est par toute la terre. Et pour ces causes dittes
tant es tu plus tenue à Dieu de lamer, honnourer, servir
et loer. Duquel le rengne dominera *per infinita secula.*
Amen. »

633. Glossarium latinum caractere longobardico conscriptum, g^d in-fol. vél. c.m.

Ms. à 3 colonnes, du 8e ou tout au moins du 9e siècle.
C'est le t. 2 du Glossaire attribué à Ansileubus, évêque goth.
Le volume commence par le mot *malus*; mais il est visible
que plusieurs feuillets ont été arrachés au commencement
du livre. Les 1ers et derniers sont même aussi très détériorés. Le seul exemplaire connu de ce Glossaire se trouvait
à l'abbaye de St.-Germain-des-Prés, à Paris, dont la riche
bibliothèque fut incendiée dans la nuit du 19 au 20 mai
1794. C'était un présent que Claude Joly, chantre de
Notre-Dame, avait fait à cette maison en 1680. Il était
en 2 volumes, de la même grandeur que celui-ci. L'abbé
Mutte a observé que chaque page y était aussi divisée en
3 colonnes, même caractère lombard entremêlé de quelques
feuillets écrits en lettres romaines, surtout vers la fin, même
forme de lettres majuscules, en rubrique ou autrement,
même couleur d'encre, ce qui fait croire que ces 2 Ms.
sont sortis de la même librairie, s'ils ne sont pas de la
même main. Les auteurs du *Nouv. Traité de Diplom.*
ont fait graver dans leur t. 3 un grand nombre de modèles
d'écriture lombardique, d'après le Ms. de St.-Germain.
Or je me suis assuré que ces *fac-simile* sont tout-à-fait
conformes à notre Glossaire. Un anonyme avait mis au bas du
1er feuillet du Ms. de St.-Germain, une note ainsi conçue :
« M. de Caseneuve, dans ses *Origines*, cite souvent le Glossaire d'Ansileubus, évêque goth, comme sur les mots *Armoiries, mouton, quai*. Ce qu'il en cite sur ces 3 mots se
trouve souvent dans ce Glossaire ; ce qui fait conjecturer que

c'est véritablement celui d'Ansileubus. » Du reste cette opinion semble contredite par Catel qui prétend avoir copié le Glossaire d'Ansileubus sur un Ms. de l'abbaye de Moissac, et qui en cite des textes qu'on ne rencontrait pas dans le Ms. de St.-Germain. Quant à ceux qui ont attribué ledit glossaire à Papias, il est évident qu'ils sont dans l'erreur, puisque ce grammairien florissait en 1053, et que les Mss. de St.-Germain et de Cambrai sont d'une époque bien antérieure. L'auteur le plus moderne cité dans notre Glossaire est St. Isidore de Séville, mort en 636.

634. Collection de pièces relatives au Chapitre métropolitain de Cambrai, in-fol. 4 vol. v. c. m.

Ces cartons, qui proviennent de l'abbé Mutte, contiennent les pièces suivantes : 1° une liasse de 16 extraits des registres du Chapitre de Cambrai. 2° La copie de la nomination de Philippe-Henri de Beauver à un canonicat, 3 janvier 1715. 3° Extrait des comptes de l'office du Grand-Ministère de l'Église de Cambrai, formant 3 cahiers, depuis 1336 jusqu'en 1504. 4° Extrait des comptes de la Fabrique, 2 cahiers, depuis 1332 jusqu'en 1488. 5° Feuilles volantes relatives aux prébendes de l'Église métropolitaine. 6° Diverses pièces et mémoires à consulter sur un procès touchant cette question : *Les dignités de l'Église de Cambrai peuvent-elles être conférées à d'autres personnes qu'à des chanoines de cette église ?* Plus des mémoires et documens sur les archidiaconés de Cambrai et les prébendes canonicales ; sur le droit de joyeux avènement qui avait été contesté par Fenelon ; enfin, une quantité d'autres pièces relatives à l'écolâtrie, au loyer des maisons canonicales, etc., etc.

635. Copie de plusieurs lettres et chartres de l'église métropolitaine de Cambrai, in-fol. c. m.

636. Sommaire des antiquités de l'Église de Cambrai. Calendarium historiale SS. episcoporum Camerac: et Atrebat: festa complectens. In cronicon Camerac: et Attreb: carmen. Notes historiques sur les églises de Cambrai. Martyrologium et mortuologium Ecclesiæ Camera-

censis. Histoire brève de St. Julien, martyr. Histoire des Évêq. et Archev: de Cambrai, in-fol. C.M.

Les pièces que contiennent ce carton sont de la main de Julien Delingne, petit-vicaire de la Métropole, mort en 1615. Elles sont en mauvais état et auraient besoin d'être recopiées.

637. Extraits des registres aux plaids du bailly du Cambrésis, de la Tour du Chapitre métrop: du prevôt séculier et francs-servans, in-fol.

Les extraits des registres aux plaids du bailly s'étendent de 1306 au 28 septembre 1425. Ceux des registres de la tour du Chapitre commencent le 6 octobre 1406 et finissent au 30 avril 1631. Le tout forme 21 cahiers, transcrits de la main de l'abbé Mutte.

638. Recueil de pièces relatives aux États de Cambrai et du Cambrésis, in-fol. *v.*

C'est une collection de mémoires, lettres et extraits concernant les États du Cambrésis et quelques difficultés survenues entre ces mêmes États et les échevins de Cambrai.

639. Dénombrement des communes de Quentin, Hestrumel, Hesnne, Corroire, Troisvilles, Bertry, etc. Item épitaphes, immunités des ecclésiastiques, in-fol.

Ce Carton contient en outre un dénombrement des biens et rentes dus au petit commun des chapelains de la Métropole ; plus diverses lettres et titres de priviléges, etc.

640. Recueil des pièces relatives aux travaux, octrois, prétentions et aumônes dans la ville de Cambrai, in-fol.

641. Recueil de pièces relatives à l'Histoire de Cambrai, depuis Charles-Quint, en 1543, in-fol.

La 1re pièce contenue dans ce carton est un mémoire historique sur l'usurpation de Cambrai par Charles-Quint. Cette pièce a été copiée sur une autre copie qui se trouvait à l'abbaye de St.-André du Cateau, et qui a été faite par Étienne Lesne ou Lasne, notaire au Cateau vers l'an 1624. Le carton contient en outre 92 pièces concernant Cambrai et le Cambrésis. Elles se trouvent indiquées dans un inventaire qui y est joint.

642. Collection des pièces relatives aux États de Cambrai et du Cambrésis, in-fol. *v*.

Parmi ces pièces se trouvent plusieurs mémoires imprimés qui ont rapport à des contestations locales.

643. Pièces relatives aux États de Cambrai, etc., in-fol.

644. Collection de pièces relatives à l'Église métropolitaine, aux évêques et archev:, à la ville et aux églises de Cambrai, le tout écrit par Julien Delingne, prêtre, in-fol.

645. Recueil de pièces relatives à l'église de Ste.-Renfroye de Denain et à l'école dominicale de Cambrai, in-fol.

Dans la farde qui a rapport à l'église de Denain, et qui est en grande partie de la main de M. Mutte, on trouve 2 lettres de M. Tordereau de Belleverge, homme érudit et zélé pour l'histoire du pays. Il vivait à Valenciennes, au 18ᵉ siècle.

646. Recueil de pièces relatives aux États du pays et comté de Haynaut, in-fol.

647. Collectanea D. Jacobi Moart, canonici Ecclesiæ metropolitanæ Camerac: spectantia ad res ejusd. ecclesiæ et ad alias urbis ecclesias, in-fol. C. M.

Jacques Moart, d'abord curé de St.-Germain à Mons, fut élu chanoine de Cambrai en 1658. Il joignit à cette prébende les dignités de grand-chantre et d'official. Sa mort arriva le 5 Juillet 1691.

648. Collectanea D. Jacobi Moart ad res ecclesiaticas spectantia, in-fol.

649. Collectanea D. Jac. Moart ad res ecclesiasticas et seculares, ad archiepos, monasteria, ecclesias et ædificia publica urbis Cameracensis spectantia, in-fol. 4 vol. *ph.*

650. Collectanea Dñi Moart ad res et jus Ecclesiæ metropolitanæ Cameracensis spectantia, in-fol. *ph.*

651. Collectanea Dñi Moart ad ecclesiam et res alias urbis Camerac: spectantia, in-fol.

652. Pièces relatives à l'église de St.-Géry de Cambrai, in-fol. *ph.*

Toutes ces pièces sont de la main de l'abbé Mutte, qui avait été chanoine de St.-Géry avant d'être appelé au Chap. métrop.

653. Historiæ Cameracensis Ecclesiæ Compendium et Collectanea de rebus Cameracensibus, in-fol. *ph.*

L'auteur de ce recueil est Ferdinand-Nicolas Pierson, chanoine de Cambrai, mort en 1676.

654. Abrégé de l'Histoire de l'abbaye de St.-Aubert depuis sa fondation, in-fol. *v.* s. a.

Ce Ms. a pour auteur Joseph Pouillaude, abbé de St.-Aubert. Né à Cambrai le 27 octobre 1673, il avait reçu au baptême les noms de Pierre-Philippe, et ne prit celui de Joseph qu'à son entrée dans la vie religieuse. Il fut ordonné prêtre par Fenelon, en 1698, enseigna la philosophie pendant 4 ans au collége du Roi, à Douai, obtint le grade de licencié en théologie le 4 avril 1704. Fenelon, qui lui portait une grande estime, le fit nommer par le Roi abbé de St.-Aubert, en 1709, quoiqu'il ne fût pas du nombre de ceux sur lesquels les religieux avaient porté leurs suffrages. Il mourut le 17 juin 1732. A l'exemple de plusieurs de ses prédécesseurs, il a laissé des mémoires historiques sur l'abbaye de St.-Aubert.

655. Registre contenant ce qui s'est passé de plus remarquable à l'abbaye de St.-Aubert, de-

puis la mort de M. Denis, au 12 novembre 1708, in-fol. *v.* s. A.

Ce Ms. est du même auteur que le précédent. L'abbé Henri Denis, dont il est question dans ce titre, était le prédécesseur immédiat de J. Pouillaude. Il fut élu le 21 avril 1690.

656. État de l'abbaye de St.-Aubert depuis le 1er abbé mitré jusqu'en 1730. Panégyrique de Marie-Stuart, reine d'Angleterre, etc., in-fol. *ph.* s. A.

Le 1er ouvrage est encore de l'abbé Pouillaude. Quant au panégyrique de Marie-Stuart, qui forme un cahier à part, rien n'indique quel en est l'auteur ; il commence par ces mots : *C'est en vain que la reconnaissance publique :* et finit par ceux-ci : *Ouvrez les temples et fermez mon tombeau.*

657. Mélanges historiques concernant principalement les évêques de Cambrai, depuis St.-Aubert, 7e évêque, en 636, jusqu'en 1467, in-fol. 6 vol.

C'est une collection de cahiers écrits de différentes mains, qui contiennent des extraits de plusieurs imprimés et de plusieurs mémoires manuscrits qui n'ont point encore été publiés, avec des chartes répandues çà et là. L'auteur qui a dirigé la formation de ce recueil écrivait sous l'épiscopat de Gaspar Némius. Cet écrivain n'a point fait connaître son nom. Il a fait dans chaque volume un grand nombre de corrections et d'additions ; mais ces notes sont tracées en caractères si peu lisibles que la lecture en est très fatigante. Du reste, cet ouvrage n'est qu'une compilation où il règne très peu d'ordre. Il y a pourtant des morceaux qui peuvent intéresser.

658. Notices intéressantes sur l'église de Notre-Dame de Cambrai et sur toutes les autres églises, abbayes, chapitres, hôpitaux et autres établissemens pieux de lad^e ville, in-fol. *ph.* C. M.

Ms. du 17e siècle, de la main de Julien Delingne, dont il est parlé avec détail dans les *Rech. sur l'Égl. métr. de Cambrai*, p. 137.

659. Chronique de Cambrai, in-fol.

Cette chronique a été composée par M. Mutte, d'après plusieurs copies anciennes qui offraient des lacunes et des inexactitudes. Il paraît que la plus ancienne chronique française des évêques de Cambrai a été faite au 13⁰ siècle et qu'elle n'est qu'une traduction des *Gesta Pontificum Cameracencium*, écrits sous l'épiscopat d'Enguerand de Créqui, c'est-à-dire, vers 1280. L'original latin est perdu. Il n'en est resté que quelques fragmens.

660. Dignitates, canonicatus, vicarii perpetui et capellani Ecclesiæ metropol. Camerac: in-fol.

661. Narratio controversiæ exortæ inter Gerardum abbatem monasterii Sti.-Sepulchri et conventum prædicti monasterii. Petit in-4.⁰ vél. de 54 pages.

Curieux document qui sans doute aurait trouvé place dans le *Recueil des Historiens de France*, s'il eût été connu des éditeurs de cette importante et volumineuse collection. L'auteur est Jean de Raillencourt, religieux du St.-Sépulcre, qui l'écrivit vers 1274. Voici le début de cette pièce historique : *Petis à me, karissime frater, ut scripto et memorie tradam quomodo et qualiter controversia exorta fuerit inter Domnum Gerardum quondam abbatem monasterii Scti-Sepulcri Cam. ex uná parte, et conventum predicti monasterii ex alterá, ne labente tempore oblivioni tradatur, et quid inde acciderit.*

662. Registre de l'abbaye de St.-Aubert, commençant aux abbés mitrés, Constitutions, nécrologes, in-fol. s. A.

Ms. de la main de Joseph Pouillaude, dont nous avons déjà parlé.

663. Abrégé de l'Histoire de l'abbaye de St.-Aubert, in-fol. *ph.*

Ce Ms., qui est encore de Joseph Pouillaude, porte la date de 1710.

664. Histoire de maître Jehan Molinet, in-fol. 3 vol. rel. en 1. *v.* S^r.-ANDRÉ DU CATEAU.

Le 1er volume contient 287 feuillets, le 2e 160 et le 3^e

100. Outre des variantes assez nombreuses, je trouve dans ce Ms. 2 chapitres qui ne sont pas dans l'édition de Jean Molinet donnée par M. Buchon. Le 1ᵉʳ se lit page XII du t. 2 ; il est intitulé l'*Édit de Justice tenu par le Roy de France en parlement à Paris*. L'autre, qui est le dernier chapitre de l'ouvrage, a pour titre : *La lamentable et très desolable mort et trespas du Roy de Castille, archiduc d'Austrice, Philippe*. Jean Molinet naquit vers le milieu du 15ᵉ siècle, à Desvres, bourg du Boulonnais, aujourd'hui chef-lieu de canton de l'arrondissement de Boulogne. Après avoir été marié, il devint veuf, embrassa l'état ecclésiastique et fut chanoine de la Salle, à Valenciennes. Successeur de Georges Chastellain, son maître et son ami, dans la charge d'indiciaire et d'historiographe de la maison de Bourgogne, il fut aussi plus tard bibliothécaire de Marguerite d'Autriche. Il est mort à Valenciennes en 1507. (V. une fort bonne notice sur Molinet, par M. Charles Durozoir, dans les *Mém. de la Soc. d'Émul. de Cambrai*, 1826 - 1827, p. 74.) Les archives de cette académie doivent encore posséder un mémoire détaillé et curieux sur le même écrivain, par M. Hécart.

665. Protocole ou registre d'affaires, tant séculières qu'ecclésiastiques, de M. Foulon, in-fol. *ph*.

Ce protocole contient une quantité de documens précieux sur l'histoire ecclésiastique et civile de Cambrai.

666. Protocole pour les vicaires généraux, ou Registre d'affaires, tant séculières qu'ecclésiastiques, depuis 1571 jusqu'en 1584 environ, in-fol. *ph*.

667. Extrait des comptes de la Massarderie de Valenciennes, écrit par Jean de Pitpan, S͞g͞r de Montauban, prevôt de Valenciennes, en 1631. 1635 et 1638, in-fol.

L'auteur de ce recueil est mort en 1641. Il est fait mention de lui dans l'*Histoire de Valenciennes*, par d'Oultreman, p. 378.

668. Abrégé d'histoire romaine, d'histoire universelle et de cosmographie, in-fol. *c*.

Ce Ms., qui porte la date de 1769, et qui est accompagné de cartes gravées, a pour auteur un sieur Le Pan.

669. Legatus civilis pro Civitate Cameracensi, in-4.º *v.*

Ce n'est point ici le *Legatus civilis* attribué à Joseph de Bergaigne, mais bien un recueil de mémoires relatifs au procès qui a eu lieu au 18ᵉ siècle entre l'Archevêque et le Magistrat de Cambrai. On ne trouve dans ce Ms. que le mémoire et les pièces produites par le Magistrat.

670. Mémorial de plusieurs choses remarquables arrivées tant à Cambrai qu'aux lieux circonvoisins, depuis 1576 jusqu'en 1616, in-4.º

Cet extrait des mémoriaux de l'abbaye du St.-Sépulcre, a appartenu à M. de Sart du Câtelet, chanoine de la Métropole.

671. Chroniques diverses de l'an 1200, etc., in-fol.

Ce Ms. a pour titre : « En ce livre sont escriptes plusieurs chroniques estraictes de plusieurs livres et mises en brief langage en la manière que cy après sensuit : » Ces chroniques générales commencent à la naissance de la Vierge Marie et finissent en l'année 1349. A la suite des chroniques on trouve quelque détails intéressants sur des localités du Cambrésis et entr'autres sur l'événement qui fit passer la ville d'Oisy dans le comté d'Artois.

672. Chronique de Cambrai, in-4.º *v.*

Ce Ms. contient les armoiries de tous les évêques de Cambrai, depuis St. Diogène, personnage imaginaire, jusqu'à Vanderburch. Les blasons sont peints grossièrement. Il paraît que l'auteur de ce Ms. est Jean du Chastiel.

673. Chroniques des évêques de Cambrai, in-4.º *ph.*

Ce volume contient 2 copies d'un même ouvrage ; l'une paraît écrite d'une main du 17ᵉ siècle. La 1ʳᵉ copie doit être des 1ʳᵉˢ années du 16 siècle, à en juger par une phrase qui suit le récit des obsèques de Henri de Berghes, évêque de Cambrai, mort en 1502.

138 CATALOGUE DES MANUSCRITS

[marginal note: Détourné. — Racheté à la vente de M. Bancourez (?)]

674. Histoire des évêques et archevêques de Cambrai, écrite par M. Julien de Lingne, avec des additions de M. Louis Foulon, chanoine de Notre-Dame de Cambrai, secrétaire de Mgr. François Vanderburch, archevêque, in-4.°

675. Chroniques des évêques de Cambrai, in-4.° *ph.*

Ms. du 16° siècle, en assez mauvais état.

676. Abrégé de l'Histoire de France, in-4.° 3 vol. *v.*

Grande et belle écriture du 18° siècle. Ouvrage anonyme précédé d'une longue épître dédicatoire évidemment adressée à Louis XV encore enfant. Après cette épître vient un précis sur les peuples qui habitaient le royaume avant que les Francs s'en fussent rendus les maîtres. Chaque volume est terminé par un sommaire récapitulatif, d'un caractère plus petit et d'une pagination différente. En tête du 1er volume on a dessiné les armoiries d'André-Hercules de Fleury, cardinal, évêque de Fréjus, précepteur de Louis XV. Tout indique donc que notre Ms. contient un ouvrage inédit et inconnu de ce célèbre ministre. Il est à croire que ce monument précieux aura été apporté à Cambrai par notre avant-dernier archevêque, M. de Fleury, l'un des petits-neveux du cardinal.

677. Guerres de Flandres qui ont duré sept ans, in-4.° *ph.*

Ms. à longues lignes, initiales des chapitres en encre rouge, contenant une portion des chroniques de Froissart. Le 1er feuillet manque. La table qui précède ce feuillet est complète ; elle offre les sommaires des 73 chapitres de l'ouvrage, qui est l'histoire de la guerre que le comte Louis de Marle soutint contre les Gantois et les Flamands. Le dernier chapitre se termine par ces mots : « Je laisseray le duc et la duchesse de Bourgogne, comte et comtesse de Flandres, en leur ville de Bruges, ensemble madame de Nevers, leur belle-fille, et feray fin à ce present livre des guerres de Gand. Lequel a été escript par moy Hector Saudoyer, *alias* de Harchies, l'an de grace MDXXXV, et à moy appartenant.

Aultre ne quiers. SAUDOYER. » Dans le même volume on trouve l'histoire ou roman de Gérard de Roussillon, duc et comte de Bourgogne et d'Aquitaine, en 26 chapitres, de la main du même Saudoyer. L'auteur de ce dernier ouvrage n'est pas connu. Gérard de Roussillon refuse de rendre hommage à Charles Martel ; ce refus occasionne une longue guerre, dans laquelle Gérard se signale ainsi que d'autres preux.

678. Notices de Jacques Moart, sur divers sujets ecclésiastiques, civils et criminels, in-8.º 7 vol. *ph.* C. M.

Jacques Moart, chanoine de Cambrai, grand-chantre et official, a laissé plusieurs ouvrages manuscrits qui sont indiqués plus haut, n°s 647 à 651.

679. Procès-verbal des limites en exécution du traité de Nimègue, par MM. Le Pelletier et de Vuoerden, commissaires députés par S. M. T. C.; et MM. Simon et Vaes, et du depuis M. Chrystin, au lieu du premier, commissaires députés par S. M. C., à Courtray, le 20 décembre 1679, in-fol. de 510 feuillets.

Ces conférences se composent de 66 articles. On a joint à la fin une lettre originale en date du 8 mars 1690, adressée par M. Le Pelletier à MM. de Vuoerden et Godefroy, servant d'instruction pour la légalisation et la vérité de ce procès-verbal.

680. Mémoires de M. le comte de Fuensaldagne, touchant la guerre de Flandre et d'Italie, en 1648. Item différentes lettres du même et d'autres seigneurs, et plusieurs affaires traitées pendant 1660, 61, 62 et 63, in-fol. *v.*

Ces mémoires ont été dictés par le comte de Fuensaldagne ou écrits de sa main. Ils sont en langue espagnole. Les lettres qui suivent ont été adressées au baron de Vuoerden par le comte de Fuensaldagne, le marquis de Caracène et le Marquis de la Fuenté, depuis 1660 jusqu'en 1663. Le baron de Vuoerden dit dans une note, qu'ayant fait voir au prince de Condé, en 1685, une copie de ces *Mémoires,* ce prince désira les avoir. Le baron de Vuoerden en a aussi donné une copie, à la même époque, à M. Le Pelletier.

681. Journal de l'ambassade extraordinaire du comte de Fuensaldagne en France, in-fol. *v.*

Ce Journal a été rédigé par le baron de Vuoerden. On sait que l'ambassade du comte de Fuensaldagne en France eut lieu en 1660 et 1661.

682. Journal du baron de Vuoerden pendant son voyage de Flandre en Italie par l'Allemagne, commencé sortant de Bruxelles le 20 Juin 1656. Item Méthode pour la conversation; quelques pièces imparfaites de poésies et autres petits ouvrages du même, in-fol. *v.*

Les premières pièces de ce recueil sont intitulées : *Les heures de loisir dans Milan*, 1656 ; c'est un mélange de prose et de vers adressé à un ami de l'auteur, qu'il désigne sous le nom de *Sympathie*, et qui résidait à Bruxelles. Le baron de Vuoerden semble avoir voulu imiter, dans cet opuscule, le voyage de Chapelle et de Bachaumont. La *Méthode pour la conversation* est dédiée à Mme Geneviève de Latour et de Tassis, marquise de Fondrase. Ce traité a été écrit à Milan en octobre 1656. Vient ensuite une espèce de dissertation sur cette question : *Pourquoi les gens de bien souffrent-ils la rigueur de la mauvaise fortune, puisque la Providence est cause de tous les événemens ?* Le reste du recueil est rempli par des poésies sacrées et profanes.

683. Journal de M. de Vuoerden sur l'ambassade extraordinaire de Mgr le comte de Fuensaldagne en France, du 1er jour de la sortie de Milan, in-fol. *ph.*

Ce journal, qui est en entier de la main du baron de Vuoerden, paraît être l'original de celui qui a été indiqué plus haut.

684. Mémoires du baron de Vuoerden, depuis l'ouverture de la campagne de 1653 jusqu'au traité des Pyrénées, en 1659, in-fol. 2 vol. *v.*

Ces mémoires, où l'auteur a fait beaucoup de ratures et

de corrections, sont dédiés à M. Le Pelletier, sous la date du 15 octobre 1693. On y trouve des détails curieux et sans doute peu connus.

685. Lettres, mémoires et affaires écrites par le baron de Vuoerden, depuis 1669 jusqu'en 1698, in-fol. 12 vol. *v.*

La 1re pièce de ce recueil est une inscription pour la citadelle de Lille ; la dernière une ordonnance de M. de Lambertie sur la chasse à Cysoing, datée de Lille, 21 mai 1698.

686. Mémoires du baron de Vuoerden, contenant ce qu'il a fait et écrit de plus important depuis sa naissance, en 1629, jusqu'à sa mort, en 1699, in-fol. 1 vol. *en cahiers non reliés.*

Ces mémoires ont été écrits par Marie-Louise de Vuoerden de Campagne, fille du baron de Vuoerden. Le second cahier manque.

687. Inscriptions, monuments, proses, ouvrages d'esprit du baron de Vuoerden, depuis 1670 jusqu'en 1697, in-fol. *v.*

Ce Ms. est un registre de tous les ouvrages d'esprit que le baron de Vuoerden a faits depuis l'année 1667, c'est-à-dire, depuis l'époque où il devint sujet du roi de France, par suite de la conquête de Tournai. Comme la plus grande partie de ces pièces sont en latin, l'auteur leur a donné dans la suite le titre suivant : *Annalium bellici et triumphales Ludovici* XIV *Franciæ et Navarræ regis, cognomento Magni, decades tres, quibus bellorum, victoriarum, fœderum, rerum sub tanto principe, terrâ, mari, domi, foris gestarum monumenta continentur.* En tête de l'ouvrage on lit une dédicace latine à Louis XIV.

688. Dépêches du marquis de Louvois, ministre et secrétaire d'état depuis 1667 jusqu'en 1691, in-fol. *c.*

Ce registre est un recueil précieux de dépêches ministérielles autographes.

689. Lettres, mémoires, affaires, galanteries

de M. de Vuoerden, depuis 1656 jusqu'en 1668, in-fol. 4 vol. *v.*

Ce Ms. contient aussi le voyage que fit le baron de Vuoerden à Turin, comme otage, pour l'exécution de la paix des Pyrénées, en décembre 1659 et en 1660. On y trouve également le voyage de Milan en Espagne, à l'occasion du mariage du roi de France avec l'infante d'Espagne, en 1660.

690. Lettres écrites à M. le baron de Vuoerden, par le Roi, les princes, les ministres, les généraux et autres seigneurs de la Cour, in-4.° broché.

Recueil précieux d'autographes des principaux personnages du siècle et de la cour de Louis XIV, tels que le duc d'Orléans, le prince de Condé, le cardinal de Bouillon, le père Lachaise, Courtin, le maréchal d'Humière, le duc de Montausier, Montmorenci, Luxembourg, le maréchal duc de Noailles, Boufflers, le prince et la princesse d'Épinoy, Catinat, Barillon, le comte d'Avaux, Chauvelin, Dangeau, Arnauld de Pomponne, Pelisson, Dugué de Bagnols, Vauban, Le Pelletier, Fenelon, etc.

691. Lettres latines familières du baron de Vuoerden, depuis 1660 jusqu'en 1682, in-4.° 3 vol.

Ces lettres ont été écrites par le baron de Vuoerden à son frère Charles-Georges de Vuoerden, chanoine de St.-Pierre de Lille, puis de la cathédrale de Tournai, et à Paul-Antoine Huberlant, conseiller pensionnaire des États du Tournésis. Les 2 derniers volumes, qui avaient été maladroitement vendus parmi les livres inutiles, ont été recouvrés par les soins du bibliothécaire actuel. Chaque volume est précédé d'une explication chronologique, en français, des lettres qu'il contient.

692. Maladie et mort de M. le comte de Fuensaldagne, et son éloge par M. de Vuoerden, in-4.° *v.*

Alphonse Perez de Vivero, comte de Fuensaldagne, dont il est ici question, est mort le 21 novembre 1661. Après avoir rempli diverses charges éminentes, il venait d'être nommé gouverneur général des Pays-Bas et de Bourgogne, quand il tomba malade à Cambrai, ville dont il avait été gouverneur pendant 6 ans. Il fut inhumé dans l'église métropolitaine, et l'on mit sur sa tombe une longue épitaphe composée par le baron de Vuoerden. On trouvera une notice sur ce dernier dans la *Biographie univ.*, t. 49, p. 596.

693. Joyeuse entrée des Archiducs en diverses villes des Pays-Bas, in-fol. *v.*

La 1re pièce de ce recueil donne le détail des fêtes qui eurent lieu à Gand en 1600 à l'occasion de l'entrée de l'archiduc Albert et de l'infante Clara-Eugenia, avec les pièces de poésies, inscriptions, devises, chronogrammes, etc., composés à cette occasion. On y trouve ensuite des notices semblables sur les fêtes célébrées pour le même sujet à Lille, Louvain, Bruxelles, Arras, Douai, Mons, etc. Puis le journal du voyage des Archiducs, de Bruxelles à Barcelone, Milan, Inspruch, etc.

694. Recueil de lettres, fragmens généalogiques et autres pièces provenant de Laurent Leblond, généalogiste de Valenciennes, Pitepan de Montauban, etc., in-fol.

On voit en tête de ce recueil une longue note de l'abbé Mutte, au sujet d'une lettre de Jean Vivien, prevôt de Valenciennes, laquelle lettre, contenant une copie de l'inscription funéraire d'Isabelle de Bourbon, femme de Charles-le-Téméraire, est accompagnée d'additions de la main de Louis de la Fontaine, dit Wicart, seigneur de Salmonsart. L'inscription dont il s'agit avait été dégradée en 1566, lors des troubles qui agitèrent la ville d'Anvers.

695. Cy après sensieult la déclaration des gaiges de tous les officiers de Brabant, Flandre, Artois, Hainaut, Luxembourg, Namur, Hollande, Zélande et autres pays de l'Empereur en ses pays d'en bas, in-fol. c. m.

Ce recueil contient en outre une quantité de lettres écrites par les chefs de la rébellion des Pays-Bas.

696. Mémoires pour l'histoire de l'abbaye de Fontenelle, recueillis par Dom Gille Lolivier

et D. Augustin Dourdier, religieux de Cambron, copiés par Mre Antoine Alex. de Pitepance, Sr de Montauban, in-fol. *c.*

Ms. de l'an 1676, dédié à madame Marie Lepoivre, abbesse de Fontenelle, sous la date du mois de janvier 1587. Ces Mémoires finissent en l'an 1658, ce qui prouve que le copiste y a fait des additions. (V. *Cat. de Mutte*, n° 5914.)

697. Glossarium seu Liber historiarum Orosii presbyteri, in-fol. *v. aux armes de Cambrai.* C. M.

Ms. à 2 colonnes, du 14e ou même du 13e siècle, acheté par Gilles Carlier, doyen de Cambrai, des exécuteurs testamentaires de Raoul Le Prêtre ; donné ensuite par le même Gilles Carlier à l'église de Cambrai, sous la condition qu'il continuerait d'en jouir le reste de sa vie. L'auteur de ce glossaire vivait au 5e siècle ; il était contemporain et ami de St. Augustin : son histoire s'étend depuis le commencement du monde jusqu'en l'an 416 de Jésus-Christ.

698. Historia scholastica, in-fol. vél. *v.* S. A.

Ms. à 2 colonnes, du 14e siècle, enrichi de vignettes et de capitales enluminées. Cette histoire commence par la Genèse et finit par les actes des apôtres. C'est l'ouvrage de Pierre Comestor dont il a déjà été parlé.

699. Angelus de Curibus Sabinis, poeta laureatus, de vastatione Leodiensi per Carolum, principem Burgundiæ, in-fol. *v. aux armes de Cambrai.*

Ms. du commencement du 16e siècle. Ce poëme latin est précédé d'une longue épître dédicatoire à Henri de Berghes, évêque de Cambrai, par Mathieu Herbenus, qui est en outre auteur d'une analyse poétique du même ouvrage. Ce poëme est imprimé dans la Collection de Martène et Durand, t. 4, p. 1379, sans la préface de Mathieu Herbenus, mais avec les argumens en vers dont celui-ci est l'auteur. Il est à remarquer que Martène et Durand attribuent ces argumens à Pasquier de Bierses. Les auteurs de la *Collectio amplissima* ne donnent point l'argument du 4.e livre parce qu'ils ne l'ont point trouvé dans le Ms. qui leur avait été communiqué par le baron de Crassier. Cet argument se trouve dans notre Ms. Nous le donnons ici : *Argumentum in librum quartum. Math. Herbeni.*

> Intereà Leodi fuerant duce quique fugati,
> Natalem repetunt urbem sedesque relictas.
> Hinc nova materies oritur belli faciendi,
> Quam revocare dolens frustra pater optimus orsus:
> Nil tamen effecit : usi quin sorte benignâ
> Burgundos pellunt abs Tungri sede resumptâ.

700. Sensieult la chronique de la rebellion de cheulz de Gand et aulcunes villes de Flandre contre leur seigneur et droicturier prince, qui dura sept ans et commencha l'an mil trois cens soixante et dix huit, jusques en l'an de grace mil trois cens quatre vingtz et chincq, par sire Jehan Froissart, in-fol. *v. aux armes de Cambrai.* C. M.

Ms. de la fin du 14ᵉ siècle. Les chapitres ne portent pas de titres. Souvent les initiales des chapitres manquent, et la place est en blanc. Le 1ᵉʳ feuillet est en vélin ainsi que 2 autres au 2ᵉ cahier. Le 15ᵉ cahier manque. Les 4 premières pages et les 9 premières lignes de la 5ᵉ contiennent des choses qui ne sont pas dans les imprimés. Il est fait mention de ce Ms. dans la *Bibliothèque hist. de France*, t. 3, p. 635, et dans la préface de l'édition de Froissart donnée par M. Buchon, p. XXIV. Du reste on n'y trouve plus tout ce que promet le titre ci-dessus, puisqu'il finit à la levée du siége d'Audenarde par les Gantois, après la défaite de Philippe d'Artevelle, à la bataille de Rosebecq, le 29 novembre 1382. Notre Ms, qui a appartenu à Daniel le Mesureur, chanoine de Cambrai, mort en 1630, semble avoir été écrit à une époque peu éloignée de celle où vivait l'auteur. Une circonstance peu connue de la vie de Froissart, c'est que, vers la fin de sa carrière, ce célèbre historien paraît s'être réfugié à Cambrai, dans l'abbaye de Cantimpré, où il mit la dernière main à ses chroniques, avec l'aide de sire Jehan le Tartier, prieur de Cantimpré. (V. *Cat. de Favier*, in-8°, Lille, 1765, préface, p. XV.)

701. Chronique de Flandres, in-fol. *v. aux armes de la Ville.*

Cette chronique anonyme est du 16e siècle. On voit en tête la signature *Ricquevelde* avec la devise *spe et metu* et la date 1565. L'ouvrage, qui contient 95 chapitres, est précédé d'un aperçu topographique et historique de la Flandre.

702. Troiziesme partie de l'histoire des causes de la désunion, revoltes et altérations des Pays-Bas, par messire Renoux de France, in-fol. *v.*

Ms. du 17e siècle, formant 46 chapitres; le 1er a pour titre: *Propos de la Royne d'Angleterre et son but sur la paix des Pays-Bas*; le dernier: *Trespas du seigneur D. Juan d'Autriche de très heureuse mémoire*. L'auteur, Renoux, Raimond ou Renaud de France, chevalier, seigneur de Noyelles, né à Douai, fut successivement maître des requêtes et conseiller au grand-conseil de Malines, président du conseil provincial d'Artois, et enfin président du grand-conseil de Malines. Il mourut en cette dernière ville le 24 octobre 1628. Christophe de France, le 2e de ses fils, fut nommé évêque de St.-Omer en 1635. Il avait été antérieurement chanoine de Cambrai et doyen d'Arras. (*V*. Foppens; *Bibl. Belg.*, p. 482, et *Biographie douaisienne*, attribuée à M. le conseiller Plouvain, in-12, Douai, 1828, p. 170.)

703. Sommaire, recueil et traité des paix faites, dict communément la paix de St.-Jacques, receu et approuvé, tant par la Reine que par ses Estats, in-fol. *v.* ST.-ANDRÉ DU CATEAU.

Ce recueil des constitutions qui réglaient l'état des personnes et des choses à Liége, a été écrit au 17e siècle.

704. Cestuy livre contient les trois records rendus par la haulte et souveraine justice du païs de Liége, l'an 1532, le IX de septembre, au faict de la jurisdiction du Prince, de son chapitre et de sa cité. Item les priviléges impériaulx octroyés par les Empereurs de haulte et heureuse recordation et memoire, Maximilien et Charles le Quinct, l'an 1518 et l'an 1521 respectivement, in-fol. *v.* ST.-ANDRÉ DU CATEAU.

Ce volume est de la même main que le précédent.

705. Histoire de Liége, in-fol. v.

Ms. du 16° siècle, qui finit à la mort du cardinal, évêque de Liége, Gérard Grosbeich ou Grosboc, en 1580. Il commence, comme de raison, par la prise de Troie, origine toujours revendiquée par nos bons chroniqueurs pour les villes dont ils font l'histoire.

706. Remarques sur l'Histoire ecclésiastique de M. l'abbé Fleury, in-4° v.

Ms. du 18° siècle, qui pourrait bien avoir pour auteur l'abbé de Planque, supérieur de St.-Sulpice. Honoré de Ste.-Marie, carme déchaussé, mort à Lille en 1729, a publié aussi des *Observ. sur l'Hist. eccl. de Fleury.* 1726 à 1729.

707. OEuvres diverses relatives aux institutions de l'église pour les ecclésiastiques, in-4.° v.

Ms. de la même main que le précédent et probablement du même auteur. Ils ont appartenu l'un et l'autre à Ant.-Franç. Estays de Boulogne, chanoine de Cambrai, mort en 1767, le 17 Janvier.

708. Histoire du Monde et de France, in-4.° v.

Ce Ms. est du siècle dernier. L'histoire qu'il contient commence à la création et finit à la mort de Charles VI, roi de France, en 1422. On trouve au commencement du volume une oraison funèbre de Mme Tiquet, morte en 1699.

709. Historia Lombardica, in-8.° vél. b. s. s.

Ms. à 2 colonnes, du 15° siècle. Cette histoire lombardique n'est autre que la légende dorée de Jacques *de Voragine*, qui a eu au moins huit éditions avant la fin du 15° siècle. Il en a été imprimé en outre une traduction française par Jehan de Vignay, in-fol., Paris, 1490, et une traduction italienne par Nicolao de Manerbi (Malermi), in-fol., Venise, 1492. Notre Ms., qui est d'une fort belle exécution, est dû au calligraphe *Jean Rampart*. Le dernier feuillet manque.

710. Historia Jerosolimitana, in-4.° vél. b. s. s.

Ms. du 12° siècle, à longues lignes. Cette prétendue histoire de Jérusalem est une relation de la 1re croisade, par Robert, abbé de St.-Remi de Reims, qui, après avoir assisté en 1095 au concile de Clermont, où la croisade fut résolue et publiée, se trouva au siége et à la prise de Jérusalem, en 1099. Suivant les auteurs de l'*Hist. litt. de la France*, t. 10, p. 328, cet ouvrage serait l'un des 1ers que l'on eût imprimés à Paris, mais il est évident que l'édition sur laquelle ils fondent leur assertion, sort des presses d'Arnold Terhoernen, de Cologne. Bongars a inséré l'*Historia Jerosolimitana*, en tête de son recueil intitulé : *Gesta Dei per Francos*, t. 1, p. 30. Robert écrivit cette histoire dans le prieuré de Senuc, où il s'était retiré après avoir été déposé du siége abbatial de St.-Remi. Il mourut en 1122. A la suite de l'ouvrage ci-dessus, on trouve dans le même volume : *Historia Apollonii regis ab ipso composita. Proverbia Senecæ. Quædam narratio sanctarum ac pretiosarum rerum quæ sunt in Româ.* La vie d'Apollonius de Tyr est, suivant M. *Petit-Radel*, *Rech. sur les Biblioth. anc.*, p. 55, la traduction latine d'un roman grec portant le même titre et dont le texte original est perdu. Un catalogue, écrit vers l'an 1000, porte l'histoire d'Apollonius au nombre des livres dont la lecture était d'usage au réfectoire de l'abbaye de St.-Étienne, en Angleterre. (V., sur les diverses éditions et traductions de cette histoire, le *Manuel du libraire*, par M. Brunet, 3° édit., art. *Apollonius de Tyr*.)

711. Historia mystica Ecclesiæ catholicæ quam ex Maximo et Germano transtulit Anastasius. Gesta regum Francorum, in-4.° vél. *v.* aux armes de Cambrai. C. M.

Ms. du 9° siècle, pour le 1er ouvrage, et du 10° pour le second. L'*Historia mystica* est un traité sur le sens des cérémonies de l'église dans la célébration des saints mystères. Anastase le bibliothécaire, qui mourut vers 883, l'a extrait de la *Mystagogie* de S. Maxime, abbé de Chrysopolis, au 7° siècle, et des traités de St. Germain, patriarche de Constantinople. La dédicace porte cette suscription : *Domino gloriosissimo et magno principi Karulo Anastasius exiguus.* Il s'agit sans doute de Charles-le-Chauve, à qui Anastase a dédié sa traduction de la vie de St. Denis l'aréopagite. Cet écrit paraît tout-à-fait inconnu ; du moins je n'en ai trouvé aucune mention, ni dans les œuvres d'Anastase, in-fol., ni dans celles de St. Maxime, traduites par le P. Combefis, in-fol., Paris, 1675. Les *Gestes des Rois de France* paraissent avoir été composés en grande partie d'après l'histoire de Grégoire de Tours. Marquard Freher est le premier qui les ait mis au jour. André du Chesne a publié de nouveau cette histoire, après avoir eu communication de notre Ms. de Cambrai. La fin y manque, de sorte que cette narration s'arrête au chapitre XXVIII dans lequel il est question de la conspiration de Chramne, contre Clotaire 1, son père. (V. *Recueil des Histor. de France*, t. 2, pp. XIII et 539.)

712. Miracula beatæ Mariæ Virginis, in-fol. vél. v. s. s.

Ms. à 2 colonnes, écriture du 13ᵉ siècle. Ce Ms. contient en outre quelques autres pièces ascétiques en prose rimée. L'une des dernières commence ainsi :

Ut jocundas cervus undas excestuans desiderat,
Sic ad deum fontem vivum mens fidelis properat.

La plupart des miracles que rapporte cette légende sont indiqués comme ayant été opérés dans le nord de la France.

713. Cæremoniæ monasterii S. Andreæ de Castello, ordinis S. Benedicti, in-fol. vél. s. a. c.

Ms. du 17ᵉ siècle, à longues lignes.

714. Exemplar legendarii de Sanctis in-fol. *ph.* c. m.

Ms. à 2 colonnes, du 15ᵉ siècle ; la place des initiales est restée en blanc.

715. Vitæ SS. Gregorii et Nicolai, in-fol. vél. s. s.

Ms. à longues lignes, du 12ᵉ siècle. Le prologue de la vie de St. Grégoire commence par ce vers :

Suscipe Romuleos, pastor venerande, triumphos.

Une note porte que l'auteur (Jean le Lévite) adresse ce prologue *ad quemdam papam romanum*. Voici le début du prologue de la vie de St. Nicolas : *Sicut omnis materies si ab imperito artifice.....* La 1ʳᵉ page du volume présente une liste des Empereurs d'Occident qui finit à Fréderic II, lequel régnait en 1212 ; mais il est visible que le nom de cet empereur et celui de deux ou trois de ses prédécesseurs ont été ajoutés après coup. Vers la fin du Ms. on trouve aussi une nomenclature des Papes, finissant à Clément III, qui siégea en 1187. On voit que cette liste avait été d'abord arrêtée à Innocent II, avec ces mots : *feliciter vivens*. Ce dernier pape siégeait, comme on sait, en 1130. Ainsi notre Ms. remonte au commencement du 12° siècle, si même il n'est pas du 11°. Le volume est terminé par le décret du pape Gélase sur les livres canoniques et non canoniques de l'Écriture sainte.

716. Oraison funèbre de Mgr. Lamoral, prince de Ligne, décédé en 1624, in-fol.

Cette oraison funèbre, qui a pour auteur Jean Polman, Théologal de Cambrai, a été prononcée à Montreuil-sur-Haine, le 13 mars 1624. Le Ms. est autographe aussi bien que le suivant qui fait partie du même numéro et qui paraît être du même auteur : Oraison funèbre de Florent de Ligne, prince d'Amblize et du Saint-Empire, marquis de Roubaix, décédé en 1622. Ces 2 pièces sont en double. Il est à remarquer que Jean Polman était curé de Montreuil, avant de devenir chanoine de Cambrai. Il mourut le 8 avril 1657, et non en 1649, comme le dit Foppens. Il a publié quelques autres ouvrages dont on peut voir les titres dans les *Rech. sur l'Égl. de Cambrai*, p. 145.

717. Passiones Apostolorum, in-fol. vél. *b.* s. s.

Ms. du 12° siècle, à longues lignes d'abord et vers la fin à 2 colonnes; à la suite du *Passiones Apostolorum* on trouve encore la légende de Ste. Marie-Madeleine, de Ste. Cécile, de Ste. Lucie, de St. Thomas de Cantorberi, puis *Liber diversarum sententiarum à pluribus doctoribus compositus. Vita et conversatio Beatæ Elisabeth, Langraviæ Thuringiæ.*

718. Vita SS. Basilii et Martini. Libellus Smaragdi episcopi, *Diadema monachorum* nuncupatus. Libri quatuor Dialogorum Gregorii papæ et Petri, in-fol. *b.* s. s.

Ms. à 2 colonnes, du 15° siècle.

719. Légende dorée, in-fol. 2 vol. *b.* s. s.

Ms. à 2 colonnes, écriture et style du 15ᵉ siècle ; le 1ᵉʳ vol. est précédé d'un calendrier qui commence au mois de décembre et finit à la fin de juin. La légende de ce volume ne contient également que les saints compris dans ces 7 mois de l'année. Le 2ᵉ volume contient le reste de l'année, mais sans calendrier.

720. Vie de Jésus-Christ, in-fol. 3 vol. *b. s. s.*

Ce Ms. est de la même écriture et du même style que le précédent.

721. Acta quorumdam Sanctorum, in-fol. *b. s. s.*

Ms. à 2 colonnes, du 14ᵉ siècle. Le premier saint dont il est question dans cette légende est St. Guillaume, religieux ; le dernier est St. Donatien.

722. Vitæ Patrum Ægyptiorum, in-fol. *b.*

Cette légende des pères d'Égypte, traduite du grec en latin par St. Jérome, est un Ms. à 2 colonnes, du 14ᵉ siècle, qui contient encore *Amonitiones Sanctorum Patrum de diverso genere virtutum quas Pelagius, diaconus ecclesiæ romanæ, de græco in latinum transtulit.*

723. Smaragdi Diadema monachorum, in-fol. vél. *b. s. s.*

Ms. à 2 colonnes, du 15ᵉ siècle. L'auteur de cet ouvrage était abbé du monastère de St.-Michel, en Lorraine, dans le 9ᵉ siècle.

724. Smaragdi Diadema monachorum, in-4.° vél. *b. s. s.*

Ms. à longues lignes, du 12ᵉ siècle, qui contient, outre l'ouvrage de Smaragdus, quelques opuscules de St. Ephrem et de St. Augustin.

725. Expositio Smaragdi in Regulâ S. Benedicti, in-fol. *v.*

Ce commentaire de Smaragdus sur la règle de St. Benoît a été écrit par Dom Benoît d'Anis, religieux de St.-André du Cateau, et dédié à Antoine de Montmorenci, abbé de cette maison vers l'an 1600.

726. Expositio Smaragdi in Regulâ S. Benedicti, in-fol. *b.* s. s.

Cette autre copie du même ouvrage a été faite en l'an 1493 par Augustin Voesol, religieux du St.-Sépulcre. Elle contient une préface en vers qui ne se trouve point dans les autres Mss.

727. Vitæ quorumdam Sanctorum, in-fol. vél. 125 feuillets, *b.* s. s.

Ms. du 12° siècle; la première vie est celle de St. Jean l'Aumônier, par Léonce, évêque de Naples, en Chypre. On lit à la fin la souscription suivante : *Expliciunt acta Sancti Johannis Elemosinarii, quæquidem prætermiserant Johannes ac Sophronius viri illustres, ejus vitæ scriptores : sed postmodum Leontius, episcopus Neapoleos, Cyprorum insulæ, ut illi cœperant, ea græco stylo diligenter supplevit. Anastasius autem peccator, jubente Nicholao papa, in latinum vertit.* Les autres vies sont celles de St. Siméon-stylite, St. Antoine, St. Hilarion, Ste. Paule, Ste. Pélagie la comédienne, Ste. Pélagie, nièce de St. Abraham, ermite, St. Spiridion. On lit ensuite divers extraits des ouvrages de Bède. Le volume est terminé par une lettre de St. Jérome à Héliodore sur la différence qu'il y a entre un moine et un clerc.

728. Epistola Eusebii ad Damasum et Theodosium de morte S. Hieronymi, in-fol. *v.* s. s.

Ms. à 2 colonnes, du 15° siècle. Cette longue épître est suivie de deux autres sur le même sujet, l'une de St. Augustin à St. Cyrille, et l'autre de St. Cyrille à St. Augustin.

729. B. Hieronymus in vitas patrum, in-fol. vél. *b.* s. s.

Ms. à 2 colonnes, du 15° siècle, contenant encore l'ouvrage supposé de St. Athanase : *De exhortatione monachorum* et 57 sermons de Pierre le Mangeur.

730. Martyrologium monasterii Fidemiensis. Regula S. Benedicti. Necrologium, in-fol. vél. *v. aux armes de Cambrai.*

Ms. à longues lignes, du 13ᵉ siècle. Outre les choses indiquées dans le titre, il contient encore, 1° la nomenclature des livres que possédait l'abbaye de Fémy au 13ᵉ siècle; 2° une bulle du pape Pascal adressée à Rodulfe, abbé de Fémy en 1107, et une charte d'Odon; évêque de Cambrai, adressée en 1109 à Robert, successeur de Rodulfe; 3¹ une traduction de la règle de St. Benoît en langue romane, avec un prologue du traducteur. Le nécrologe pourrait servir à compléter la liste des abbés de Fémy, qui paraît bien imparfaite dans le *Gallia christiana*.

731. Martyrologium. Regula S. Benedicti. Necrologium, in-4.° vél. *v*. s. s.

Ms. du 16ᵉ siècle, écrit par Jean Pesin, sous-prieur du St.-Sépulcre, en 1524. Ce volume contient aussi l'acte de confraternité conclu entre l'abbaye du St.-Sépulcre et celle de Gérardmont, en 1208.

732. Speculum monachorum, in-4.° vél. *b*. s. s.

Ms. du 15ᵉ siècle. Le *Speculum monachorum* paraît avoir pour auteur Arnoul, moine de Bohéries près de Guise, à qui nous attribuons également l'ouvrage mentionné plus haut sous le n° 244. Le même volume contient aussi un traité beaucoup plus long, intitulé : *Profectus monachorum*, en 2 livres.

733. Passio S. Juliani et Legenda S. Martini à Gregorio Turonensi et Sulpicio Severo editæ, in-4.° vél. *v*. *aux armes de Cambrai*. C. M.

Précieux Ms. que l'on peut faire remonter au 9ᵉ siècle.

734. Martyrologium. Regula S. Benedicti. Necrologium, in-4.° vél. *b*. s. s.

Ms. du 13ᵉ siècle, un peu souillé par l'usage qu'on en a fait. On trouve en tête de la règle de St. Benoît, un tableau représentant ce célèbre fondateur d'ordre, et St. Maur, son disciple.

735. Liber Hugonis de Folieto, prioris canonicorum regularium S. Laurentii, in pago Ambianensi, de XII abusionibus claustri, in-4.° vél. s. s.

Ms. du 13ᵉ siècle. Ce traité n'est qu'un fragment détaché du grand ouvrage de Hugues de Fouilloy, intitulé : *De claustro animæ*. Le même volume contient en outre : *Liber Mag. Hug. de operibus trium dierum*; *Miracula B. Mariæ*; *Epistolæ Hieronymi ad Rusticum, ad Rufinum, ad Occeanum et ad Heliodorum*; *Vita S. Brendani*; *Expositio Remigii super Donatum de partibus orationis*; *Expositio psalmi* Beati Immaculati; *Versus boni de conflictu virtutum et vitiorum*; *Evangelium Johannis*; *Apocalypsis*; *Cantica Canticorum*; *Expositio Bedæ de libris Gregorii*; *super Cantica Canticorum*; *Mandata Domini ad Discipulos*; *Vitæ SS. Antonii, Hilarionis et Frontonii*; *Visiones cujusdam resuscitati*; *Vita Pauli primi eremitæ*; *Peregrinatio B. Hieronymi*; *De B. Johanne eremitâ*; *Vitæ multorum SS. Patrum*; *Dialogus S. Gregorii*; *Vita S. Ægidii*; *Vita S. Pelagiæ*.

736. Le Riule Sains Benois, in-4.º vél. *v.* s. s.

Ms. du 14ᵉ siècle, en langue vulgaire.

737. Speculum monachorum et Profectus religiosorum, in-8.º *b.* s. s.

Ms. du 15ᵉ siècle, de la main de Jacques du Vivier.

738. Beatæ Virginis Mariæ Miracula, in-4.º vél. *b.* s. s.

Ms. à 2 colonnes, du 14ᵉ siècle.

739. Miracula B. M. Virginis, in-4.º vél. *b.* s. s.

Ms. du 14ᵉ siècle. Même ouvrage que le nº précédent.

740. De institutione juvenum et noviciorum, in-4.º *b.* GUILL.

Ms. du 15ᵉ siècle, enrichi çà et là de quelques ornemens grossiers. Ce traité *de institutione* est l'ouvrage d'un chartreux, visiteur de l'ordre, et nommé *Heinricus de Vesvesdiâ*. C'est une longue épître divisée en 38 chapitres et précédée d'un prologue. Les autres ouvrages contenus dans ce volume sont : *Soliloquium animæ*, par Thomas à Kempis; *Libellus spiritualis exercitii*; *Devotus tractatus*, le 1ᵉʳ chapitre est intitulé : *De recognitione propriæ fragilitatis*; *Libelli de paupertate, humilitate et patientiâ*, par

Th. à Kempis ; *De verâ compunctione cordis* , par le même ; *Sermones quidam devoti pro volentibus Deo servire* , par le même ; cinq épîtres du même ; *Speculum regiminis contra septem peccata mortalia ; Francisci Petrarchæ de vitâ solitariâ libri duo ;* Extraits de divers auteurs sur la vie monastique ; *Libellus perpulcher excitans ad devotam divinarum horarum persolutionem.*

741. Regula S. Benedicti. De professione monachorum, in-4.° *b.*

Ms. du 15° siècle. La règle de St. Benoît est précédée d'une pièce de vers commençant ainsi :

*Quisquis ad æternum mavult conscendere regnum
Debet hic astrigerum mente subire polum.*

Le traité *de professione monachorum*, que nous avons déjà indiqué sous le n° 265, est ici attribué à Hugues de St.-Victor, qui a un article fort étendu dans le t. XII de l'*Hist. litt. de France*. A la fin du volume on a inséré quelques pièces ascétiques en vers et en prose. Ce Ms. provient de l'abbaye de St.-Sauveur-le-Vicomte, au diocèse de Coutances.

742. De regimine seu de diversis gravaminibus religiosorum. Tractatus de instructione confessorum, in-4.° *v. s. s.*

Ms. du 15° siècle. La souscription du 1er traité est ainsi conçue : *Explicit tractatus de regimine religiosorum editus per fratrem Johannem de Hagen, priorem Carthusiensem, circa festum Simonis et Judæ, apostolorum, anno Mcccc lxv. Scriptus quidem Cameraci per manus Johannis Appelman et finitus xvj martii Mcccc lxxxvj.* L'autre traité a pour auteur St. Antonin, archevêque de Florence, mort en 1459.

743. Jo: Hagen de gravaminibus religiosorum, in-4.° *b.*

Ms. du 15° siècle. L'auteur de cet ouvrage, déjà indiqué dans le n° précédent, est Jean de Hagen, chartreux allemand, mort en 1475. Le Ms. contient en outre : *Tractatus fratris Guillermi Lugdunensis super professione monachorum ; Tractatus de doctrinâ cordis vel septem instruc-*

tiones circa cordis dispositionem ; Tractatus magistri Theodorici de peculio seu proprietate monachorum ; Instituta Benedicti papæ duodecimi cum institutis Innocentii tertii. Ce volume a été écrit en 1492, par Jacques du Vivier.

744. Vitæ quorumdam Sanctorum, in-4.° v. s. s.

Ms. du 15° siècle, commençant par *Vita mirabilis beate Margarete*. Les autres vies sont celles de St. Crespin et St. Crespinien, Ste. Christine, St. Brendan. Cette dernière vie est textuellement la même que celle qui a été indiquée ci-dessus, n° 735. L'Irlande honore deux saints du nom de Brendan ; celui dont il est ici question est surnommé l'*Ancien*. Sa vie, qui est très étendue, commence par ces mots : *S. Brendanus, filius Sinlocha, nepotis Althi.*

745. Nonnullæ Sanctorum martyrum et confessorum Legendæ, in-4.° v. s. s.

Ms. du 15° siècle, commençant par la vie de St. Donatien et finissant par celle de Ste. Marguerite. Le Ms. contient en outre la prétendue correspondance de St. Paul avec Sénèque ; plus les vies des SS. Rumold, Walburge, Mammès, Génèse, Georges et ses compagnons, Cassien, Secundian, Verian et Marcellian, Loup, Marthe, Hugues, Timothée et Apollinaire.

746. Extractum ex manuscripto Henniacensi cui titulus *Collectanea aliquot historiarum, epistolarum, diplomatum,* etc. *summorum pontificum, archiepiscoporum, episcoporum,* etc., *per fratrem Joannem de Telu, canonicum Henniacensem,* etc., *anno 1600 compacta.*

Petit in-fol. de 192 pages, contenant : 1° une série de lettres apostoliques concernant la séparation de l'église d'Arras d'avec celle de Cambrai. 2° Des documens historiques sur la vie de Lambert, évêque d'Arras, sur sa captivité, etc. 3° Les principaux points résolus au concile de Clermont, en 1094. 4° Deux lettres de Manassé, archevêque de Reims, sur la nomination de Manassé, évêque de Cambrai. 5° Lettres de Lambert, évêque d'Arras, en faveur de plusieurs églises. 6° Lettres d'Urbain II et de Lambert sur le diocèse de Tournai et de Noyon. 7° Décrets du concile de Rome en 1099, et de celui de Poitiers en 1109. 8° Priviléges pour l'abbaye d'Eaucourt, celles de St.-Vaast et d'Arroaise. 9° Lettres du pape Pascal II sur l'église d'Arras. 10° Lettres du pape Innocent II et du roi Louis VI à l'évêque et au clergé d'Arras. 11° Dénonciation au pape du trouble excité dans le synode d'Arras par l'abbé de St.-Vaast. 12° Samson, archevêque de Reims, rend compte au pape des différends survenus entre l'évêque d'Arras et quelques abbés. 13° Diverses lettres du pape Eugène concernant le diocèse d'Arras. 14° Charte de l'évêque d'Arras, Godescalc, pour sa cathédrale. 15° Détails historiques sur l'abbaye d'Arroaise. 16° Détails historiques sur l'abbaye de Mareul et sur Ste. Bertile. 17° Charte de l'évêque Lambert pour l'abbaye de St.-Amand. 18° Lettres d'Urbain II concernant l'adultère de Philippe Ier, roi de France. 19° Lettres de l'évêque Lambert au sujet des abbayes d'Estrun, de Blandin, d'Anchin et le chapitre de St.-Amé à Douai. 20° Lettres du Pape et de St. Bernard, au sujet de la résistance de l'abbé de St. Vaast envers son évêque. 21° Lettres du pape Eugène pour l'érection d'une chapelle à Arras et pour amener l'abbé de St.-Vaast et les habitans de Douai à résipiscence. 22° Lettre de Renaud, archevêque de Reims, concernant le monastère de Blangi. 23° Bulle de Paul IV pour l'érection de Cambrai en archevêché. 24° Bulle de Pie IV aux habitans d'Arras, concernant la prééminence entre les évêques d'Arras et de Tournai dans les synodes provinciaux. 25° Catalogue des évêques et archevêques de Cambrai jusqu'à Fr. Vanderburch. Ce qui est relatif à la séparation des évêchés de Cambrai et d'Arras a été imprimé dans le *Rec. des Hist. de France*, in-fol., t. 14, p. 738 et suiv. Ce Ms., trouvé par le bibliothécaire actuel dans un cumulus de papiers de rebut, a été mis ici en place d'un volume renfermant deux imprimés du 15e siècle, savoir: *Vitæ philosophorum*, par Walter Burley, et *Historia Hierosolimitana*, par Robert, moine de St.-Remi, de Reims. Ces 2 ouvrages sont sortis des presses d'Arnold Terhoernen. C'est à propos du dernier que les auteurs de l'*Hist. litt. de France* ont commis l'erreur dont il a été parlé plus haut, sous le n° 710.

747. Modus monachum benedicendi, professionem faciendi, infirmum inungendi et mortuum sepeliendi, in-4.° vél. *b.*

Ms. du 15ᵉ siècle.

748. Recueil des vertus de Mme la marquise de Maintenon, et son épitaphe, in 4.° *b.*

Ms. du 18ᵉ siècle. Voici la note que l'abbé de Carondelet a mise en tête de ce volume : « Ce recueil a été fait par ma sœur Louise-Barthélemie de Carondelet, que le roi fit élever dans la maison de St.-Cyr. Les dames y ont travaillé pour la satisfaction de feue ma bonne, pieuse et respectable mère, Mme Marie-Angélique-Bernard de Rasoir, baronne de Noyelles. Elles lui ont même donné un des chaussons qu'avait à ses pieds Mme de Maintenon lorsqu'elle mourut, et que ma mère m'a laissé, en me recommandant, peu de jours avant sa mort, d'en avoir un soin particulier. » Ce Ms. a été communiqué à MM. les éditeurs des œuvres complètes de Fenelon, qui se proposent de le publier incessamment. L'auteur du recueil, Louise-Barthélemie de Carondelet, élève de la maison royale de St.-Cyr, puis religieuse aux Demoiselles nobles d'Audenarde, était fille de Jean-Louis de Carondelet, baron de Noyelles, et de Marie-Angélique-Bernard de Rasoir. Son frère, Alexandre-Louis-Benoît de Carondelet, chanoine, grand-ministre de la Métropole de Cambrai, vicaire-général du diocèse, mort depuis 1791, possédait une fort belle bibliothèque et de précieux manuscrits. C'est de lui que provient celui-ci, ainsi que les œuvres du baron de Vuoerden, dont il a été question ci-dessus.

749. Vita S. Lutgardis. Tractatus de munditiâ et castitate sacerdotum, etc., in-4.° *b.* s. s.

Ms. du 15ᵉ siècle. La vie de Ste. Lutgarde, en 3 livres, a pour auteur Thomas de Cantimpré; elle est suivie de *Visiones venerabilis Machtildis, ord. cisterc., descriptæ per Ægidium Hdelwick, presbyterum, anno* MCCCC, en 4 livres. Le traité *De munditiâ*.... qui vient ensuite, ne porte pas de nom d'auteur. Les ouvrages qui remplissent le reste du volume sont : l'*Exameron* de St. Basile, composé de 9 homélies sur l'ouvrage des 6 jours ; *Liber lugubris de statu et ruinâ monastici ordinis*, par Jean Trithème, qui le dédia, en 1493, à Blaise, abbé d'Hirsauge. Il fut décidé la même année au chapitre provincial de l'ordre de St.-Benoît, tenu à Hirsauge, que ce traité serait lu à l'avenir dans tous les chapitres provinciaux ; *Collatio de republicâ ecclesiæ...*, par le même.

750. Abrégé de la vie et des miracles de B. F. Séraphin de Montegranario, capucin, béatifié par Clément XII, in-4.° *ph.*

Ms. du 18ᵉ siècle. Il est probable que c'est l'ouvrage que Jean Chrysostôme, de Béthune, capucin, a publié, in-12, 1738.

751. Vitæ quorumdam sanctorum, in-4.° vél. *v. s. s.*

Ms. qui semble être du 12ᵉ siècle. Voici les pièces qu'il contient : Vies de SS. Wulfran, archevêque de Sens, Wandrille, abbé de Fontenelle, Ansbert, archevêque de Rouen, Thibauld, prêtre et ermite, né à Provins ; Passion des 7 dormants ; Sermon de St. Augustin sur les miracles de St. Étienne ; 2 livres sur le même sujet, attribués à Évode, évêque d'Uzole en Afrique ; Épîtres de l'évêque Sévère sur la conversion des Juifs dans l'île Minorque ; Récit de la translation du corps de St. Étienne de Jérusalem à Constantinople ; Passion de St. Symphorien ; vie de St. Médard ; Voyage de Ste. Marie-Madeleine ; Translation de son corps ; Homélie sur la fête de la même Sainte.

752. Regula S. Benedicti, in-8.° *v.* VAUC.

Beau vol. qui semble avoir été fait avec des caractères moulés. On trouve à la fin une notice de la fondation de Vaucelles et de ses principaux bienfaiteurs.

753. Sanctiniana, ou bons mots et réponses des Saints ; par M. D., in-8.°, 2 vol. *m. dorés sur tranche.*

Ouvrage curieux de Guillaume-Charles de Planque, directeur du séminaire de St.-Sulpice au 18ᵉ siècle. L'écriture est belle et d'un très grand caractère.

754. Historiæ Flavii Josephi, in-8.° vél. v. s. s.

Petit Ms. à longues lignes, écriture du 14ᵉ siècle; il ne contient que les dix premiers livres des Antiquités Judaïques, plus la moitié environ du onzième. Ici, le point est placé tantôt en haut, tantôt au milieu de la ligne. Les initiales des livres et des chapitres sont en rouge. Outre ce Ms. de Josèphe et le n° 620, il en existe à Cambrai un troisième qui mérite d'être mentionné ici. Il appartient à M. Hurez, 1ᵉʳ adjoint à la mairie de Cambrai, membre de la Société d'Émulation et imprimeur en cette ville. Il est intitulé *In hoc Codice continentur Flavii Josephi, Hebreorum historiographi, Judaïcæ antiquitatis Libri* XX, *belli vero Judaïci cum Romanis Libri vij*. C'est un grand et très bel in-folio, sur peau de mouton, à 2 colonnes, écriture du 13ᵉ ou du 14ᵉ siècle. Le point au bas de la ligne y tient lieu de virgule; au milieu, des deux points; au haut, du point. Le titre rapporté ci-dessus est en lettres onciales, à la manière des siècles carlovingiens; toutefois il est évident que le Ms. n'est pas à beaucoup près d'une antiquité aussi reculée; les ornemens seuls indiquent une époque bien plus rapprochée de nous. La lettre L, initiale du premier livre, est haute de 38 centimètres, et large de 4 dans sa plus grande épaisseur. Elle est richement historiée et rehaussée d'or. Les initiales du prologue et des autres livres ont 12, et quelquefois 26 centimètres de haut; elles sont également enluminées de couleurs très vives. Les lettres *tourneures* sont aussi coloriées et d'une grande dimension. On trouve au livre 18 le passage relatif à J.-C. et à St. Jean Baptiste. La bibliothèque de Douai possède un Josèphe semblable à celui que nous venons de décrire. Le plus ancien Ms. connu de cet historien se trouve à la bibliothèque Ambrosienne de Milan; mais il ne contient que les livres 5 à 10. Il est sur papyrus égyptien, collé double et à fibres croisées, ce qui lui donne plus de force. Suivant Montfaucon, ce Ms. est du 6ᵉ siècle; mais Mabillon le fait remonter jusqu'au temps même de Rufin, traducteur de Josèphe, c'est-à-dire, jusqu'au 4ᵉ siècle.

755. Protocole des formules du Secrétariat, in-8.° v.

Ce protocole a été écrit en partie sous M. de Choiseul et en partie sous M. de Rohan.

756. Regula S. Benedicti, in-24. v.

Ce petit exemplaire de la règle de St. Benoît a été écrit au 15e siècle. On y a ajouté divers traités de morale ascétique, tels que : *Rosarium Beatæ Mariæ; Coronula Beatæ Mariæ*. Le livre a été écrit en 1461, par Jean Bouchier, prieur d'un monastère dans le diocèse de Trèves.

757. Regula S. Benedicti, in-24. v.

Ce petit Ms. est du 15e siècle. Il offre au commencement un calendrier avec l'indication des chapitres de la règle que l'on doit méditer chaque jour.

758. Sermones varii. Passiones plurimorum apostolorum et sanctorum, simul et Vitæ sanctorum, etc., in-fol. vél. b. c. m.

Ms. à 2 colonnes, du 12e siècle ou même d'une époque antérieure. Le vol. commence par *Sermo beati Leonis papæ de Sanctâ Trinitate*; il finissait par *Vita Sancti Auberti episcopi*, comme l'indique la table; mais cette vie, ainsi que celles de St. Vaast, de St. Remi et de St. Silvestre ayant été arrachées, c'est maintenant la vie de Ste. Vaudru qui clot le Ms. Les autres vies sont celles des Apôtres, de Ste. Marie-Madeleine, de St. Marius et de Ste. Marthe sa femme, de St. Sébastien et de St. Vincent. Jacques de Guyse, dans ses *Annales du Hainaut*, liv. x, a reproduit textuellement la vie de Ste. Vaudru, telle qu'elle est dans ce Ms. et dans le n° suivant. (V. *Hist. du Hainaut*, traduite par M. le marquis de Fortia, t. 7, pp. 47 et suivantes). Les Bollandistes l'avaient insérée dans leur t. 1 du mois d'avril. On la retrouve enfin avec de nouveaux éclaircissemens, dans l'excellent ouvrage intitulé : *Acta sanctorum Belgii*, t. 4, p. 414. La place de la plupart des initiales des chapitres est restée en blanc; le Ms. est endommagé dans sa partie supérieure.

759. Sermones. Passiones et Vitæ multorum sanctorum, g^d in-fol. vél. b.

Ms. à 2 colonnes, du 13e siècle, capitales enluminées. Le vol. commence par *Passio beati Petri apostoli* et finit par *Vita beati Nicolai episcopi*.

760. Vitæ et Passiones plurimorum sanctorum, in-fol. vél. *b*. s. a.

Ms. à 2 colonnes, du 14ᵉ siècle, commençant par ces mots : *Sermo beati Petri ad Vincula*, finissant par *Vita Sancte Tecle*. Il y a confusion de feuillets vers le milieu de ce Ms., de sorte que la vie de St. Géry se trouve intercalée avec celles de St. Augustin et de St. Hippolyte.

761. Vitæ et Passiones patrum, sanctorum. Miracula S. Auberti, episcopi Cameracensis, in-fol. vél. *b. garni en cuivre*, s. a.

Ms. à 2 colonnes, du 14ᵉ siècle, capitales enluminées. Une note écrite au haut de la première page porte ce qui suit : *Ce livre at esté ramassé et relié ensemble par M. Joseph, abbé de St.-Aubert* (Vraux), *l'an* 1674. La 1ʳᵉ vie est celle de St. Aubert, qui a été communiquée à l'abbé Ghesquière, éditeur des *Acta Sanctorum Belgii*. (V. cet ouvrage, t. 4, p. 538). Les *Miracles* du même Saint, qui terminent, n'ont pas été insérés dans ce recueil.

762. La vie de Jésus-Christ, en cinq parties, appelée *Vita Christi*, in-fol. *b*. s. s.

Ms. à 2 colonnes, du 15ᵉ siècle. A la fin de la table on lit ces mots : *Chest livre fist faire Gilles de Gornes et appertient à ly et fu parfait lan de grace mil* CCCCLXVII *le* XVIIᵉ *iour daoust*. Le volume contient 454 feuillets. En tête de chaque partie de l'ouvrage, se trouve une miniature remarquable. C'est une traduction française du *Vita Christi* de Ludolphe de Saxe, prieur de la chartreuse de Strasbourg, vers 1330. Il y a deux traductions françaises de ce livre, faites dans le 15ᵉ siècle. L'une est due à Jean Mansel, de Hesdin ; l'autre à Guillaume Le Menand. Il paraît que celle-ci est de Jean Mansel.

763. Le Livre de la fleur des histoires, nommé la Légende dorée, in-fol. *b*. s. a.

Ms. à 2 colonnes, du 15ᵉ siècle. On lit ces mots à la fin de chaque partie du volume : *Dittes ung Ave Maria pour cheluy qui a doné ceste Légende dorée au couvent de Ste.-Claire de Cambray, nomé Hugue le Josne, chitoyen d'Arras*. Le volume contient 617 feuillets. C'est le 3ᵉ volume d'un recueil d'histoires saintes, compilé, sur la demande de Philippe-le-Bon, duc de Bourgogne, par Jehan Mansel, de Hesdin. Il commence par la nativité de la Vierge et finit par un chapitre intitulé : « Cy parle de St. Anthède, archevesque de Besançon et dist coment il advertit ung pape, lequel estant en péchié mortel vouloit beneir la cresme au jour du Saint Jeudy. »

764. Narratio Cisterciensis Ordinis, in-fol. vél. *b.* VAUC.

Ms. à 2 colonnes, du 14ᵉ siècle. Cet ouvrage, qui est divisé en 5 livres ou *distinctions*, est précédé d'une table des chapitres et de plusieurs pièces de vers. Le prologue est aussi en vers. On lit ces mots sur la dernière page du volume : *Author hujus operis est Domnus* CONRADUS *abbas Everbacensis. Hoc nobis eximius pater ac magister noster* TEXTORIUS *asseruit die* 17ᵃ *julii* 1665. *præVL ConraDVs æternVM regnet.* D'après cette indication on doit regarder Conrad, abbé d'Eversbac, comme auteur de l'ouvrage. Le *Textorius*, nommé ci-dessus comme l'ayant déclaré ainsi, ne peut être autre que Bertrand *Tissier*, éditeur de la *Bibliotheca Patrum Cisterciensium*, in-fol., 6 vol., 1660, lequel a fait la même déclaration dans le 1ᵉʳ volume de ce recueil.

765. Martyrologium. Regula S. Benedicti. Necrologium, in-fol. vél. *v.* s. s.

Ms. à longues lignes pour la 1ʳᵉ partie et à 2 colonnes pour la 2ᵉ. Au commencement de cette dernière partie, on trouve un tableau représentant St. Benoît donnant le livre de la règle à un religieux de son ordre. Le Nécrologe, qui est en 3 colonnes, contient beaucoup de notes d'une écriture postérieure ; ce Ms. est d'une fort belle exécution.

766. Vitæ B. Lietberti, Cameracensis episcopi. Quatuor evangelistæ, in-fol. vél. *b.* s. s.

Ms. à 2 colonnes pour la 1ʳᵉ partie, qui contient la vie de St. Liébert ; vient ensuite une autre vie du même Saint, qui a été ajoutée postérieurement ; puis on lit l'épître de St. Jérome sur les 4 Évangélistes, ensuite les 4 évangiles. La 1ʳᵉ vie de St. Liébert a pour auteur Rodulfe, moine du

St.-Sépulcre. Elle a été imprimée d'abord dans le Spicilége de Luc d'Acheri, t. 9 de la 1re édition et t. 2 de la 2e. Les Bollandistes l'ont publiée depuis avec un petit appendice tiré d'un Ms. de Vaucelles. La date du sacre de Liébert, à Reims, l'an 1051, a servi à fixer une autre date qui intéresse l'histoire de France, celle du couronnement d'Anne de Russie, femme du roi Henri I. Notre auteur dit que le roi, qui depuis long-temps désirait connaître Liébert, voulut assister au sacre de ce prélat et faire couronner son épouse dans la même assemblée. Ce fut l'évêque de Cambrai qui présida à cette consécration. *Huic regiæ consecrationi D. noster Lietbertus episcopus interfuit et præfuit.* La 2e vie que contient notre Ms. est extraite des *Gesta Pontificum Cameracensium*; elle complète ce qui manque dans la 1re.

767. Acta plurimorum sanctorum, in-fol. 2 vol. vél. s. s.

Ms. à longues lignes, du 12e siècle ou environ. Ample et précieux recueil hagiologique, offrant plus de 150 ouvrages différents.

768. Acta plurium sanctorum, in-fol. vél. *b.* C. M.

Ces vies des saints sont précédées du prologue d'Hincmar, archevêque de Reims, sur la vie de St. Remi. Le Ms. paraît être du 11e siècle; la dernière vie qui s'y trouve est celle de St. Géry. On voit à la fin une table de la main de Louis Foulon, secrétaire de François Vanderburch, archevêque de Cambrai. Ce Ms. a été communiqué par l'abbé Mutte à P. Van den Bosch, l'un des Bollandistes, qui en a extrait la vie de St. Géry, et l'a enrichie de notes et de commentaires où règne la plus saine critique. (V. *Acta Sanctorum mensis Augusti*, t. 2.) Ghesquière a publié de nouveau cette vie dans ses *Acta Sanctorum Belgii*, t. 2, p. 256 à 316.

769. Vita S. Bernardi abbatis. Exceptiones collectæ de diversis libris et opusculis S. Bernardi. Item Tractatus Gilberti abbatis super Cantica Canticorum post B. Bernardum, in-fol. vél. s. a.

Ms. à 2 colonnes, du 14e siècle, capitales enluminées.

La vie de St. Bernard est en 5 livres ; le 1ᵉʳ a pour auteur Guillaume, abbé de St.-Thierry, près de Reims, contemporain de St. Bernard. A la fin de ce 1ᵉʳ livre, se trouve un court appendice par Richard, abbé de Balerne, qui y fait l'éloge de Guillaume et mentionne ses principaux ouvrages. Cet abbé est plus connu sous les noms de Bruchard, Burchard ou Bouchard. (V. *Hist. litt. de France*, t. 13, p. 323.) Le 2ᵉ livre est dû à Arnauld, abbé de Bonneval. Les 3 qui suivent ont été composés par Geoffroi, religieux de Clairvaux. Il y a une lacune dans le 4ᵉ livre. L'ouvrage intitulé *Exceptiones* est le même qui a été décrit plus haut sous le n° 242. Il est ici incomplet. Guillaume, moine de St.-Martin, de Tournai, à qui on doit cette compilation, écrivait vers l'an 1249. Son ouvrage a été imprimé sans nom d'auteur, à Paris en 1499, et à Lyon en 1556. Le traité sur le Cantique des Cantiques est une continuation de celui que St. Bernard avait composé sur le même sujet. L'auteur est Gilbert de Hollandiâ, abbé de Swished, au diocèse de Lincoln, en Angleterre, mort en 1172. Le volume est terminé par quelques méditations dévotes.

770. **Tractatus de vitâ Christi**, in-fol. *v. s. s.*

Ms. à 2 colonnes, du 15ᵉ siècle. La vie de J.-C. est précédée d'un traité *de vanitate mundi* qui n'est pas celui de Hugues de Fouilloy. Elle est suivie d'une instruction, en forme de lettre, commençant par ces mots : *Mi frater, si capias scire, quamvis ego nesciam, quàm perfectissima atque plenissima est justitia....*

ARMORIAUX, GÉNÉALOGIE.

771. Sceaux de divers empereurs, impératrices, comtes, et des différents ordres établis en Europe, in-8° *ph.*

Ce petit armorial, dont les figures sont enluminées, provient de l'abbé A. L. B. de Carondelet de Noyelles. On y trouve une feuille volante indiquant la naissance des enfans de la famille de Carondelet de Noyelles, depuis 1733 jusqu'en 1756. Cette liste est écrite de la main de la baronne de Noyelles, décédée subitement à Cambrai le 13 décembre 1778. Le Ms. contient aussi la nomenclature détaillée et les armoiries des 35 premiers haut-commandeurs de la Balye d'Utrecht, dans l'Ordre Teutonique.

772. Album héraldique, in-8.° *v.*

Recueil ouvert par Nicolas de la Croix, de Mons, qui invitait toutes les personnes nobles à y dessiner ou faire dessiner leurs armoiries, en y joignant une inscription. On y voit entr'autres les armes du célèbre Louis de Blois, avec ces mots : *Nicolao Crucio Hannonio Ludovicus Blosius in perpetuæ amicitiæ symbolum dedit anno salutis humanæ* 1568, *ipsis calend. maiis.* Quelquefois, au lieu d'armoiries, certaines pages de l'Album offrent un petit dessin d'histoire, également accompagné d'une inscription. Ces sortes d'hommage proviennent sans doute de quelques peintres contemporains et roturiers, qui, à défaut de blason, offraient un échantillon de leur savoir-faire.

773. Chy porés trouver les noms et armes de la plus grant part des nobles, pers, barons, chevaliers et gentilzhommes de la noble et saincte conté de Hainau, in-16.

Cet armorial, qui appartenait en 1624 à Jean Fiefvé, passa depuis dans les mains de Pitepan de Montauban et dans celles de l'abbé Mutte.

774. Collection de généalogies de plusieurs familles anciennes, telles que Alkemade, Amiens,

St.-Aubin, Barbençon, Berghes-St.-Winoc, Carondelet, La Chapelle, Croix, etc., etc., in-fol.

On trouve à la fin de ce recueil une table alphabétique des familles qui y sont reprises. Cette table est de l'abbé Mutte.

775. Différents Tournois et Joustes, depuis 1236 jusqu'en 1447, avec une table alphabétique des lieux où ces Tournois se sont donnés, in-fol.

Le 1ᵉʳ Tournoi dont il soit fait ici mention, est celui qui eut lieu à Compiègne en 1236, au mois de février ; puis vient une liste des Rois de l'Espinette, à Lille, depuis 1283 jusqu'en 1486, avec une préface historique. L'abbé Mutte a encore joint à ce recueil une table raisonnée et alphabétique très propre à en faciliter la lecture.

776. Description de la très noble, ancienne et illustre famille et maison de Vuoerden. Généalogie de la maison de Croix, *orné de figures*, gᵈ in-fol.

La famille de Vuoerden est très connue dans les Pays-Bas, tant par ses alliances que pour avoir produit le célèbre baron Michel-Ange de Vuoerden, négociateur distingué sous le règne de Louis XIV.

777. Généalogies et Armoiries des familles du Cambrésis ; la descente des Poyures de père en fils depuis 1273 jusqu'en 1608. Item d'Anneux, marquis de Wargny, Lannoy-du-Haut-Pont, Berlaymont-Claibrocke dit Haumer, in-fol.

Ce Ms., qui provient des Pitepan de Montauban, a été cédé par Mᵈˡˡᵉ Marie-Josephe de Cuinghien à l'abbé Mutte, qui l'a enrichi d'additions précieuses.

778. Généalogie et armoiries de la famille des de Ligne, de Barbençon, de Lannoy, etc., in-fol.

Ce recueil a appartenu d'abord à Jean Fiefvé, qui le possédait en 1635, puis aux Pitepan de Montauban, et enfin à l'abbé Mutte.

779. **Recueil de quartiers nobles du Chapitre de Nivelles**, in-fol. *ph*.

Ce recueil généalogique a encore passé de la main des Pitepan de Montauban en celles de l'abbé Mutte.

780. **Recueil de Pièces relatives à la noblesse et aux armoiries de différentes familles de France, d'Angleterre, d'Allemagne**, etc., in-fol.

Provenant de l'abbé Mutte.

781. **Recueil de Pièces relatives à la famille des Carondelet, aux familles des Pays-Bas**, in-fol.

Ce recueil est presqu'entièrement de la main de l'abbé de Carondelet de Noyelles, chanoine de Cambrai. On trouve au commencement une feuille volante contenant le contrat de mariage autographe de Christophe Barouge, conseiller-maître-d'hôtel de l'Archiduc, portant la date de 1592. Ce volume contient une quantité d'extraits historiques et moraux; on y remarque surtout une ébauche à la vie de Paul de Carondelet, lieutenant-général des armées du roi d'Espagne, gouverneur de Bouchain et du comté d'Ostrevant, mort à Bouchain en 1625.

782. **Mélanges de chroniques, généalogies et armoiries de M. de Montauban**, in-fol.

En tête du volume se trouvent quelques cahiers détachés contenant diverses pièces historiques.

783. **Armoiries des chevaliers de la Toison-d'Or; Liste des élus et des trépassés**, in-fol.

La plupart des écus de ce recueil sont restés en blanc.

784. **Généalogie**, petit in-fol. *ph*.

Ce recueil commence par la famille de *Ursele* et finit par la famille *Gouvion*. On trouve ensuite une notice sur la terre et les seigneurs d'*Autefort*. Il n'y a de blasons que ceux de la famille du *Buz* et de ses alliances. Ce volume a appartenu à l'abbé Mutte.

785. Tables généalogiques des maisons de Croy, de Blois et Montmorency; *item* continuation du *Compendium Chronologiæ hujus mundi*, in-fol. *ph*.

A la fin du volume on a inséré une partie du *Legatus Ecclesiasticus pro Ecclesiâ Cameracensi*. La majeure partie du Ms. contient une chronique de France et du Pays-Bas, depuis l'an 1500 jusqu'en 1630.

786. Généalogie et armoiries de la famille de Vandernoot, in-fol. *ph*.

Ce cahier a appartenu à Engelbert Vandernoot.

787. Généalogie, chartres et priviléges, par Jean de Pitepan Sr de Montauban, in-fol. *ph*.

Jean de Pitepan, écuyer, seigneur de Montauban et prevôt de Valenciennes, est mort en 1641. Tout est écrit de sa main depuis le 1er feuillet jusqu'à celui qui est coté 17 inclusivement, excepté le revers du 1er feuillet qui contient une table écrite par Jean Turien Pitepan de Montauban, fils dudit Jean. Ce qui suit le fol. 17 est pour la plus grande partie de la main de Jacques Lefebvre, qui vivait en 1663. Il y a çà et là des additions de la main de Jean Turien de Pitepan.

788. Insignia quorumdam nobilium, in-fol. *v*.

C'est encore un recueil de blasons auquel on a joint un chapitre intitulé: *Cy après s'ensuyt la manière de la fondation de l'ordre des Héraulx*.

789. Armorial formé par M. Jean de Pitpance, Sgr̄ de Montauban, in-fol. 3 vol. *ph*.

Ce recueil appartenait, en 1601, à Nicolas Dufayt. Il n'est donc pas certain qu'il soit l'ouvrage de Pitepan de Montauban.

790. Généalogies et armoiries de la famille de Trasegnies et autres familles de France et de Brabant, avec la représentation d'anciens monumens, in-fol. *v*.

Ce recueil a appartenu au marquis de Trazegnies. Il

contient diverses chartres et lettres impériales concernant cette illustre famille.

791. Devises des armes de plusieurs rois, princes, chevaliers et autres grands seigneurs, in-fol. *v.*

Ce recueil ne contient point de figures, mais le texte présente beaucoup d'intérêt par les documens qu'il renferme et qu'on trouverait difficilement ailleurs.

792. Généalogie de la maison de Carondelet, in-fol.

Cette généalogie a été établie pour constater les droits d'une fille de Jean-Louis de Carondelet de Noyelles et de Marie-Angélique-Bernard de Rasoir, à être admise dans un Chapitre noble.

793. Armoiries de différentes villes de France, Paris, Senlis, Rheims, St.-Quentin, Amiens, St.-Omer, Arras, Bruges, Ipres, Lille, Dourlens, l'Ecluse, in-fol. *ph.*

Outre ces armoiries municipales, on trouve encore dans ce recueil celles d'un grand nombre de particuliers qui se rendirent à un tournoi qui n'est point spécifié. L'écusson qui forme le frontispice présente cette devise : *Par loyaulté Artus.*

794. Mémorial contenant la naissance et la mort des chefs, des enfans de la maison de Carondelet, suivant les générations d'un chacun; le tout revu d'après d'anciens, bons et certains mémoriaux, in-4.° *ph.*

La plus grande partie de ce recueil contient les discours latins composés par François de Carondelet, qui fut dans la suite doyen de Cambrai et qui mourut prisonnier au château d'Anvers, en 1635.

795. Anciennes collections de quelques pièces relatives à la branche des Carondelet-Noyelle, in-4.° vél. *ph.*

Ce recueil authentique paraît avoir été compilé par les soins de l'abbé A. L. B. de Carondelet.

796. Recueil tiré des registres, des chartres de la Chambre des Comptes du Roi à Lille, de toutes les lettres d'annoblissement, etc., in-4.º *v*.

Les pièces contenues en ce recueil comprennent les années 1358 à 1366.

HISTOIRE NATURELLE ET MÉDECINE.

797. LE Livre des problèmes d'Aristote translaté ou exposé du latin en françois, par maistre Évrart de Coucy, jadis phisicien du Roy Charles-le-Quint, fort in-fol, vél. *v. aux armes de Cambrai.* C. M.

Ms. à 2 colonnes, du 14e siècle ou du commencement du 15e, enrichi de vignettes et de capitales enluminées et rehaussées d'or. L'ouvrage traite de toutes sortes de sciences, mais spécialement d'histoire naturelle, de médecine, de mathématiques et de morale. Il est divisé en 37 livres ou parties principales. Cette traduction n'a jamais été imprimée. Du Verdier, *Biblioth. franç.*, in-4.°, Paris, 1772, t. 3, p. 560, dit en avoir vu une copie en 2 gros volumes, en la librairie du comte d'Urfé. Il en existait une parmi les livres de Jehan, duc de Berry, frère de Charles V. (V. le curieux ouvrage qui vient d'être publié par M. Barrois, ancien député du Nord, sous le titre : *Bibliothèque protypographique*, in-4.°, Paris, 1830, p. 90, n° 519.) Un exemplaire du livre des problèmes y est prisé 60 livres parisis. Le nôtre a été payé 30 écus d'or par Philippe P. à Nicolas Amant, qui fut doyen de St.-Quentin depuis 1423 jusqu'en 1440. Notre auteur est souvent nommé *Coussy* et *Conty*. Possevin écrit *Courhy*.

798. Glossa super particulis, in-fol. vél. *b.* C. M.

Ms. à 2 colonnes. C'est un commentaire sur les 6 premières sections des Aphorismes d'Hippocrate. L'auteur, qui professait à Bologne, déclare, à la fin du volume, qu'il a achevé son ouvrage le 10 septembre 1293. Il ajoute qu'il fut obligé de l'interrompre à cause de la guerre qui affligeait la ville de Bologne, et en raison d'occupations plus lucratives. *Impeditus à guerrâ civitatis Bononiæ et lucrativâ operatione distractus.*

799. Libri quinque canonis Avicennæ, in-fol. *v. aux armes de Cambrai.* C. M.

Ms. à 2 colonnes, du 14ᵉ siècle. Après un feuillet liminaire d'une écriture illisible, le volume commence par cet intitulé : *Incipit Liber Canonis primus quem princeps Abohali Abinsceni de medicinâ edidit translatus à M. Girardo Cremonensi in Toleto. Verba Abohali Abinsceni.* Il est terminé par 2 tables ; l'une ayant pour titre : *Sinonima libri Aviceni.* L'autre : *Expositiones secundùm Arabicos et secundùm Almasorem.* Avicenne, mieux nommé *Ibn-Sina*, (*Abou-Ali-Hoceïn*) né en 980, mort en 1037, fut, non-seulement le plus célèbre des médecins arabes, mais encore philosophe et homme d'état. Ses *Canons*, qu'il commença étant visir à Hamadan, furent pendant près de 6 siècles, la base de l'enseignement médical en Europe. Cette traduction, faite par Gérard de Crémone, au 12ᵉ siècle, a été imprimée complète pour la première fois en 1473, in-fol., à Milan.

800. Aristoteles de historiis animalium. De partibus animalium. De generatione, in-fol. vél. *b.* C. M.

Ms. à 2 colonnes, de la même époque et sans doute de la même main que les deux nᵒˢ précédents. Cette traduction, dont je retrouve le début textuel dans les *Specimen* que M. Jourdain a publiés, pp. 475, 477 et 478 de ses *Recherches sur les trad. lat. d'Aristote*, a été faite d'après le grec, vers la fin du 13ᵉ siècle. L'*Histoire des animaux* ne présente d'abord que les 9 premiers livres ; mais une note prévient qu'il faut chercher le 10ᵉ livre 6 feuillets plus loin. En effet il s'y trouve ajouté de la même main. Il est à remarquer que cette irrégularité se rencontre également dans un Ms. de la bibliothèque du Roi, fonds de St.-Victor, n° 333. (V. les *Recherches* de M. Jourdain, p. 186.)

801. Lectura D. Jacobi Despars super secundâ fen primi Canonis, in-fol. *b.* C. M.

Ms. à 2 colonnes, achevé en 1459, pour l'usage de Jean de Vaulx, dit d'Inchy. Ce commentaire sur une partie du 1ᵉʳ Canon d'Avicenne est divisé ainsi : *Doctrina prima de œgritudinibus ; Doctrina secunda de causis ; Doctrina tertia de accidentibus.* Jacques Despars, en latin *de Partibus*, né à Tournai, successivement médecin de Charles VII et de Philippe-le-Bon, duc de Bourgogne, joignit à ces dignités celles de chanoine de Tournai et de Cambrai. Les leçons de médecine qu'il donnait à Paris consistaient dans des expositions de la doctrine d'Avicenne. On peut voir dans les *Mémoires* de Paquot, in-12, t. 6, p. 31, la liste des ouvrages qu'il a fait imprimer.

802. Commentum D. Jacobi Despars super IV, V, VI, VII, VIII, IX et X fen primi Canonis, in-fol. *b.* C. M.

Écriture moins confuse qu'au n° précédent; du reste, même forme et même époque.

803. Commentum D. J. Despars super primâ fen quarti Canonis, in-fol. *b.* C. M.

Ms. de même forme et de même âge que les précédents, avec un titre conçu en ces termes : *Incipit Commentum super primâ fen quarti Canonis Avicenne compilatum et editum à spectabili et egregio viro M. J. der Paers, Artium magistro et in medicinâ doctori* (sic) *expertissimo legenti et regenti in Facultate Medicine Parisius. Scriptum et copiatum per venerabilem virum M. Eustacium Calculi in medicinâ doctorem, præpositum ecclesie Beati Petri Insulensis ad opus venerabilis et circumspecti viri M. Johannis de Noellis, artium magistri, in medicinâ licentiati, legentis ordinariè in Facultate Medicine in Universitate Lovaniensi, ab anno 67 mensis januarii die 24. Ad Laudem Dei summi. Amen.* L'ouvrage porte la date 1441 – 1445.

804. Commentum D. Jac. Despars super fen tertii Canonis usque ad XVIII, in-fol. *b.* C. M.

Ce Ms. est conforme aux précédents. La 1re *fen* ou section manque.

805. Liber Morborum à Gilberto Anglico editus, in-fol. vél. *b.* C. M.

Ms. du 14e siècle, à 2 colonnes, capitales et lettres tourneures enluminées, quelquefois rehaussées d'or. Cet ouvrage qui, dans les catalogues d'Angleterre, est intitulé *Compendium medicinæ*, est divisé en 7 livres. L'auteur, sur lequel on ne possède aucune notion, est appelé tantôt *Gilbertus Anglicus* et tantôt *Gilbertus Le Chley*. Le 1er chapitre du livre 1ᵉʳ est intitulé : *De divisione morbi* ; le dernier du livre 7 a pour titre : *De regimine transfretantium.*

806. Constantinus de variis Galeni opusculis, in-fol. vél. *b.* c. m.

Ms. à 2 colonnes, du 14ᵉ siècle. Le volume commence par une préface adressée par Constantin à Jean, son disciple, et débutant en ces termes : *Quamvis, karissime fili Johannes, ingenium in litteris acutissimum habeas.* Les traités qui viennent ensuite sont : *Megategni* ; *De simplicibus medicamentis* ; *De morbo et accidente* ; *De crisi* ; *De creticis diebus* ; *De maliciá complexionis diversæ.* Constantin, dit l'Africain parce qu'il était de Carthage, vivait au 11ᵉ siècle. Accusé de magie par ses compatriotes qu'épouvantait son prodigieux savoir, il s'enfuit à Salerne, puis au Mont-Cassin, où il demeura jusqu'à sa mort et où il écrivit, dans la paix du cloître, les nombreux ouvrages qu'il a laissés. Ces ouvrages, pour la plupart, sont des traductions commentées d'Hippocrate, de Galien et d'Isaac, médecin arabe.

807. Aristoteles de historiis animalium, de progressu, de causâ motûs, de partibus et de generatione animalium ; Problemata naturalia, in-4.° vél. *b.* s. s.

Ms. à longues lignes, du 14ᵉ siècle ; même traduction que celle qui est indiquée plus haut sous le n° 800.

808. Liber morborum Gilberti Anglici, in-fol. vél. *b.* s. s.

Ms. à 2 colonnes, du 14ᵉ siècle ; même ouvrage que le n° 805.

809. This Booke of sovereigne medecines against the most common and knowen diseases both of men and women, was, by good proof and long experience, collected of Mʳ D. Setlmann, late abbot of Westminster..... for the poor why have not at all times the learned physicians at hand, in-fol.

Ms. du 17ᵉ siècle. Recueil de recettes pour toutes sortes de maladies ; espèce de médecine domestique ayant tous les défauts et offrant tous les inconvéniens attachés à ce genre de livres. Celui-ci appartenait sans doute à la communauté des Dames Bénédictines anglaises de Cambrai.

810. Regalis Dispositio Hali filii Abbas, discipuli Abbymeher Moysi filii Sciar translatio Stephani philosophiæ discipuli de arabico in latinum, in-4.°, vél. v. *aux armes de la ville.* C. M.

Ms. à 2 colonnes, du 12° siècle, contenant seulement la 2° partie de l'ouvrage. Une note finale indique qu'il est écrit de la propre main du traducteur, et qu'il a été achevé le jeudi 27 janvier 1127 (1128). Ce traité de médecine arabe doit être fort rare, puisqu'il n'est mentionné qu'une seule fois dans la *Biblioth. Mss^{ta}* de Montfaucon, t. 2, p. 1283. En tête du volume on trouve un traité incomplet, intitulé : *Secunda particula practicæ.* L'ouvrage d'Hali est ici composé de 7 discours. (3 à 10.)

811. Traité anatomique des os et de leurs maladies, in-4.°

C'est une copie du cours des maladies des os, professé en 1721 par Delong, maître chirurgien juré et ancien prevôt des maîtres chirurgiens de Paris, dans l'amphithéâtre de St.-Cosme. Cela est de peu de valeur.

812. Traité des accouchemens, des maladies des femmes et des enfans, in-4.°

Ms. du 18° siècle ; préceptes recueillis sans doute dans un cours public.

813. Isaac de dietis universalibus et particularibus; de urinis ; de febribus, in-4.° vél. v. *aux armes de la Ville.* C. M.

Ms. à 2 colonnes, du 12° siècle, surchargé de notes marginales d'une écriture un peu plus moderne. Ces traités, qui ont pour auteur Isaac, fils de Salomon, médecin arabe, ont été traduits en latin par Constantin l'Africain. Dans le prologue du traité sur les urines, ce dernier déclare qu'il s'est décidé à le traduire, parce qu'il n'a rien trouvé de satisfaisant sur cette matière chez les médecins latins. Il adresse le traité des fièvres à Jean, son disciple. Les œuvres d'Isaac ont été publiées en 1515, par André Tionni.

814. Traité du cheval et de ses maladies, in-4.°

Ms. peu important du 18° siècle.

815. Chirurgia magistri Bruni Longoburgensis ex dictis sapientum veterum breviter et lucidè compilata, in-4.° vél. b. s. s.

Ms. à 2 colonnes, de la fin du 13° siècle. L'auteur, dans un prologue adressé à son ami, Andreas Vicentinus, fait connaître que son ouvrage, composé d'extraits de Galien, d'Avicenne, d'Almansor, d'Albucase, d'Hali et d'autres anciens, a été achevé à Padoue, au mois de janvier 1252 (1253). A la suite du traité de Bruni, nous trouvons ceux-ci : Un traité de chirurgie commençant par ces mots : *Sicut dicit Constantinus. Cyrurgia magistri Rotlandi Parmensis. Anathomia Galieni. Flebotomia Ricardi. Liber Graduum*, attribué dans quelques manuscrits à Constantin l'Africain. *Practica magistri Rogerii. Parva summula Rogerii. Galterus de contentis urinæ. Regula urinarum per M. Ricardum. Liber Ricardi de signis pronosticationis. Trotula de Morbis mulierum.* Un traité sans titre, sur les maladies des yeux, commençant par ces mots : *Cùm sint oculi corporis lucerna.*

816. Avicenna de medicinà, in-4.° vél. b. s. s.

Ms. à 2 colonnes, du 13° siècle. Traduction de Gérard de Crémone, mais avec quelques variantes. Il n'y a de table des chapitres que pour le 1er et le 3° livre.

817. Ici comenche le petit Rosoaire de maistre Arnauld de Ville Nove sur la Rose fait et composé d'Alquimie translaté de latin en franchois, par J. B. de G., in-4.° v. s. s.

Ms. à longues lignes du 14° siècle, avec de nombreuses figures d'instrumens et appareils chimiques. L'original latin de cet ouvrage a été imprimé à Francfort en 1602, in-8.° On sait qu'Arnaud de Villeneuve vivait à la fin du 13° siècle. Médecin, théologien et alchimiste, il s'est acquis de la célébrité sous ces trois rapports. Comme médecin, il est le premier qui ait osé s'écarter de la doctrine des Arabes. Comme théologien, il a encouru des accusations d'hérésie, et comme alchimiste, il a été, en cherchant à faire de l'or, conduit aux plus importantes découvertes. L'ouvrage français que contient notre manuscrit doit être fort rare. Il est terminé par *Le Table de maistre Jehan de Menin en manière de vérification sur le magistère aux philosophes.* Du reste, cette version n'a été connue ni de Falconet, ni de l'abbé Lebeuf qui ont publié des *Recherches sur les anciennes traductions en langue française.* (V. *Mém. de l'Acad. des inscriptions*, tt. 7 et 17.)

818. De Lapide philosophico, in-fol. *b.* c. m.

Ms. à longues lignes, du 15ᵉ siècle, contenant les ouvrages suivants : Recettes diverses, tant solaires que lunaires; *Liber de essentiis*, par St. Thomas d'Aquin; *Hermetis ph. Libri de Lap. philos.*; *Lilium floris*; *Extracta de libro qui dicitur Speculum Alkymiæ*, par Roger Bacon; *De codice veritatis inf. astromomiæ*; *de tempore Lapidis à Morieno dato*; *Phil. Elephantis Liber de phil. lapide*; *Extracta de libris qui intitulantur lumen luminum*; *Extracta de perfecto magisterio quod Aristot. imponitur*; *De spirit. et corp. metallicis*; *Parvus Rosarius qui M. Arn. de Novâ Villâ imponitur*; *De corp. et spirit. reductione*; *Cineratio cinericium et quæd. alia opera*; *Synonyma nominum alkimicorum*; *Astanus de fermentatione lapidis*; *Practica D. Raymundi de lapide conficiendo*; *Extracta de epistolâ Bernardi M. Thomæ de Bononiâ*; *De libro qui Semita recta vocatur excerpta*; *Tractatus aquarum philosophicarum*; *Sequitur de Lunâ.*

819. De Lapide philosophico Tractatus varii, in-fol. *b.* c. m.

Même écriture que le n° précédent. On y trouve : *Rosarius super philosoph. lapide*, en 21 chapitres; ce n'est point le Rosaire d'Arnaud de Villeneuve; *Liber Ortholani supra textum Hermetis*, en 2 parties; *Septem operationes majores secundùm Joan. de Vasconiâ*; *Textus Alkymiæ*; *Allegoria Alphidii de lapide*; (Ces trois ouvrages font partie du *Textus Alkymiæ.*) *Leo viridis*, par Roger Bacon et Raymond Gaufridi; *Liber Adomari canonici*; *Speculum Alkymiæ*; *Quæstiones Nic. de Lyrâ ad Scotum*; *Excerpta de libr. mag. Jo. Dastini*; *Practica J. de Muris*, en vers français de 8 syllabes; *Liber de quintessentiâ*; *Rosarius Johann. Dastini Anglici*; *Breve Compendium super alkemico opere.*

820. Liber Ethicorum. Liber Politicorum. Magna moralia. Problemata, in-fol. *v. aux armes de Cambrai.* C. M.

Ms. à longues lignes pour le 1ᵉʳ ouvrage, et à 2 colonnes pour les autres. Ces divers traités d'Aristote sont ici traduits d'après le texte grec. Les Éthiques ont 10 livres, les Politiques 8, avec cette note finale : *Reliqua hujus operis in græco nondum inveni.* Le Ms. est du 14ᵉ siècle.

821. Astronomici Tractatus, in-fol. *partie vél. partie papier.* C. M.

Ms. à longues lignes, du commencement du 15ᵉ siècle, offrant : *Canones minuciarum ; Canones tabularum pro octavâ sperâ per M. Joann. de Lineriis ordinati et completi Parisiis anno* 1322 *; Tractatus de speradâ solidâ à M. Jo. de Halebeke: Flandrensi.* (Possevin, et après lui Foppens ont mal à propos intitulé ce traité : *De horâ solidâ.*) Le reste du volume est rempli par des tables astronomiques et quelques instructions, une entr'autres, intitulée *Oxonia* en français et en latin.

822. Liber magnus et completus quem Haly, filius Habenragel, summus astrologus, composuit de judiciis astrologie, quem Vhuda, præcepto D. A. Romanorum et Castelle regis illustris transtulit de arabico in yspanicum ydioma, et quem M. Egid. de Tebaldis, Parmensis, aule imperialis notarius, una cum Petr. de Regio, ipsius aule prothonot. transtulit in latinum, in-fol. s. s.

Ms. à 2 colonnes pour les 7 premières parties, et à longues lignes pour le reste, écriture du 15ᵉ siècle. Cet ouvrage, qui est intitulé : *De judiciis astrorum*, a été imprimé à Venise, en 1685. Il est d'une grande rareté. M. Barrois en indique une traduction française dans sa *Bibliothèque protypographique*, n° 2286. Sur le titre de cette traduction, on attribue l'ouvrage à Ptolémée ; Ali Aben Ragel n'y est mentionné que comme glossateur. Du reste, les historiens arabes racontent des faits merveilleux pour prouver la certitude des prédictions de ce célèbre astrologue, qui vivait à Cordoue vers le 11ᵉ siècle.

823. Alberti Magni metheororum libri quatuor, in-fol. *v. aux armes de Cambrai.* C. M.

Ce Ms., qui est à longues lignes, est du 14ᵉ siècle. C'est une traduction d'Aristote, commentée, étendue, complétée. Le 1ᵉʳ livre manque, quoique la pagination soit entière. Ordinairement ce traité n'a que 3 livres, mais ici le traité *de mineralibus* forme le 4ᵉ. Le volume est terminé par un ouvrage ayant pour titre : *Clavis sapientiæ.*

824. De temporum ratione, in-4.° vél. *v. aux armes de la Ville.* C. M.

Ms. à longues lignes, écriture carlovingienne. Cet ouvrage, qui est de Bède, est composé de 66 chapitres dont le 1ᵉʳ est intitulé : *De computo vel loquelâ digitorum*, et le dernier : *De sex hujus sæculi ætatibus.* La table, qui est en tête du volume, indique 6 chapitres de plus.

825. Claudii Ptholomei Cosmographia, in-4.° vél. *v. aux armes de Cambrai.* C. M.

Ms. à longues lignes, du 15ᵉ siècle. En tête du volume est un prologue adressé *Beatissimo patri Alexandro quinto, Pontifici maximo Jacobus Anglicus.* Bien que cette dédicace ne porte pas de date, il est facile de déterminer l'époque où elle a été écrite, puisque le pape Alexandre V a été élu le 26 juin 1409 et qu'il est mort le 3 mai 1410. Quant au Ms., il paraît avoir été confectionné par ou pour Pierre d'Ailly, à Constance, pendant le concile, c'est-à-dire vers 1415. On sait que Claude Ptolémée, célèbre astronome et géographe, vivait au 2ᵉ siècle. Quant à Jacobus Anglicus, plus connu sous le nom de Jacques d'Angelo, c'est un helléniste italien à qui l'on doit plusieurs traductions d'ouvrages grecs. Celle-ci a été imprimée à Vicence, en 1475, in-fol.; elle n'est pas entièrement de J. d'Angelo; Manuel Chrysoloras en avait rédigé une partie quand la mort le surprit. (V. *Hist. de la litt. grecque*, par M. Schoell, in-8.°, Paris, 1824, t. V, pp. 312-319.)

826. Ymago mundi seu Descriptio orbis terrarum, in-4.° vél. *b.* C. M.

Beau Ms. du 15ᵉ siècle. Les 4 premiers feuillets offrent les figures du système planétaire et du globe terrestre. Après l'*Imago Mundi*, qui a été achevé le 10 Août 1410, vient

Epilogus Mappe Mundi; puis *Tractatus de legibus et sectis contrâ superstitiosos astronomos*, terminé le 26 décembre 1410; puis *Exhortacio ad concilium generale super kalendarii correctione*, et enfin *Tractatus de vero ciclo Lunari.* Le volume est clos par la bulle du pape Jean XXIII sur la correction du calendrier. Les derniers feuillets, qui étaient en blanc, sont remplis par des remarques qui me paraissent de l'écriture même de Pierre d'Ailly, auteur de ces divers ouvrages. (V. la *Notice* de M. Arthur Dinaux, dans les *Mém. de la Société d'Émulation*, année 1824, p. 298.)

827. Liber arithmeticæ artis, in-4.° vél. *b.* C. M.

Ms. fort précieux qui est au moins du 10° siècle. C'est l'arithmétique de Boèce, qui a été imprimée à Augsbourg, en 1488. Il serait intéressant de conférer cette édition avec notre Ms. qui est enrichi de beaucoup de tableaux numériques, et qui présente, à la fin, un chapitre ajouté d'une autre main de la même époque. Ce chapitre commence ainsi : IN QUIBUSDAM LIBRIS BOETII CAPITULUN (sic) HOC CONTINETUR. *Dño meo Simmaco patricio summâ fide Boetius. Queritur quare summâ fide addidit cùm fides nec augeri nec minui valeat......*

828. De concordantiâ théologie et astronomie à Petro de Alliaco, in-4.° vél. *v. aux armes de Cambrai.* C. M.

Ms. du 15° siècle. Même écriture que le n° 825. La souscription de ce traité porte qu'il a été achevé à Toul, en 1414. Le même volume contient 6 autres traités du cardinal d'Ailly, savoir : 1° *De concordiâ astronomice veritatis et narrationis historice,* achevé à Bâle le 10 mai 1414. C'est dans les 2 derniers chapitres de cet opuscule que notre auteur prédit la venue de l'antechrist pour l'année 1789, et ensuite le triomphe des justes. 2° *Elucidarium precedentium tractatuum,* fini à Cologne le 24 septembre 1414. 3° *Apologetica defensio astronomice veritatis,* à Cologne le 26 du même mois. 4° *Alia apologetica defensio ad idem,* à Cologne le 3 octobre 1414. 5° *Tractatus de figurâ inceptionis mundi.* 6° *De concordiâ discordantium astronomorum,* terminé à Constance le 5 janvier 1415 (1416). L'écriture de ce Ms. a tant de rapport avec ce qu'on connaît être véritablement de la main de Pierre d'Ailly, qu'on serait tenté de croire le volume autographe ainsi que le n° 825.

829. Liber Mamonis in astronomiâ à Stephano philosopho translatus, in-4.° vél. *b*. C. M.

Ms. à longues lignes, du 13° siècle, commençant par ces mots : *Quoniam in canonem astronomiœ*.... Possevin, dans le catalogue inséré à la fin de son *Apparatus sacer*, p. 128, a désigné fautivement ce Ms. de la manière suivante : *Tractatus de astronomiâ à Stephano Philippo translatus*.

830. De instructione puerorum, etc., in-4.° vél. *v. aux armes de la Ville*. C. M.

Le 1er opuscule contenu dans ce volume ne porte pas de titre ; il est à peu près illisible. C'est une espèce d'homélie roulant sur ce texte de St. Paul : *Induite vos armaturâ Dei ut possitis stare adversus insidias*. Le 2° est un commentaire sur des vers ascétiques dont le premier est ainsi conçu : *Spes veniœ, cor contritum, confessio culpœ*. Le 3° opuscule est un petit poëme intitulé : *Libellus de doctrinâ proficiendi in amore et gratiâ Christi crucifixi*. Le 4°, *De instructione puerorum*, paraît incomplet, et d'ailleurs les feuillets en ont été mal rangés par le dernier relieur. Le 5° est *Algorismus sive ratio numerandi*, peut-être ainsi nommé de son auteur, Algus le philosophe. Le 6°, *Compotus manualis per quem poteris scire festa mobilia et immobilia*. Le 7° est un traité de la sphère, sans titre, mais commençant par ces mots : *Tractatum de spera quatuor capitulis distinguimus*. Le 8° est un glossaire interprétatif des noms hébreux de la bible, et le 9° est un autre glossaire beaucoup plus étendu, qui a pour objet l'explication du sens moral de l'Écriture sainte. Tous ces Mss. remontent au 14° ou au 15° siècle.

831. Canones Ptolemæi super tabulas astronomiæ, in-4.° vél. *b*.

Ms. du 14° siècle. A la fin on a ajouté l'histoire du Philosophe Secundus qui, ayant causé la mort de sa mère par son indiscrétion, se condamna à un silence éternel.

832. Dimensio spheræ juxtà Ugineum, cum figuris, in-8.° *v. aux armes de Cambrai*. C. M.

Ms. d'une écriture très nette et très lisible, avec figures représentant les divers signes du zodiaque et d'autres types sous lesquels on désigne plusieurs constellations. Cet ouvrage a pour auteur Caius Julius Hyginus, affranchi de César et ami d'Ovide. Il est dédié à Marcus Fabius. Le style y est souvent peu digne du siècle d'Auguste, ce qui a fait penser que des écrivains du moyen âge y ont fait des additions. Les ouvrages astronomiques d'Hygin ont été imprimés à Ferrare en 1475 et à Venise en 1482.

833. Élémens de Mathématiques, *avec figures*, in-4.° *v.*

C'est un traité de géométrie, écrit en 1724. il est accompagné de 7 planches gravées par J. J. Picart, à Cambrai.

834. Géométrie pratique, *avec figures*, in-4.° *v.*

Ce Ms., qui porte la date de 1754, a pour auteur le vicomte de Noyelles. Il est accompagné de planches faites à la main.

835. Questions et réponses de Sydrac, sur différents objets, in-fol. *b.* s. s.

Ms. à 2 colonnes, du 15° siècle. L'ouvrage commence par ces mots : *Le noble Roy Boctas ès parties de Orient fut Roys d'une grant province qui est entre Ynde et Perse le grant qui se nomme Boctories.*

MÉLANGES.

836. Liber prohemiorum. Vita vel obitus sanctorum qui in Domino præcesserunt et eorum qui sunt in Novo Testamento, Allegoriæ quædam sacræ scripturæ. De naturâ rerum. De ecclesiasticis officiis.

Ms. à longues lignes, du 8ᵉ siècle, en lettres semi-onciales. Les trois ouvrages qu'il contient sont de St. Isidore de Séville. Ce Ms. est remarquable en ce qu'il n'offre souvent aucune séparation entre les mots, et qu'on y distingue à peine quelques traces de ponctuation. Les initiales du texte de chaque ouvrage sont ichtyomorphiques. Les titres sont en lettres carrées non enclavées. Le traité *De naturâ rerum* est complet, à l'exception du dernier chapitre : *De monte Ethnâ,* dont notre Ms. ne contient que les sept premières lignes. Vient ensuite un cahier de 8 feuillets, contenant une portion du traité *De ecclesiasticis officiis*, savoir : depuis le chapitre *De benedictionibus* jusques et compris le chapitre *De Paschâ*, moins une vingtaine de lignes.

En conférant plusieurs passages de ce Ms. avec l'édition des œuvres de St. Isidore, in-fol., Madrid, 1778, j'ai trouvé des variantes assez nombreuses. L'antiquité de notre Ms. pourrait servir à confirmer l'opinion de ceux qui soutiennent l'authenticité du livre de St. Isidore : *De vitâ vel obitu SS. patrum*, contre Baronius et quelques autres critiques qui le considèrent comme apocryphe. On peut du moins en conclure que cet écrit n'est pas, comme l'a cru Ant. Possevin, *App. Sac.*, t. 1, p. 288, l'ouvrage du pape Calixte II, qui vivait au 12ᵉ siècle. Parmi les caractères de haute antiquité qu'offre ce Ms., nous remarquerons l'orthographe barbare de certains mots, comme : *hestoria, insola, solphoris, antestis, intellegentur*.

837. Responsiones ad diversas quæstiones, secundùm opinionem et approbationem virorum doctorum, in-4.° vél. *b*. c. m.

Ms. à 2 colonnes, du 14ᵉ siècle, ayant appartenu à Hellin de Dury, archidiacre de Brabant en l'église de Cambrai. L'auteur, dans son prologue, se dit franciscain. C'est une compilation alphabétique de décisions et de préceptes moraux. Le prologue commence par ces mots : *Quoniam ignorans ignorabitur.*

838. Excerpta notabilia de libris Senecæ. Diversa Tullii Ciceronis opera, in-4.°, vél. *b.* c. m.

Ms. à longues lignes, du 15ᵉ siècle. Parmi les extraits de Sénèque qui y sont contenus, on trouve la prétendue correspondance de ce philosophe avec St. Paul. Les ouvrages de Cicéron que renferme ce Ms. sont : les Tusculanes, les Paradoxes, les traités *de Senectute, de officiis, de amicitiâ.* Il est à remarquer que les épitres de Sénèque à St. Paul se retrouvent encore entre les traités *de officiis* et *de amicitiâ.* Ce Ms. a été légué à la bibliothèque du Chapitre de Cambrai par Guillaume Bouchelli, chanoine.

839. Epistolæ et Litteræ variorum de rebus variis, in-4.° vél.

Ms. du 15ᵉ siècle. Recueil intéressant de pièces dont plusieurs sont sans doute inédites. Malheureusement, le Ms. est endommagé dans la marge supérieure, de sorte que les 1ʳᵉˢ lignes de chaque page sont presque toujours illisibles. En tête du volume et avant la table on trouve la formule du serment prêté par les cardinaux d'Avignon, lors de l'élection de Benoît XIII, en 1394. Par ce serment, chaque cardinal s'engage, dans le cas où il serait élevé à la papauté, à employer tous ses moyens pour éteindre le schisme, et même à renoncer au souverain pontificat, sitôt qu'il en serait requis par la majorité des cardinaux d'accord avec le roi de France. Ce serment est signé *P. de Lunâ.* Les pièces contenues dans le volume sont au nombre de 111, parmi lesquelles nous remarquerons une déclamation de Collucio Salutato, chancelier de Florence, sur Lucrèce, dame romaine ; des lettres du même Collucio à divers personnages de son temps, soit en son propre nom, soit au nom de la république de Florence ; la correspondance d'Isidore de Séville avec Braulion, évêque de Sarragosse ; des lettres des rois de France, des ducs de Bourgogne, des rois de Sicile, de l'Université de Paris.

840. Grammaticæ linguæ Sinensis. Libri item Mencii explanatio, in-4.° s. s.

Cet abrégé de la grammaire chinoise a été écrit au 18° siècle.

841. Logica Fr. Guillelmi Okam, in-4.° vél. *b*.

Ms. à 2 colonnes, du 14° siècle. Guillaume Okam, célèbre cordelier anglais, vivait au 14° siècle et fut le chef de la secte des Nominaux.

842. Ciceronis Tusculanarum libri quinque, in-4.° vél. c. m.

Ce Ms. des Tusculanes est fort précieux. On peut le faire remonter au 10° siècle. Il est à longues lignes et présente beaucoup de notes marginales. Il serait intéressant à consulter pour les variantes qu'il doit offrir.

843. Liste funèbre des chirurgiens de Paris, depuis l'année 1315 jusqu'à 1729, avec des notes sur le génie et les mœurs de ceux qui se sont le plus distingués dans leur profession. On y a joint quelques remarques sur les principaux événemens arrivés dans l'ancien collége, ou depuis son union avec la compagnie des chirurgiens-barbiers, in-4.° *v*.

Traduction de l'ouvrage latin intitulé : *Index funereus chirurgorum Parisiensium*, imprimé à Trévoux, in-12, 1714, L'auteur, qui ne s'était désigné que par les initiales M. J. D. V., est Jean De Vaux, chirurgien de Paris, mort en 1729. L'Abbé Goujet s'exprime ainsi dans l'*éloge hist.* de J. De Vaux, *Mém. de litt.*, du père Desmolets, t. 8, 1re partie, p. 133 : « L'*Index funereus* était l'ouvrage favori de J. D. V; non-seulement il l'a continué jusqu'au moment de sa mort, il a voulu même le traduire en français, ce qu'il a exécuté avec beaucoup d'exactitude. Cette traduction formerait un ouvrage considérable par les augmentations qu'il y a faites, mais dont une grande partie renferme bien des traits satyriques qu'il ne conviendrait pas de donner au public ; aussi M. D. V. avait fait promettre, avant sa mort, à celui à qui il avait eu dessein de remettre cet ouvrage, d'en supprimer tout ce qui pourrait blesser la charité, avant de le mettre au jour ; mais ses héritiers ayant voulu disposer eux-mêmes de ce Ms., il est resté entre leurs mains. » Notre Ms. est sans doute écrit de la propre main de l'auteur. M. Pascal-Lacroix, de qui il provient, l'a enrichi de quelques notes précieuses d'où nous avons extrait les détails qui précèdent.

844. Liber de proprietatibus rerum, in-8.º v. aux armes de la *Ville*. C. M.

Ms. à 2 colonnes, capitales enluminées et rehaussées d'or. L'auteur, nommé *Bartholomeus Anglicus* ou *de Glanvillâ*, était de l'ordre des Frères-Mineurs, et vivait, suivant l'opinion la plus probable, au 13.º siècle. Son livre est une espèce d'encyclopédie abrégée, en 19 livres. Il a été traduit en français, en flamand, en espagnol et en anglais. Le texte latin a été imprimé pour la 1ʳᵉ fois en 1480, in-fol., sans nom de lieu, mais sans doute à Lyon. Il est étonnant que la *Biblioth. protypographique* de M. Barrois ne mentionne pas la traduction française de cet ouvrage, faite par Jehan Corbichon, sur la demande du roi Charles V.

845. Livre de prières en hébreu, in-8.º vél.

C'est un recueil de prières journalières et notamment pour le jour du sabbat. La 1ʳᵉ est un hommage à l'Éternel, sur la création de l'homme. La dernière est celle qui se dit la veille de la Pâque, dans le temple des Israélites. Le volume a appartenu à Jean Régis, de Cambrai.

846. Grammaire arabe de M. de Fiennes, interprète du roi en langues orientales, et professeur royal en arabe, in-8.º t. 1ᵉʳ *seulement*.

On connaît deux orientalistes du nom de Fiennes, savoir : J. B. de Fiennes, né en 1669, mort en 1744, et J. B. Helin de Fiennes, son fils, né en 1710, mort en 1767. Comme tous deux ont été secrétaires du roi et professeurs d'arabe au collége de France, il est difficile de désigner quel est l'auteur de cette grammaire qui est inconnue aux bibliographes. Le volume que nous possédons se termine aux noms de nombre, par cette sentence orientale : *Personne ne na-*

viguera sur l'océan des honneurs, s'il ne s'est plongé auparavant dans le gouffre du travail.

847. Remarques sur l'exercice de la cavalerie, in-12.

Ce Ms., qui est de 1780, contient des annotations sur les commandemens militaires, faites en 1768, 1769 et 1770.

848. Tabula ad determinandum vera loca Solis, et planetarum Saturni, Jovis, Martis, Veneris et Mercurii, etc., in-fol. 2 vol.

Ces tables astronomiques paraissent du 15e siècle. Elles pourraient bien être l'ouvrage de Pierre D'Ailly.

849. Liber introductorius ad judicia stellarum, et est etiam non solùm introductorius ad judicia, verùm etiam potest dici et est liber judiciorum astronomie, editus à Gwidone Bonatto de Forlivio, in-fol. *v. aux armes de Cambrai.* C. M.

Fort Ms. à 2 colonnes, acquis peut-être en Italie par Pierre D'Ailly, à l'époque du concile de Pise, où cet évêque de Cambrai se trouva en 1409. Ce traité d'astrologie est en 13 livres. Il commence ainsi : *In nomine Domini nostri Jesu-Christi misericordis et pii, veri dei et veri hominis, cui non est par, neque consimilis, nec esse posset, ejusque beatissime matris Marie semper virginis. Qui cum patre atque spiritu sancto in unitate atque trinitate adoratur, nec non conglorificatur trinus et unus, ac beati Valeriani martyris, capitanei atque gubernatoris nec non et defensoris Communiæ Forlivii.* Guy de Bonatto était né, paraît-il, à Florence, au 13e siècle, mais ayant fixé sa demeure à Forli, il regardait cette ville comme sa patrie adoptive. Il mourut vers 1300. On raconte des choses extraordinaires de son talent de prédire l'avenir. (V. *Biogr. univ.*, t. 5, p. 88, et *Œuvres compl. de Machiavel*, traduction de J. V. Périès, in-8.º, Paris, 1824, t. 5, p. 67.) Cet ouvrage a été en partie imprimé, sous le titre *de Liber astronomicus*, in-4.º, Augsbourg, 1491.

850. Liber Albumasar, qui dicitur introduc-

torius in judiciis astrorum, in-fol. vél. *v. aux armes de Cambrai.* C. M.

Ms. du 14ᵉ siècle, à 2 colonnes, composé de 8 traités qui forment l'ouvrage complet, dont il a paru une édition in-4.º à Augsbourg, en 1498. Albumasar, né vers l'an 805, à Balkh, dans le Koraçan, mourut à Vacith, l'an 885. Il est à remarquer que ce livre, ainsi que tous ceux qui traitaient d'astrologie, était prohibé au 14ᵉ siècle. Dans le 3ᵉ livre du *Songe du vieil pélerin*, par Philippe de Mezières, la reine *Vérité*, instruisant le jeune roi Charles VI, après lui avoir indiqué les livres qu'il doit lire, ajoute : « Te doit bien garder de lire ou faire lire les livres de science défendue de ta mère la sainte Église, si comme *nigromencie*, le *livre sacré*, les *livres du jugement d'astronomie*, c'est à sçavoir, la seconde partie d'astrologie. »

851. Ptolomæi Almagestum, in-fol. vél. *v. aux armes de Cambrai.* C. M.

Beau Ms. du 14ᵉ siècle, à 2 colonnes, orné de vignettes, de miniatures et de tables très soignées. Ce traité d'astronomie est le principal ouvrage de Ptolémée. Les éditeurs et traducteurs, dans leur enthousiasme, lui ont donné le nom de *grande composition*, ἡ Μεγίςη, *Almagesti*. « Cet ouvrage, dit Bailly, *Hist de l'Astron.*, in-8.º, Paris, 1805, t. 1ᵉʳ; p. 291, fait la communication entre l'astronomie ancienne et moderne.... Des observations, importantes par leur antiquité, y sont conservées. Ce livre, d'ailleurs, contient les méthodes, ou les germes des méthodes qui sont encore pratiquées de nos jours. Il a été long-temps le livre élémentaire de toutes les nations. » Notre Ms. contient un prologue où l'on trouve quelques notions sur Ptolémée, et entr'autres, un portrait détaillé de sa personne. Hipparque y est nommé Abrachis, et l'on y fait mourir Ptolémée à 78 ans. L'Almageste a été imprimé à Venise, en 1515, et souvent depuis. On connaît la belle édition grecque et française de M. l'abbé Halma, in-4.º, Paris, 1813 - 1815. Il faut lire, sur Ptolémée, l'excellent article de M. Delambre, dans la *Biogr. univ.*

852. Imago mundi à D. Petro de Alliaco, in-fol. *b.* C. M.

Beau Ms., en tête duquel on voit une miniature représentant le cardinal de Cambrai, à genoux devant la Vierge, tenant une bandelette avec ces mots : *O mater Dei, memento mei*. Auprès de Pierre D'Ailly, on voit le chapeau de cardinal surmontant un blason aux armes du prélat. Ce Ms. ne contient pas seulement le traité *Imago mundi*, mais encore plusieurs autres ouvrages du célèbre évêque de Cambrai, mentionnés sous le n.° 826. La table indique encore le traité *de ecclesiasticâ potestate* ; mais on voit qu'il a été arraché de la fin du volume qui a été écrit au 15e siècle, après la mort de l'auteur, comme le témoignent ces mots de la 1re page : *cujus ossa requiescunt in hâc venerabili ecclesiâ*.

853. Liber introductorius judiciorum apotelesmaticon Ptolomei. Liber quatuor tractatuum Ptolomei Alfiludhi in scientiâ judiciorum astrorum, in-fol. vél. *v. aux armes de la Ville*, C. M.

Ms. du 14e siècle, à 2 colonnes. Le 1er ouvrage commence par ces mots : *Rerum omnium prima et efficiens causa Deus*. Le 2e, qui souvent est intitulé : *Quadripartitum*, porte en grec le titre *Tetrastros*, et en arabe *Alarba*. Le Ms. est orné de capitales enluminées.

854. Compendiolum chronologiæ ab initio hujus mundi usque ad Christi nativitatem, sumptum è libris Genebrardi et Tornielli, et à Christo nato usque ad annum 1499, ex Baronio, Bzovio, etc., in-fol. Sᵀ.-ANDRÉ DU CATEAU.

Ms. du 17e siècle. Le soin que prend l'auteur de rappeler les principaux faits de l'histoire des Pays-Bas, doit faire croire qu'il appartenait à nos provinces. L'ouvrage est enrichi de deux tables alphabétiques fort détaillées.

855. Causes des accroissemens et des diminutions des monarchies, in-fol. *v.*

Ce volumineux traité paraît avoir été écrit au 17e siècle. L'auteur passe en revue, avec beaucoup de détails, toutes les causes qui peuvent amener la grandeur ou la décadence des empires. C'est un traité d'économie politique appliquée spécialement à la monarchie espagnole.

856. Ægidii Romani de Regimine regum et principum, in-fol. *b.* s. s.

Ms. à longues lignes, terminé en 1424. Les 8 premiers feuillets sont remplis par des tables astronomiques. On lit cette note à la fin de l'ouvrage : *Præsens liber fuit michi Johanni Petri de Wallecuriâ datus et in testamento legatus per ven. virum M. Nicolaum Galli sacre pagine professorem avunculum meum.* Ce traité a été composé par Gilles de Rome, de la famille des Colonnes, religieux ermite de St.-Augustin, puis archevêque de Bourges, mort en 1316. L'auteur l'a écrit avant 1285, pour l'éducation de Philippe-le-Bel, alors enfant. La première édition qui en fut faite porte la date de 1473. La Serna-Santander pense qu'elle a été imprimée à Augsbourg. Philippe-le-Bel fit traduire ce livre en français par Henri de Gauchy ou de Gand. Santander a cru, mal-à-propos, d'après Panzer, que Simon de Hesdin était auteur d'une autre traduction du même ouvrage. (V. *Dict. bibl. du 15° siècle,* 2° partie, p. 7 ; *Man. du libraire,* par M. Brunet, t. 1er, p. 111.)

857. Le Livre de la moralité des nobles hommes et des gens du peuple sur le jeu des eschecs. Le Secret des secrets d'Aristote, in-fol. vél. *v.* s. s.

Ms. à 2 colonnes, du 14° siècle. Le 1er de ces deux ouvrages est une règle de conduite pour tous les états de la vie, adaptée à la marche du jeu d'échecs. L'auteur, Jacques de Cessoles, dominicain, né en Picardie, vivait vers l'an 1290. Il écrivit son livre en latin. Jean de Vignay, le traduisit en français, vers 1330, sur la demande de Jean, duc de Normandie, depuis roi de France. Jean Le Ferron, dominicain, en fit une autre traduction qu'il termina le 4 mai 1347. Elle est dédiée à Bertrand Aubery ou Aubert, écuyer de Tarascon. C'est celle que contient notre Ms. Il ne paraît pas que cette version ait jamais été imprimée. Celle de Vignay l'a été in-4.°, Paris, 1505. Le texte latin avait été publié à Utrecht, in-fol., vers 1473. Il a paru des traductions en anglais, en flamand et en italien, pendant le 15° siècle. Le *Secret des secrets* est un ouvrage faussement attribué à Aristote. Ce philosophe y donne à son élève, Alexandre, des conseils de politique, d'hygiène et d'économie domestique. On ne connaît pas le texte grec du *Secret des secrets* ; les diverses traductions en ont été faites sur une version latine qui dérive elle-même d'un texte arabe. Le traducteur déclare ici qu'il ne veut pas se nommer. Voici comment il termine : « Et saches que se tu te gouuernes ensi que je tay devisez par deseure tu seras cremus et amés, et venras au deseure de toutes tes emprises, et li tous poissans Dieus qui crea chiel et tiere te doinst se grasse du faire et nous doinst tous ensamble pais en che siècle et perdis en l'autre. » Le Catal. des Mss. de Lyon fait mention, t. 2, p. 42, d'une autre version, écrite au 15ᵉ siècle, par Pitel d'Altena. Une pièce de quelques pages, sans titre, termine notre volume. Elle traite de l'ancienne constitution de la France, et commence en ces termes : « Une cose est donnée au roy de Franche par nature et confremée du peuple et des barons du royaulme, c'est a voir toujours roys par succession de lignie. »

858. Metaphysica Aristotelis, in-fol. vél. *b*. C. M.

Beau Ms. du 15ᵉ siècle, de la main d'un calligraphe nommé Patou, orné de vignettes enluminées. L'ouvrage, qui est en 14 livres, est traduit sur un texte grec. C'est cette version qui a été imprimée en 1483, et dont M. Jourdain a donné un *specimen* dans ses *Rech. sur les trad. d'Aristote*, p. 482.

859. Logica D̅n̅i̅ Alberti, quondam episcopi Ratisponensis, in-fol. vél. *b*. C. M.

Ms. à 2 colonnes, écriture serrée et chargée d'abréviations. Albert-le-Grand, né en 1193, à Lavingen, dans la Souabe, fut nommé évêque de Ratisbone en 1270 et mourut à Cologne en 1280. Un de ses contemporains l'a caractérisé par cette phrase : *Vir in omni scientiâ adeò divinus, ut nostri temporis stupor et miraculum congruè vocari possit*, Ulric Enhelbert, *De summo bono*, tr. 3, c. 9.

860. Tractatus in Logicam Aristotelis, in-4.º S. S.

Ms. à longues lignes, écriture peu lisible. Les traités contenus dans ce volume sont : *Liber prædicabilium Porphyrii. Liber prædicamentorum. Libri periherminearum. Libri ana-*

lyticorum. Libri Topicorum. Libri Elenchorum. A la fin du 2.⁰ livre des topiques, on trouve une note ainsi conçue: *Explicit* 2us *liber topicor. lectus per venerab. vir. artium Mgr̄m Hugonem de Dordraco, scriptus manu Nicolai de Bruxellâ, alias Stampierii, finitus anno Dn̄i* MCCCCLXIX, *penultimâ maii.*

861. Milleloquium seu Manipulus moralis philosophiæ, in-4.° vél. *b.* c. m.

Ms. à 2 colonnes, du 15° siècle. C'est un recueil alphabétique de sentences, maximes, définitions, etc. Ce livre a appartenu à N. Scoqueron, chanoine de St.-Martin de Tournai.

862. Commentaria in Porphyrium et Aristotelem, in-fol. *b.* s. s.

Ms. à longues lignes, enrichi de figures et de tables bizarres dont il est difficile de saisir le sens. Il en est pourtant une qui offre d'une manière assez distincte les diverses scènes de la passion. Le Ms. porte la date de 1482. Il paraît qu'il a été écrit par Théodoric Regis, de Bruxelles, étudiant à Louvain.

863. Chronographia Eusebii cum additamentis Hieronymi et Prosperi. Chronica Domni Sigeberti Gemblacensis monachi cum auctariis Anselmi et aliorum. Liber Hugonis de tribus maximis circonstantiis gestorum, id est, personis, locis, temporibus, in-fol. vél. *ph.* c. m.

En partie à longues lignes et en partie à 2 colonnes, avec initiales coloriées et quelques figures remarquables. Beau Ms. du 13° siècle, légué au Chapitre de Cambrai par Valérien Duflos, chanoine et archidiacre, mort le 25 décembre 1610. La chronique d'Eusèbe s'arrête à l'an de J.-C. 340, où le traducteur, St.-Jérome, la reprend pour la mener jusqu'en 391. Ici elle est continuée par Prosper jusqu'en 465. Sigebert, après de courtes notices sur divers peuples, prend les événemens au règne de Théodose, c'est-à-dire, vers 381, et les conduit à l'année 1112, où la mort du même Sigebert est marquée au 5 octobre par son continuateur. Ce dernier, abbé de Gemblou, et nommé Anselme, poursuit jusqu'en 1136. Vient ensuite un continuateur anonyme qui s'arrête en 1148. Après quoi notre Ms. contient une autre suite de Sigebert, de 1112 à 1146, qui ne se trouve pas dans l'édition donnée par Aubert Le Mire, en 1608, Anvers, in-4.°. L'Ouvrage de Hugues, qui termine le volume, forme une suite de tableaux chronologiques, avec une préface commençant par ces mots : *Fili, sapientia thesaurus est, et cor tuum archa*. La table des papes finit à Honoré II qui siégea de 1124 à 1130 ; celle des rois de France s'arrête à Louis-le-Gros, mort en 1137. Tout ce qui va au-delà de ces époques, est écrit d'une main plus récente. Voilà donc encore un Ms. précieux à consulter pour les documens historiques.

864. Thomæ Cantipratani Bonum Universale de Apibus, in-fol. vél. b. s. s.

Ce Ms., à deux colonnes, du 15ᵉ siècle, contient l'ouvrage mystique de Thomas de Cantimpré sur les devoirs réciproques des supérieurs et des inférieurs, considérés dans la discipline des abeilles. On y trouve la relation d'une quantité de miracles qui ne sont rien moins qu'avérés. L'auteur, qui vivait au 18ᵉ siècle, est né à Leuw-St.-Pierre auprès de Bruxelles, vers 1186. Aubert le Mire le fait naître à Cantimpré, proche Cambrai, où il devint chanoine régulier dans l'abbaye de ce nom. Quoiqu'il en soit, Thomas entra depuis dans l'ordre des Dominicains, et fut, dit-on, suffragant de Nicolas de Fontaines, évêque de Cambrai. On n'est pas d'accord sur l'époque de sa mort : Juste Lipse la place au 15 mai 1263; selon d'autres il prolongea sa carrière jusqu'en 1275 ou même 1280. Le texte du *Livre des Abeilles* a été publié par Georges Colvenère, in-8.°, Douai, 1597, 1605 et 1627. L'édition de 1605, la seule que j'aie sous les yeux, est dédiée à Guillaume de Berghes, archevêque de Cambrai. Notre Ms., confronté avec cette édition, offrirait des variantes assez nombreuses et qui seraient peut-être à l'avantage du Ms. Exemple : liv. 2, chap. 57, paragr. 25, on lit dans l'imprimé ces paroles, les seules qui se trouvent en langue vulgaire : *Moy dois aymer, je suis tres biau, bons et douz, noble et loiau*. Le Ms. porte : *Moy dois amer, suis tres biaus, li bons, li dous et li tres liaus*. On voit que la 1ʳᵉ de ces deux versions a été rajeunie par l'éditeur ou les copistes, et que l'autre au contraire présente tous les caractères de la langue romane du 13° siècle. Une particularité assez rare en bibliographie, c'est qu'une traduction flamande du *Livre des Abeilles* a été imprimée en 1484, à Goude, plus de 100 ans avant la publication du texte latin. Vincent Willart, Dominicain d'Arras, en a donné une traduction française, in-4.° Bruxelles, 1650.

865. Isidori Hispalensis episcopi, Ethimologiarum Libri, in-fol. vél. c. m.

Très beau Ms. à 2 colonnes, capitales enluminées. Au commencement du volume on trouve 2 grands tableaux généalogiques supportés par des figures ; le tout richement colorié et rehaussé d'or. Les ornemens de la 1re page sont également très riches. Il manque une page ou deux à la fin. Ce Ms. provient de Pierre Preudhomme. Les *Étymologies* d'Isidore de Séville, retouchées par Braulion, son disciple, forment une espèce d'encyclopédie de toutes les connaissances qu'on possédait au 7° siècle. La 1re édition de ce curieux recueil, avec date, a été publiée à Augsbourg, en 1472.

866. Ethimologiarum Isidori epi Libri viginti, g^d in-fol. vél. *b*. c. m.

Ce Ms. paraît plus ancien que le précédent. Les ornemens en sont moins riches et moins soignés. Il est cependant encore remarquable sous ce rapport. Avant d'appartenir au Chapitre métropolitain il était la propriété de Jean de Glimes, chanoine et trésorier de cette église, mort en 1497.

867. Dictionarius Joannis de Gallandià, g^d in-fol. vél. *v*. s. s.

Ms. à longues lignes, du 14° siècle. L'ouvrage qu'il contient n'est pas un dictionnaire alphabétique comme ceux dont on se sert aujourd'hui. C'est une espèce de manuel indicatif ou de nomenclateur des objets usités dans toutes les conditions de la vie. Chaque article est suivi d'un commentaire en caractères plus petits. Viennent ensuite des dystiques dont les mots obscurs sont expliqués par un commentaire. Souvent le copiste a placé dans les interlignes les mots romans correspondants aux mots latins. Jean de Garlande, auteur de ces glossaires, est revendiqué sur l'Angleterre comme français, par Dom Rivet, *Hist. litt. de France*, t. 8, p. 85. Il vivait au 11ᵉ siècle.

868. Francisci Petrarchæ epistolarum familiarium Libri XXIX, in-fol. vél. v. *aux armes de Cambrai.* C. M.

Beau Ms. à 2 colonnes, écriture très soignée du 14ᵉ siècle, ayant pour titre : *Francisci Philelphi Epistolæ familiares.* Cette fausse indication causa long-temps mon embarras. Ayant voulu comparer ce Ms. avec les éditions imprimées des lettres de Philelphe, je n'y trouvai aucune ressemblance, et déjà je croyais que notre Ms. était un recueil de lettres inédites, trésor inestimable que j'allais révéler au monde savant. Cependant, comme je ne voyais parmi les personnages à qui les lettres sont adressées aucun des correspondants ordinaires de Philelphe, je conçus des doutes. Enfin, à force de feuilleter, je reconnus que c'étaient les lettres familières de Pétrarque, lettres imprimées à Bâle en 1581, au nombre de 198, et à Genève en 1601, au nombre de 253. Or, notre Ms. en contient 349, c'est-à-dire, 96 de plus que l'édition de Genève, la plus complète qui ait été publiée jusqu'à présent. On trouve ici toutes les lettres que Pétrarque a écrites depuis son premier voyage à Paris, en 1331, jusqu'à son départ de Milan, en 1361. La bibliothèque du roi à Paris possède, sous le n° 8568, un Ms. offrant, comme le nôtre, 24 livres des lettres de Pétrarque. Il se pourrait que celui-ci eût été donné au Chapitre de Cambrai par Jacques Colonne, ami intime du célèbre écrivain, et qui, avant d'être évêque de Lombez, avait possédé un canonicat dans ce chapitre. Ces lettres sont d'un grand intérêt pour l'histoire politique et littéraire du 14ᵉ siècle. Pétrarque qui, suivant l'expression de son historien, l'abbé de Sade, avait une *amitié babillarde*, y montre son âme tout entière, et y retrace avec complaisance les principaux détails de sa vie. Tout ce que le baron de la Boëtie a dit : *Mém. de l'Acad. des inscript.*, t. 17, p. 405 et suiv., du beau Ms. du cardinal Passionei et de sa supériorité sur les imprimés, peut s'appliquer au nôtre. Pétrarque, né à Arezzo en 1304, couronné à Rome le jour de Pâques 1341, mourut à Arqua, près de Venise, en 1374.

869. Recueil de pièces intéressantes en tout genre, in-fol. VAUC.

En tête du volume se trouve une collection de dessins au trait, pour étude, puis l'*Arithmétique comprise par elle-même*, Paris, 1720. Ensuite quelques exemples d'écriture gravées. Viennent seulement alors les Mss. dont nous allons donner une notice succincte : 1° Une dissertation en forme de lettre, signée *Lambert*, datée de Bruxelles le 8 août 1716, et adressée à l'abbé de Provenchere, chanoine de Cambrai. Cette dissertation tend à résoudre deux difficultés que présente la philosophie de Descartes ; l'une regarde le terme d'*infini* dont ce grand homme s'est servi en parlant de l'étendue ; l'autre concerne le sacrement de l'Eucharistie. 2° Discours sur les petits-maîtres. 3° Discours prononcé dans l'Académie française par l'abbé de Polignac, lorsqu'il fut reçu à la place de Bossuet. 4° Ode latine adressée par le collége des jésuites de Cambrai à Dom Platel, abbé de Vaucelles. 5° Divers imprimés d'un intérêt médiocre. 6° Extrait des registres du parlement de Paris, du 3 mars 1755, concernant une lettre de l'archevêque d'Auch et de ses suffragans au roi. 7° Remontrance du parlement de Flandres sur la déclaration du 20°. 8° Sur l'interdiction de l'église de St.-Louis à Rome, et de l'excommunication du marquis de Lavardin, ambassadeur de France près du Saint-Siége. 9° Requête des sous-fermiers du domaine pour demander au roi que les billets de confession soient assujettis au contrôle. 10° Formule d'adresses aux personnes revêtues de dignités. 11° Mémoire pour Catherine-Caroline Tofflin, contre Louis-Castor-Mathieu de la Calmette, chanoine de Cambrai. 12° Liste des appelans au futur concile. 13° Fin du sermon prononcé par le père Poisson, en l'église de la Salpétrière. 14° Présentation du prince de Cellamare au roi de France. 15° Diverses pièces peu intéressantes du 18° siècle. 16° Lettre de l'abbé Dupont, religieux de St.-Aubert, au prieur de Vaucelles, pour lui envoyer quelques pièces curieuses sur les affaires du clergé. 17° *Abbatia Valcellensis*, extrait du *Gallia Christiana*. 18° Une longue lettre autographe du célèbre Armand de Rancé, abbé de la Trappe. Cette lettre porte la date du 30 novembre 1677. Rancé l'adresse à un personnage de la cour qu'il appelle *Monseigneur*. Il parle longuement de la manière dont on doit vivre dans le monde pour y travailler à son salut, et, faisant un retour sur lui-même, il se félicite de vivre dans la solitude. 19° Réglement donné par Fenelon à ses domestiques, pièce inédite. 20° Mémoire des ornemens nécessaires pour le sacre de Mgr. l'archevêque de Cambrai. 21° État général des ornemens d'église appartenant à Mgr. François de Salignac de La Mothe Fenelon.

870. Collection d'annonces, de poésies sacrées et profanes, de lettres, d'arrêts, etc., etc., in-fol. VAUC.

Les pièces contenues dans ce cahier sont imprimées pour la plus grande partie. Les autres sont d'un intérêt borné ; on y trouve cependant quelques pièces qui peuvent être bonnes à consulter pour l'histoire de l'abbaye de Vaucelles.

871. Ovide-le-Grand, in-fol. *b. s. s.*

Ms. à 2 colonnes. C'est une traduction des Métamorphoses d'Ovide en langue romane du 13ᵉ siècle, et en vers de huit syllabes. A la fin du volume on lit ces mots : *Chi finent les fables d'Ovide-le-Grand que on dist de methamorphose. Priiés pour ceuls qui ce livre ont escript. Lauwenge à Dieu.* Il existe une autre copie de cette même traduction dans la bibliothèque de Lyon. (V. le *Catalogue de* M. de Landine, n° 648 *des manuscrits.*)

872. Recueil de poésies sacrées et profanes, in-4.° VAUC. S. S.

Il y a dans ce recueil diverses pièces déjà connues. Il en est d'autres qui paraissent inédites.

873. Recueil contenant diverses compositions de couleurs, de la prose, de la poésie et quelques autres pièces plaisantes, in-4.° VAUC.

On a rassemblé dans ce cahier une foule de pièces qui n'ont entr'elles aucun rapport; ainsi, on y trouve des recettes pour faire certains vernis et des liqueurs, des sentences latines et françaises, une longue lettre sur le mérite des femmes, un catalogue des abbayes de l'ordre de Cîteaux, une copie des *Incommodités de la grandeur*, comédie du père Du Cerceau, des anagrammes, des facéties, des extraits d'anciennes chroniques, des harangues, des cantiques, des épitaphes, des pièces pour et contre le jansénisme, des poésies latines, des mémoires, une lettre de l'abbé de Rancé a l'abbé de Cîteaux, *Compendium super abbatum Valcellensium gestis*, par Gaspard de Soif, religieux de Vaucelles. Ce dernier ouvrage, qui est indiqué dans la *Biblioth. hist. de France* de Lelong et Fevret de Fontette, n° 13167, est enrichi des notes de Richard Moreno et Jacques Ruffin. Le 1ᵉʳ fut abbé de Vaucelles depuis 1673 jusqu'en 1720. L'autre, qui gouverna la même abbaye depuis 1759 jusqu'en 1780, a fourni à M. Pascal-Lacroix le sujet d'une excellente notice insérée dans les *Mém. de la Société d'Émulation de Cambrai*, année 1820. Cette chronique, copiée de la main de l'abbé Ruffin, s'arrête à l'abbé Jean d'Espinoy, mort en 1492; ce qui fait présumer que Gaspard de Soif vivait à cette époque.

874. Extrait du livre intitulé : Le véritable usage de l'autorité séculière dans les matières de religion. Sur l'amour de Dieu. Sermon de la Magdelaine. Prophéties perpétuelles jusqu'à la fin du monde. Tombeaux des personnes illustres et autres qui ont leurs sépultures à Cisteaux. Abregé des cinq livres des fourneaux philosophiques de Glauber. Table de la déclinaison du soleil, calculée pour l'année 1700. Fabrique du compas de proportion selon D. Henrion, etc., in-4.° VAUC.

875. Distinctiones super Psalmos. Exceptiones secundi, tertii et quarti libri sententiarum magistri Petri Lombardi. Morale Philosophiæ. L. A. Senece ad Gallionem de remediis fortuitorum Liber. Opusculum sic incipiens : *Tria sunt opera*. Epistola Ysidori Hispalensis ad Orosium. Libellus de mysticis significationibus veteris et novi Testamenti. Poema de raptu Helene et Trojanâ destructione, et de discessu Enee à Trojâ. Metrum Bernardi de parricidà. Medulla epistolarum Senece ad Lucilium. Alani Metrum

sic incipiens, *Qui vadis Romam.* Quædam proverbia Alexandri. Sermo cujus initium : *Sanctorum patrum memorias.* Tractatus magistri Alexandri Nequam super *Quicunque vult*, in-4.° vél. *v. aux armes de Cambrai.* C. M.

Ms. à 2 colonnes, du 13ᵉ siècle.

876. Instruction sur l'Histoire de France. Siége de Bude. Poésies profanes, religieuses. Traité de météores. Quelques particularités de Flandre, Hollande, etc. Histoire amoureuse de France sous Louis XIV. Carte géographique de la 5ᵉ partie du Monde, appelée des Braques. Mémoires, poésies et autres, in-4.° VAUC.

La prétendue carte géographique dont il est question dans ce titre n'est autre chose qu'une description facétieuse et allégorique d'un pays imaginaire; on y fait allusion aux principaux personnages du règne de Louis XIII.

877. In Laudem Leontii Burdigalensium præsulis Carmen Venantii Fortunati versibus gallicis translatum, in-4.° *v.*

Joli Ms. encadré, avec ornemens et blason. Le poëme de Fortunat sur Léonce est de 110 vers. On le trouve dans la collection des *Poètes ecclésiastiques,* publiée par M. Hurez, in-12, Cambrai, 1822-1825, t. 1ᵉʳ, p. 107. L'auteur de la traduction qu'on trouve dans ce Ms. est Charles-Hubert de St.-Just du Lordapt, qui y a joint quelques pièces de poésie latine, adressées en 1744 à M. d'Audibert de Lussan, archevêque de Bordeaux.

878. Ordonnances du roi d'Espagne, relatives à ses troupes, in-4.° *ph.*

Ici se terminait le Catalogue primitif de nos Mss., tel qu'il est déposé au ministère de l'intérieur, et tel que M. Gustave Haënel l'a fait imprimer depuis peu à Leipsic. Tout ce qui suit a été récemment ajouté sur la proposition du bibliothécaire actuel. Le lecteur est prié de nouveau d'excuser le peu d'ordre qui va régner dans cette partie du Catalogue, dont les Mss. n'ont pu être classés dans les divisions précédentes.

---

879. STATUTA Ordinis Cisterciensis, in-fol. *v.*
Ms. dont les titres et les capitales sont coloriés. Il porte la date de 1635.

880. Histoire du Chapitre de Denain, par Jean d'Arleux, petit in-8.° *ph.*
Ce Ms., qui provient de la bibliothèque de M. Aimé Leroy, de Valenciennes, est du 16° siècle. Le 1er chapitre est intitulé : *Cy comence la première génération de la noble lignie de France, de laquelle madame Saincte Royne est venu come vous poldres voyr ci-après et des Roys de Troye.* Sur la dernière page on lit ce qui suit : *Ce présent livre at esté de nouveau mis par escript et renouvellé par Pasquier Pamart, natif de Denaing, fils de Calixte et de Anne de Rouppy, l'ayant collationné à cesluy qu'en a escript sire Jean d'Arleux, en son temps chapelain de l'église de Nostre-Dame, audict Denaing, fondée par monsieur Sainct Audebert et madame Saincte Royne, et ce en l'honneur et mémoire des nobles corps saincts reposant audit Denaing.*

881. Petit Discours contenant le sommaire des guerres de Cambray, commençant l'an 1579 jusques la réduction de la ville, qui fut l'an 1595, sous les sieurs d'Inchy et Balligny, gouverneurs dudit Cambray et Cambrésis, in-4.° *ph.*
Cet ouvrage a pour auteur Jean Doudelet, clerc de N. D. de la Chaussée de Valenciennes, qui paraît l'avoir écrit en 1605. Le Ms. est autographe. Les Mémoriaux qu'il contient sont curieux et intéressants. Il y règne un ton de franchise et une sorte de verve originale qui rappellent la manière de Froissárt. Jean Doudelet a aussi composé une *Histoire de Valenciennes*, qu'il n'a conduite que jusqu'en 1171.

Simon Leboucq en a tiré un grand parti pour l'ouvrage que nous mentionnerons ci-après sous le n° 1013. Il l'a même souvent copié à peu près textuellement. Le Ms. autographe de l'*Hist. de Valenciennes*, par J. Doudelet, est entre les mains de M. Legros, jeune bibliophile cambrésien. Il provient de l'abbaye de St.-Saulve, et a appartenu à Dom Buvry, abbé de cette maison, qui l'a enrichi de quelques notes. A la suite de notre Ms. se trouve un imprimé ayant pour titre : *Discours contenant les choses mémorables advenues au siége de la ville et citadelle de Cambrai....*, in-4.°, Arras, 1595. Les marges de l'imprimé offrent des notes écrites de la main de Jean Doudelet. Ce Ms. provient de M. A. Leroy.

882. Journal d'un voyage au Levant par La Condamine, in-fol.

Copié en 1823 par mes soins sur le Ms. autographe de La Condamine, qu'on a bien voulu me confier, et que j'ai remis ensuite à la personne qui m'en avait donné communication. Je n'ai aucun doute sur l'authenticité de ce Ms., dont l'écriture est parfaitement identique avec celle d'une lettre de La Condamine à l'abbé Bossut, lettre qui fait partie de l'intéressante collection d'autographes que possède mon excellent ami, M. Fidèle Delcroix. On sait qu'en 1731 La Condamine se rendit dans les contrées orientales, poussé par le désir d'acquérir de nouvelles connaissances et de recueillir des observations utiles à l'Académie des Sciences dont il faisait déjà partie. Comme ce journal n'a jamais été publié, sauf quelques observations insérées dans le *Mercure de France* d'octobre 1752, je pense qu'il peut être utile d'en donner ici un sommaire.

L'auteur dit qu'il est parti de Paris le 10 mai 1731, accompagné de M. de Lafaye, fils d'un capitaine aux Gardes-Françaises. Arrivé à Lyon le 14, il y prit un bateau de poste pour aller jusqu'à Avignon, par le Rhône, et parvint à Toulon, où il séjourna huit jours. Ces préliminaires présentent quelques détails qui ne sont pas sans intérêt.

Il serait trop long de suivre le voyageur pas à pas ; je me contenterai de relater ici les indications mises par La Condamine lui-même en marge de son journal. Vaisseaux, Officiers de l'escadre. — Tentatives pour partir. — On se toue. — Nouvelles tentatives. — L'escadre met enfin à la voile. — Le *Zéphir*, frégate commandée par M. le chevalier de Caylus. — Vue de Majorque. — Vue d'Ivice. — Vue des Formentières. — Gros temps. — Reconnaissance de la terre de Barbarie — Alger (longs et curieux détails). — Observation des Satellites. Ici l'auteur écrit de nouvelles observations sur Alger et rapporte une lettre curieuse de Dugay-Trouin au Dey. — Langue franque. — Ancienne noblesse parmi les Maures. — Alger très peuplé. — Monnaies du pays. — Commerce. — Viande séchée. — Aspect d'Alger. — Lettre du Dey de Tunis à Dugay-Trouin. — Monnaies du pays. — Tripoli (détails intéressants). — Remarques sur Tripoli et la Barbarie en général. — Mœurs. — Langue franque. — Port de Tripoli. — Bagne, esclaves. — Juifs et monnaies du pays. — De la ville. — De la campagne. — Du gouvernement. — Chaleur. — Des Maures. — Fruits du pays. — Habits. — Formule du pardon demandé au Roi par les ambassadeurs de Tripoli. — Alexandrie. — Aiguille de Cléopâtre. — Ruines. — Rembarquement du commandant. — Salut du port. — Dessin de l'aiguille de Cléopâtre. — Mesure de l'obélisque. — Dîner à bord d'un vaisseau de guerre turc. — Hauteur d'Alexandrie. — Église des Coptes. — Chaise de St.-Marc. — Retour au vaisseau. — Arrivée du consul du Caire. — Gouvernement de l'Égypte. — Citernes. — Colonne de Pompée. — Monnaies et poids.

Ici, C'est-à-dire au 11 août, les indications marginales cessent. L'auteur va à St.-Jean-d'Acre; de là à Nazareth et à Naplouse, et décrit d'une manière piquante ces trois antiques cités et leurs environs. C'est le 19 août qu'il entre à Jérusalem après une aventure périlleuse. Le savant voyageur consacre une dixaine de pages à la description de la cité sainte. Il retourne ensuite à Naplouse et à Nazareth, puis à St.-Jean-d'Acre qui lui donne matière à de nouvelles observations. Il visite Sour ou Tyr et Seyde où il s'embarque pour la 3ᵉ fois. Étant dans l'île de Chypre, l'auteur rassemble ses idées sur son voyage de Jérusalem. Il aborde Lernica et Linesol, où il trouve de précieux vestiges d'antiquité. Description d'une noce grecque. L'auteur charme les ennuis de la traversée par la lecture de Télémaque, dans lequel il découvre un charme particulier, en raison de la po-

brésien, copiée sur le Ms. original qui existait à St.-André du Cateau. Adam Gelicq, fils de Paul, écrivait vers 1500. Il attribue la fondation de Cambrai à un Cambro, duc des Huns, qui vivait du temps de Servius Tullius, roi de Rome. Il fait naître J.-C. 575 ans après la fondation de Cambrai. L'abbé Tranchant, qui tenait cette chronique de Mutte, y a joint des notes fort judicieuses. Sur la dernière page on lit une note de l'abbé Mutte, concernant le Ms. du Cateau. (V. *Bibl. hist. de France.*, n° 8529.) 3° *Chronicon Cameracense*. Cette Chronique latine, qui va, comme la première, jusqu'en 1191, se trouvait aussi à l'abbaye de St.-André, à la suite de l'ouvrage d'Adam Gelicq. 4° *Castellum Cameracesii*. Notes historiques sur le Cateau-Cambrésis, de la main de Tranchant. 5° *Chronique des évesques de Cambrai*. Écriture de l'abbé Tranchant, avec une notice préliminaire des Mss. d'après lesquels Mutte a rassemblé et mis en ordre ladite Chronique qui commence au prétendu St. Diogène et finit en l'an 1667. Le volume provient de la belle collection de Tranchant, que nous avons eu occasion d'acquérir en 1824.

885. Mémoires historiques de l'Église collégiale de St.-Géry à Cambrai, in-4.°

Ouvrage de l'abbé Tranchant, écrit de sa main, endommagé sur plusieurs points pour avoir été caché dans un lieu fort humide. Parmi les pièces de ce recueil l'on remarque une *Dissertation sur le temps du pontificat de St. Géry*, que je crois pouvoir attribuer à l'abbé Stiévenard, secrétaire de Fénelon.

886. Recueil de pièces sur l'histoire de l'église et de la ville de Cambrai, in-4.°

Recueillies par l'abbé Tranchant.

887. Recueil de pièces pour servir à l'histoire ecclésiastique du diocèse de Cambrai, in-4.°

Recueillies par l'abbé Tranchant.

888. Inventaire des livres déposés dans la ci-devant église de St.-Aubert à Cambrai, provenant de la bibliothèque de la ci-devant abbaye de Vaucelles, in-fol. 2 vol.

sition où il se trouve. On débarque à Baffa. — Rhodes. — Smyrne. Terme du voyage le 6 octobre.

Sur le verso du 1er feuillet blanc de son manuscrit, La Condamine avait mis la note suivante : « Tout ce qu'il y a » d'observations astronomiques dans ce journal a été écrit » dans le temps, sans égard à l'erreur des instrumens qui » ont ensuite été vérifiés, et les diverses observations com-» parées les unes aux autres ; ce qui, toute compensation » faite, a donné des résultats différents, tels qu'on les peut » voir dans les *Mém. de l'Académie* de 1731. J'avais d'ail-» leurs un journal particulier destiné aux observations. » Celles qui sont éparses dans celui-ci n'ayant été ni revues » ni composées, peuvent être défectueuses. »

C'est par erreur que dans un bulletin de la Société de Géographie, de 1825, notre Ms. est attribué à Maupertuis.

883. **Mémoires pour servir à l'histoire de Louys de Berlaymont, archevêque duc de Cambray, prince du St.-Empire Romain et comte du Cambresis, etc., où l'on voit les troubles arrivés en ce pays par l'usurpation du sieur d'Inchy, du duc d'Alençon, du sieur de Balagny et d'Henri IV, roy de France ; avec plusieurs anecdotes curieuses, par *****, Balique et Cotolendy, in-fol.** *v.*

C'est le Ms. original écrit de la main des trois auteurs, avec les ratures, corrections et additions. Ces mémoires sont extrêmement curieux et mériteraient de voir le jour. M. Faille, ancien avoué à Cambrai, en possède une copie annotée avec beaucoup de soin.

884. **Chronique de Cambrai, in-fol.**

Précieux recueil contenant les pièces suivantes : 1° *Cronica quorum nonnulla concernunt Ecclesiam Cameracensem.* Écriture du 16e siècle. Copié sur un cartulaire de la fin du 12e siècle. Cette Chronique est ici enrichie de notes marginales, en partie de la main de l'abbé Mutte. Elle commence par ces mots : *Auctores et Cameraci et Attrebati civitatis penitùs ignorantur* et s'étend jusqu'à l'avénement de l'évêque Jean d'Anthoing, vers 1191. 2° *Chronique d'Adam Gelicq,* cam-

Ce Catalogue, et tous ceux qui suivent ont été dressés à l'époque de la suppression des établissemens religieux et de la vente des biens des émigrés.

889. Catalogue des livres provenant de la bibliothèque du ci-devant Chapitre métropolitain de Cambrai, des Guillelmites-lez-Walincourt, du sieur Ragayez, ex-curé, du sieur Parigot de Santenay, du sieur de Prémont de Villers-Guislain, in-fol.

890. Catalogue des livres de la ci-devant abbaye de St.-Aubert, in-fol.

891. Catalogue des livres qui ont appartenu à la ci-devant abbaye du St.-Sépulcre à Cambrai, in-fol.

892. Catalogue des livres qui ont appartenu à la ci-devant abbaye de St.-André du Cateau et aux Récollets de la même ville, in-fol.

893. Catalogue des livres qui ont appartenu aux Carmes de Cambrai, à la ci-devant abbaye d'Honnecourt, au sieur Kennedy, prêtre déporté, au sieur Griffin, prêtre déporté, in-fol.

894. Catalogue des livres provenant des Capucins de Cambrai, de l'Archevêché dudit Cambrai, in-fol.

895. Catalogue des livres provenant des sieurs Dautteville, Ronse, Forrière, ex-prieur d'Honnecourt, Wuiart, Renaux, des Sœurs de la Charité, des sieurs Beaucourt, Dinaux, de Besselaer, de Bruyas, Massart et Mairesse de Pronville, in-fol.

896. Catalogue des livres provenant des sieurs Lelievre, Despreux, de Valicourt, Lancelle, l'abbé de Biré, Dufour, Chardon, Tranchant, Laplace, de Villavicencio, in-fol.

897. Catalogue des livres provenant de la bibliothèque du Collége de Cambrai, in-fol.

898. Catalogue des livres provenant des Récollets de Cambrai et des sieurs de Monaldy, Tahon, Delabre, Lion, de Dion, Demont et Rallez, in-fol.

899. Catalogue des livres provenant des sieurs Oudart, Dehée, de quelques chanoines de Walincourt, des sieurs Parise, Quarrez, Couvet, Taise, de divers émigrés, des sieurs Thobois, de Maugré, Lallier, Carondelet de Bantouzel, Ragayez, Godefroy, Herlem, Dron, du comité de surveillance, des sieurs de Francqueville, Deloffre, de la paroisse de Gonnelieu, des sieurs Colpart, Richard, Depreux, de Chauny, de l'hôtel de Thun, du sieur Derbaix, de la paroisse Notre-Dame de Cambrai, des sieurs Bourlier et Dherbaise, in-fol.

900. Catalogue des livres provenant du séminaire de Cambrai, des sieurs de Carondelet, Cordier, Delannoi, Lebel, Dehannin, de diverses communes, des sieurs Bouly de Lesdain, Maulret, Martin, de l'abbaye de Prémy et du sieur Goulard, in-fol.

901. Catalogue des livres provenant de la maison des Bénédictines Anglaises de Cambrai, in-fol.

902. Répertoire des priviléges, franchises, droits, jurisdiction et aucthorité de Messieurs du Magistrat de Cambray, rédigé par ordre alphabétique, par Ladislas de Baralle, eschevin, l'an 1679, gros in-fol. *v.*

903. Histoire des évesques et archevesques de Cambray, divisez en seize catalogues et deux

calendriers; desquels le contenu est en la page suivante, composez en Cambray en l'an de grace 1614 par I D L. prestre. Pour estrenne de l'an de grace 1615, à Monseigneur François Buisseret, cinquième évesque de Namur, esleu sixième archevesque de Cambrai au 24 de mars 1614, in-4.°

Ouvrage de Julien De Lingne, petit-vicaire de la Métropole. (V. *Rech. sur l'Égl. de Cambrai*, p. 137.)

904. Registre contenant plusieurs chirographes de rentes, amortissement et accords faits par MM. du Chapitre de Ste.-Croix en Cambray, in-fol.

Ce registre, commencé en mai 1509, contient environ 90 actes.

905. Mémoires sur les communautés de femmes qui existaient à Cambray, in-4.°

Recueillis par l'abbé Tranchant. Mme Clément-Hémery, a profité de ces Mémoires pour rédiger sa *Notice sur les communautés de femmes qui existaient à Cambrai*, ouvrage auquel la Société d'Émulation a accordé une médaille d'or en 1825.

906. Compendium philosophiæ. Compendium theologiæ veritatis à Petro de Alliaco, in-4.°
C. M.

Le 1er de ces deux ouvrages paraît n'avoir pas été connu des bibliographes. C'est une compilation tirée des œuvres d'Aristote et de quelques autres philosophes anciens. En tête du volume on trouve un prologue analytique de tout le traité qui est divisé en 8 livres. Je l'ai attribué long-temps à Pierre D'Ailly, et je le lui attribuerais encore, si je ne voyais à la fin de l'ouvrage une date qui me semble être 1327, époque antérieure de près d'un siècle à celle où écrivait le cardinal de Cambrai. Le Ms. est à 2 colonnes, excepté pour le prologue qui en a 3.

907. Calendrier historial touchant les choses

principales et plus notables, sacrées et prophanes, faictes et advenues depuis mille ans jusques à cet an 1604, en la cité métropolitaine de Cambray, disposées (comme en un calendrier commun) selon les mois et jours de l'an avec les quottations des années ; extrait de plusieurs histoires vrayes, anciennes et modernes, imprimées et écrites, puis ainsi composé, agencé et escrit audict an 1604 par Julien De Lingne, prêtre. Le tout à la gloire de Dieu et à l'honneur d'icelle cité de Cambray, et en faveur du clergé vénérable et du peuple catholique de la cité même, en général; en spécial dédiés à discrets et prudens seigneurs, MM.^{grs} les prevost, échevins et quatre-hommes de cette ville et cité de Cambray. L'an de grace 1604, in-4.° *mauvais état*.

Copie faite par l'abbé Tranchant.

908. Dénombrement de la terre et seigneurie de Honnecourt avecq tous les fiefs et deppendans d'icelle et toute haulte justice, moïenne et basse, le 19 novembre 1506, in-fol.

909. Incipit Pars hyemalis temporis, tam temporalis quam sanctorum Breviarii ad usum Cameracensis Ecclesiæ, ab adventu usque ad vesperas sabbati Trinitatis exclusivè, fort in-8.° vél.
Ms. du 15ᵉ siècle.

910. Compotus Prepositure seu particionis de Fontanis factus et redditus per Mgr̄m Thomam Blocquel, canōn Cam̄acen, ad hujōi officium per vēn^{le} Cap̄lm eccl̄iæ Cam̄acen deputatum, à festo Bti Jōhis Bap̄te anni mil. iiij^c iiij^{xx} vij usque ad idem festum āno revoluto iiij^{xx} viij, in-4.° vél. C. M.

911. Orationes sacræ, in-4.° vél. *b*.

A la fin on trouve ces mots: *Explicit per me Theodoricū de Palude scriptorē in Bruyl. anno Dn̄i* 1231 *et die* 24 *mensis aplis.*

912. Incipit Officium sanctorum temporis hiemalis secundùm usum Ecclesiæ Cameracensis, in-fol.

913. Catalogus alphabeticus cognominum, tum auctorum externorum, tum Societatis, minoris bibliothecæ Collegii Insulensis (1678), in-fol. *v*.

Ce Ms. a été placé par erreur au nombre des livres imprimés, où il portait le n° 15510.

914. Catalogus alphabeticus auctorum Societatis Jesu bibliothecæ majoris Collegii Insulensis 1684, in-fol. *v*.

Placé par erreur au nombre des livres imprimés, où il portait le n° 15509.

915. Bibliothecæ Collegii Societatis Jesu Insulensis Tomus IV, in-fol. *v*.

Placé par erreur au nombre des livres imprimés, où il portait le n° 15508. Ce volume contient les divisions suivantes : *Biblia, liturgiæ et concilia. Sancti patres græci et latini. Theologi et canonistæ. Concionatores. Ascetici. Scientiæ, philosophia, mathematica et jurisprudentia civilis. Grammatici. Poetæ et oratores. Historici sacri et prophani. Miscellanei. Bibliotheca secretior seu appendix manuscriptos et prohibitos complexa.*

916. Codex continens solemnes jurandi formulas quibus astringi solent quotquot Ecclesiæ Sancti Gaugerici adscribuntur ac inserviunt, scriptus à N. Lalloux, anno 1648, in-fol. vél. *v*.

Orné d'une peinture enluminée représentant St. Géry avec ses astributs. Le second feuillet sur lequel est écrite la formule du serment que prêtait l'archevêque de Cambrai à St. Géry, est surmonté des armoiries et de la devise de

Gaspar Nemius, qui occupait le siége archiépiscopal à cette époque. Le volume est enrichi de quelques autres peintures bien conservées.

917. Antiquités de l'Église de Cambrai et de son clergé, précédées d'un calendrier à l'usage de la même église, et de détails liturgiques y relatifs, in-fol. *v.*

Ms. de l'abbé Tranchant, contenant 601 pages, sans y comprendre le calendrier et les détails liturgiques, non plus que la table des matières, l'interprétation des signes abréviatifs, le catalogue des chapellenies et quelques notes rejetées à la fin du volume.

918. Généalogies, par Antoine-Alexandre de Pitpance, Sr de Montauban, in-fol. 7 vol.

919. Armorial, formé et écrit de la main de Mr Antoine-Alexandre de Pitpance, Seig^r de Montauban, in-fol.

Ce volume appartenait à Henri-Denis Mutte, doyen de l'Église métropolitaine.

920. Recueil d'épitaphes, in-fol.

Ce recueil appartenait à Henri-Denis Mutte.

921. Épitaphes de la ville de Valenciennes, par Jean de Pitpance, Sr de Montauban, in-fol.

Ce Ms. a appartenu d'abord à Jean de Pitpance, ensuite à l'abbé Mutte.

922. Épitaphes de Cambrai, Lille et Tournay, in-fol.

Ce recueil appartint tour-à-tour à Jean de Pitpance de Montauban, prevôt de la ville de Valenciennes, et à M. Mutte, doyen de Cambrai.

923. Épitaphes de la ville d'Arras, par Jean de Pitpance, in-fol.

Ce livre appartint encore aux deux personnes mentionnées plus haut.

924. Registre aux délibérations des assemblées

générales des États de Cambrai et du Cambrésis, commençant en 1763, dont les originaux, expédiés par le greffier des États et adressés chaque année au Chapitre de la Collégiale de Ste.-Croix, sont déposés aux archives en la boëte des États, in-fol. *ph.*

925. Assemblée générale des États de Cambrai et du Cambrésis, le 12 novembre 1781, in-4.°

926. Collectanea Dñi Pitpance de Montauban. Épitaphes de Lille, Douay, etc., in-fol. *ph.*

927. Mémoire des reliques, joïaux, cappes et touts aultres meubles et biens estant en la thresorerie de l'Église métropolitaine de Cambray, 1623, in-fol.

Initiales en rouge. Ce recueil a pour auteur Guillaume du Pin.

928. Épitaphes vues dans l'Église cathédrale de Tournay, in-fol.

Les Tombeaux, ainsi que les Épitaphes, sont dessinés à la plume avec assez de soin.

929. Isti sunt Proventus de præbendis Beate Marie Cameracensis, in-fol. vél. c. m.

Au commencement de ce Ms. on lit ce qui suit : *Hunc librum censuum P. Gilius Carlier jussu Dñy ac prælati sui in utilitatem futurorum cōpegit* 1600. Vient après une table des matières traitées dans ce volume. Ms. à longues lignes.

930. Extracta de privilegiis, viribus, libertatibus et jurisdictionibus Capituli Ecclesiæ Cameracensis, in-4.° vél. *v.* c. m.

Ms. à longues lignes.

931. Liber partitionum Ecclesie Cameracensis 1298, 1323, in-fol. *b.*

932. Ce sont toutes les rentes et revenus de

l'hopital St.-Ladre dalés Cambrai, renouvelés et escrits par M^{sre} Guy de Vaus, maistre dudit hopital l'an de grace 1371, et en suiant toutes les rentes ainsi que l'hopital doit, in-4.°

Ms. à longues lignes.

933. Cartulaire, fort in-4.°

Écriture du 16° siècle, contenant 340 chartes, lettres, et autres actes relatifs aux établissemens publics de Cambrai et du Cambrésis et à un grand nombre de familles.

934. Cartulaire de l'Église collégiale de Sainte-Croix, à Cambrai, in-4.° *b*. 500 *feuillets*.

935. Incipiunt Decreta et Sessiones sacri Concilii Basiliensis feliciter, in-4.° vél. *b*. C. M.

C'est une relation authentique du Concile de Bâle, portant la date de 1438, et certifiée par Pierre Brunetti, notaire du Concile. Ce Ms. a été donné au Chapitre de Cambrai par Robert Auclou, écolâtre de cette Église.

936. Remarques sur le gouvernement du royaume durant les trois règnes de Henry IV, de Louis XIII et de Louis XIV.

Ce Ms., qui vient de la bibliothèque du savant Koch, et qui orna ensuite celle de notre excellent ami, M. Pascal-Lacroix, a été rédigé par Jacques Nompar de Caumont, duc de la Force, pair et maréchal de France, mort à Bergerac le 10 mai 1652. Sa petite-fille, Charlotte-Rose Caumont de la Force, célèbre par ses ouvrages en prose et en vers, a écrit de ses propres mains, continué et mis en ordre ces remarques. M. Pascal-Lacroix, de qui nous tenons les détails ci-dessus, fait observer en outre que Barbier, *Dict. des Anonymes*, article 16254, indique un ouvrage dont le titre est semblable à celui que contient ce Ms., et qu'il regarde comme douteux le sentiment de ceux qui l'attribuent au fécond Gatien de Courtilz.

937. Recueil de toutes les pièces relatives à l'historique du monument que la ville de Cambrai a délibéré, sous l'approbation de S. M. Im-

périale et Royale, d'ériger à la mémoire de l'immortel Fenelon, in-fol. *ph.*

La 1re pièce contenue dans ce recueil est une lettre du 7 messidor an 12, par laquelle M. Farez, procureur impérial à Cambrai, informe le maire de cette ville de la possibilité de recouvrer les restes mortels de Fenelon sous l'emplacement de l'ancienne Église métropolitaine. Ce registre a été fait par les soins de la mairie de Cambrai. Le monument dont il est ici question n'a pas été exécuté; la Ville en a érigé un autre dans l'Église cathédrale. (V. *Notice sur le Monument élevé à Fenelon*, in-8.°, Cambrai, 1825.)

938. Index copiosus omnium dignitariorum et canonicorum Ecclesiæ Cameracensis, in-4.°

Cette utile compilation est encore un fruit des veilles de l'abbé Tranchant.

939. Miscellanea Jacobi Moart, in-fol. *ph.*

C'est un recueil de pièces relatives à l'Église de Cambrai. Le catalogue des chapellenies qui se trouve p. 171 et suivantes, est de la main de Jacques Moart lui-même, ainsi que les pièces inscrites pp. 124 et 199. Les tables qui sont à la fin du volume sont encore de sa main.

940. Recueil d'Évangiles pour les dimanches et fêtes de l'année, in-4.° vél. *b.*

Ms. du 15e siècle, enrichi de vignettes et d'ornemens enluminés. Le 1er Évangile qui s'y trouve est celui de la veille de Noël. A la fin du volume sont inscrites les formules des sermens prêtés à l'évêque par toutes les personnes qui lui étaient soumises. De ces formules, les unes sont en latin et les autres en langue vulgaire.

941. Collectio omnium inscriptionum in Metropolis Ecclesiæ Cameracensis monumentis seu tabulis æreis, marmoreis et saxeis incisarum, facta anno salutiferæ redemptionis nostræ millesimo septingentesimo sexagesimo quarto, in-fol.

Ce recueil est l'ouvrage de François-Dominique Tranchant, chapelain de la Métropole. On y trouve un assez grand nombre d'écussons et de blasons armoriés, ainsi que les dessins de quelques monumens et une carte figurative de l'ancien Chapitre. A la suite des épitaphes de la métropole, l'auteur en a ajouté d'autres qu'il a recueillies dans les églises de St.-Aubert, de St.-Géry, de la Madeleine, de Ste-Croix, de St.-Martin, de St.-François, de St.-Nicolas, de Prémi, de Ste-Claire et de St.-Fiacre à Cambrai.

942. Recueil de sceaux et écussons dessinés à l'encre de la Chine, in-fol.

Ce volume provient de l'abbé Mutte qui le fit faire par Antoine Taisne, peintre de Cambrai. Tous ces sceaux du moyen âge ont été copiés sur des titres qui intéressent Cambrai et le Cambrésis.

943. Partage de l'abbaye d'Anchin, in-fol. *ph. 250 pages sans compter la table.*

C'est un recueil d'actes et un dénombrement de terres appartenant à l'abbaye d'Anchin, ordre de St.-Benoît.

944 à 987. Acta capituli Ecclesiæ primùm Cathedralis, posteà Metropolitanæ Cameracensis, in-fol. et in-4.°, 43 vol. C. M.

Cette collection importante commence à l'an 1364 et finit en 1745; mais elle présente quelques lacunes, savoir: de 1426 à 1435, de 1438 à 1445, de 1451 à 1454, de 1467 à 1476, de 1571 à 1577, de 1615 à 1620.

988. Ritus observandus Domino Archiepiscopo in Ecclesiâ suâ Metropolitanâ assistente, p. in-fol.

Écriture du 18e siècle.

989. Cahier de remontrances de la communauté des chapelains de l'Église 1re collégiale de St.-Géry de Cambrai, in-fol. *Un cahier de deux feuilles en 23 articles.*

990. Cahier de remontrances des ecclésiastiques attachés au service du Chapitre de la Métropole de Cambrai, in-fol. 2 *copies.*

991. Collationes canonicatuum, præbendarum et dignitatum Ecclesiæ Cameracensis, 1524 à 1560, in-4.° *ph.*

992. Création de la loy de la ville de Lille, faite le 17 novembre 1376, par Willaume de la Hassel, Mas, Crempé et Henry le Heere, commissaires ad ce députés par lettres de nostre très redouté seigneur le comte de Flandres, in-fol.

993. Liber testamentorum canonicorum, capellanorum, et aliorum suppositorum Ecclesiæ Metropnæ Cameracensis, incipiendo ab anno 1694 usque ad 1749, in-fol. *ph.* c. m.

994. Vetus Repertorium privilegiorum Capituli Ecclesiæ Cameracensis, p. in-fol. *b.* c. m.

Ce Ms. est du 14e siècle.

995. Vetus Repertorium privilegiorum Ecclesiæ Cameracensis, in-4.º vél. *b.* c. m.

Belle écriture du 14e siècle. La 1re partie du volume est un recueil alphabétique de tous les lieux où l'église de Cambrai avait des biens ou revenus. La 2e contient les titres des priviléges de l'église, au nombre de 609.

996. Vetus Repertorium privilegiorum Ecclesiæ Cameracensis, in-4.º vél. *b.* c. m.

La 1re partie est un catalogue alphabétique des lieux où l'Église de Cambrai avait des biens ou des revenus. La 2e contient l'indication des priviléges concédés par les papes, les légats, les archevêques, les évêques, le Chapitre de Cambrai, les autres églises, les abbayes, les officiaux, les particuliers et arbitres, les empereurs, les rois, les comtes, les ducs, les chevaliers. Vient ensuite une division des mêmes priviléges, suivant qu'ils sont concédés à l'évêque, à la prevôté, à la trésorerie, à la chantrerie, à l'écolâtrerie, etc. L'écriture paraît être la même que celle du numéro précédent.

997. Archives et Journal de l'Assemblée générale du Clergé de France, tenue à Paris, par permission du roi, au 25e jour de mai 1635. 1re et 2e partie, in-fol. 2 vol. *v.*

Cet ouvrage est dû à Estienne Moreau, abbé de St.-Josse, agent et secrétaire du Clergé de France.

998. Les Mémoires de Mgr. de Montchal, archevêque de Thoulouse, avec le journal de l'Assemblée du Clergé de France, tenue à Mantes en 1641, in-fol. *v.*

Charles de Montchal, fils d'un apothicaire d'Annonai, naquit en 1589 et mourut en 1651. C'est l'un des plus savants prélats qui aient occupé le siége de Toulouse. Dans l'assemblée de Mantes dont il s'agit ici, il s'opposa aux volontés du cardinal de Richelieu ; ce qui lui attira la disgrace de ce ministre et de nouvelles marques d'estime de la part du Clergé de France.

999. Recueil de Sermons prêchés dans l'Église de St.-Géry, à Cambrai, in-4.°

Ms. du 15ᵉ siècle, avec une figure enluminée et rehaussée d'or, représentant la Ste. Vierge et St. Jean au pied du Calvaire.

1000. Mélanges historiques, in-4.°

Ce recueil contient, 1° Cy comence la déclaration des noms des chevaliers et gentils hommes les quels ont besoigné au pas de messire Philippe de Lalaing, chevalier de la Dame au Perron, etc. 2° Description de la descente des chastelains de Lille aussy avant que j'estime se pooir trouver, par François Piétin, religieux de Phalempin. Ce Ms. paraît autographe. 3° La prise de Constantinople par les Turcs en 1453. Récit de deux marchands florentins qui se trouvaient alors à Constantinople. 4° Copie d'unes lettres translatées de thiois en franchois envoyées au roi de Boesmes par ung capitaine hongrois nomme Haddiane et fut après la prinse de Constantinople. 5° D'où vint la saincte vraye croix à Douchy. 6° Extrait d'une chronique des évêques de Cambrai. 7° L'entrée de ceulx de Vallenchenes en la ville de Lille à la feste où se fist joustes et tournois en l'an 1435, le 1ᵉʳ juing. 8° Lettres de Jean Rasoir sur la vraye noblesse et sur quelques-uns de ses ancêtres, prevôts de Valenciennes. 9° Triomphe et entrée des Demoyseulx de Vallenchenes en la ville de Lille ou se faisoient joustes et tournoys pour le Roi de l'Espinette le 27 de mai 1438. Ce Ms., provenant de l'abbé Mutte, doyen de Cambrai, a été donné à la Bibliothèque par M. l'abbé Laloux, chanoine de Cambrai.

1001. La vie de St. Amand, évesque de Maestricht, apostre de Gand, in-8.° C. M. 373 *pages*.

Ce Ms., qui a été placé par erreur parmi les imprimés, où il portait le n° 14696, est de la fin du 17° siècle. Il a appartenu à l'abbé Fr. Estays de Boulogne, chanoine de Cambrai. L'ouvrage est divisé en 36 chapitres. Il est précédé d'un avis au lecteur, d'un avant-propos et d'une table des chapitres. Une table alphabétique des matières termine le volume. Cette Vie de St. Amand est rédigée avec soin; on voit qu'elle était destinée à l'impression. Les écrivains qui ont traité le même sujet sont Baudemond, abbé de Blandin vers 681 ; Milon, moine de l'abbaye d'Elnone ou St.-Amand, avant l'an 840 ; son ouvrage est en vers ; et Philippe de Harveng, abbé de Bonne-Espérance, contemporain et ami de St. Bernard. (V. *Acta Sanctorum Belgii*, t. IV, p. 177 - 290.)

1002. Dictionnaire moral et philosophique, in-12.

Écriture du 17° siècle. Le volume commence par le mot *accoustumance* et finit par le mot *honte*; de sorte que l'ouvrage était sans doute en 2 volumes dont le dernier manque. C'est un recueil de pensées, maximes ou sentences sur un grand nombre de sujets. L'auteur cite indistinctement les écrivains latins, français, italiens et espagnols.

1003. Rhetoricorum Commentariorum Libri quatuor, auctore Carolo Ruæo, in-8.° *v*.

Ms. provenant de M. Pascal-Lacroix. Le père Charles de la Rue, jésuite, né à Paris en 1643, mort en 1726, s'est rendu célèbre par ses poésies latines et ses prédications. Ce traité de rhétorique, dont il est auteur, n'a jamais été imprimé. Notre Ms. contient un autre ouvrage moins considérable du P. de la Rue. Il est intitulé : *De formâ latini carminis tractatus*.

1004. Conférences sur le *Miserere*, psaume L, in-12, *mar. dor. s. tr.*

Joli Ms. encadré; avec figure coloriée représentant le psalmiste. Les conférences sont au nombre de deux. Le Ms., qui porte la date de 1764, provient de M. Pascal-Lacroix.

1005. Télémaque, tragédie lyrique, in-4.°
v. dor. s. tr.

L'auteur de cette pièce est inconnu ; mais le prologue montre qu'elle a été composée pour être représentée devant la cour de Louis XIV. Du reste nous avons plusieurs ouvrages dramatiques sous ce titre : *Télémaque à Tyr*, tragédie (par Caradeuc de Kalanroi, frère de la Chalotais), in-12, Berlin, 1752. *Télémaque*, tragédie en cinq actes et en vers (par Destivaux), in-8.°, Paris, 1770. « Les prétendus vers de M. Destivaux, dit M. Pascal-Lacroix, dans une note, sont des lignes rimées à 12 ou 15 syllabes. » *Télémaque*, tragédie-parade, par M. Rognon, M^d papetier, rue Troussevache, in-12, 1770. Cette dernière pièce est attribuée à Crébillon, fils.

1006. Explication des huit béatitudes, in-12. 2 vol. v.

Ms. du 18° siècle. Cet excellent ouvrage pourrait bien être inédit, à moins que ce soit celui qui a été publié par l'abbé Gauthier, curé de Savigny, sous ce titre : *Réflexions chrétiennes sur les huit béatitudes, ou huit moyens enseignés pour parvenir au véritable bonheur*, in-12, Paris, 1783.

1007. Sermons pour l'avent et le carême, in-12, v.

Ms. dont toutes les pages sont encadrées d'un double filet. Ecriture du 18. siècle. Rien n'indique quel est l'auteur de ces sermons, qui sont au nombre de 12.

1008. Exercices pour les dix jours de retraite, in-4.° v.

Écrit en 1667. Titres et initiales en lettres de couleur. Le discours préliminaire est intitulé : *Reveues intérieures du religieux en solitude*.

1009. Regula Sancti Benedicti. Constitutiones variæ, in-16, b.

Écrit vers l'an 1500 par Jean du Mont, de Cambrai, moine de l'abbaye des Guillemins-lez-Walincourt. Recueil de constitutions religieuses et de pièces ascétiques y relatives.

1010. Mémoire pour MM. les Maîtres des

Requêtes. Mémoires sur les intendances de la Flandre française et de la Flandre flamingante, de Hainaut, d'Artois et de Champagne, in-fol. *ph*.

La 1ʳᵉ pièce de ce volume est une instruction donnée aux maîtres des requêtes qui devaient fournir des mémoires sur la statistique morale des diverses provinces de la France. C'est par les ordres de Louis XIV et sur la demande du duc de Bourgogne, élève de Fenelon, que cette instruction a été rédigée. Les Mémoires qui suivent sont pleins d'intérêt. Ils existaient en 16 vol. in-8.°, Mss., dans la bibliothèque du célèbre Mirabeau. Ce volume ne forme que la 1ʳᵉ partie de la collection, qui comprenait Hainaut, Flandres, Languedoc, Soissonnais, Touraine, Bretagne, les trois Évêchés, Alençon, Perche et Alsace. (V. le *Catalogue* de Mirabeau, p. 361, art. 2397.)

1011. Catéchisme ou Instruction chrestienne, in-8.° 2 vol. *mar. dor. s. tr.*

Belle écriture qui a quelque rapport avec celle de Fenelon; ce qui, joint au mérite réel de l'ouvrage, a fait penser que ce Ms. avait été tracé de la main de l'immortel prélat. Toutefois, il est facile, avec un peu d'attention, de reconnaître qu'il y a entre cette écriture et celle de Fenelon, une différence notable. Il est d'ailleurs peu probable que Fenelon ait eu en physique des idées aussi erronées que cette définition des comètes, qu'on trouve p. 26 du t. 1ᵉʳ du Catéchisme :
« La comète est une exhalaison qui s'allume dans l'air et
» qui ne s'éteint point tant qu'elle trouve de matière pour
» s'entretenir. »

1012. Manuscrit des plus curieux et utile pour toutes personnes qui aiment la lecture et l'histoire; très utile enfin pour les personnes ecclésiastiques, petit in-8.° 5 vol. *brochés*.

Compilation historique et chronologique qui s'étend depuis le 1ᵉʳ siècle de l'Église jusqu'en l'année 1752.

1012 *bis*. Introduction à la Géographie, in-8.° *v*.

Ouvrage peu important, écrit dans le siècle dernier.

1013. Antiquitez et Memoires de la très renommée et très fameuse ville et comté de Valentienne, avecq les généalogies, ordre et suite de ses comtes et seigneurs ; ensemble la fondation des églises et lieux pieux de ladite ville, par sire Simon Le Boucq, escuyer, Prevost dudit Valentienne, in-fol. 2 vol. *v.*

Ce Ms. est autographe. L'ouvrage est précédé d'un prologue dans lequel l'auteur développe les motifs et le plan de son histoire, qui est divisée en 6 livres. Le 1er volume commence à la fondation de Valenciennes qui, suivant Simon Le Boucq, eut lieu l'an 317 avant l'ère chrétienne ; il finit à l'an 1470, époque où Louis XI faisait la guerre dans le Hainaut. A la fin de ce 1er vol. on trouve une note signée de l'auteur, indiquant qu'il a achevé de l'écrire le 31 juillet 1643 : « Priant notre bon Dieu, ajoute-t-il, m'enseigner et donner le temps de parfaire le second. » Le 2e vol. commence au mariage de l'archiduc Maximilien d'Autriche avec Marie de Bourgogne, en 1473. Il est terminé par l'auteur aux funérailles que l'on fit à Valenciennes pour Philippe II, en 1598. Ce volume n'a pas été achevé, à cause de la mort de l'auteur, survenue le 1er décembre 1657. Simon Le Boucq, prevôt de Valenciennes, était né en cette ville le 15 juin 1591. On ne connaît de lui qu'un seul ouvrage imprimé, sous ce titre : *Bref recueil des Antiquitez de Valentienne*, par S. L. B., in-8.° de 42 p. Valenciennes, 1619. Il a laissé, outre le présent Ms., quelques autres ouvrages concernant l'histoire de Valenciennes. Ils sont tous estimés et recherchés des amateurs. On peut en voir la notice dans les *Recherches sur le théâtre de Valenciennes*, par M. Hécart, in-8.°, Paris, 1816, p. 181. M. Hécart a fait graver le portrait de Simon Le Boucq, qui se trouve en tête du même ouvrage, au moins dans un certain nombre d'exemplaires. Notre Ms. a appartenu à M. Albert-Joseph Boulé, de Valenciennes, qui y a joint des tables analytiques.

1014. Recueil de pièces en prose et en vers, in-4.° *ph.*

Ce recueil, qui est en partie de la main de Jacques-

Christophe Ruffin, abbé de Vaucelles, contient diverses pièces d'une autre écriture. Il en est quelques-unes qui ont été ajoutées par M. Pascal-Lacroix. Parmi les morceaux que contient ce volume, plusieurs ont été imprimés Ce sont des opuscules de circonstance, nés dans le 18ᵉ siècle.

1015. Liasse contenant une quantité de titres, chartes et autres documens concernant les établissemens charitables de Valenciennes.

Les nᵒˢ 397 bis, 1013 et celui-ci ont été, avec l'approbation de M. le Préfet, acquis en échange de quelques livres de théologie jugés peu utiles.

1016. La Philosophie des contemplatifs, contenant toutes les leçons fondamentales de la vye active, contemplative et sur-éminente, composée par le R. P. Sébastien de Senlis, capucin, in-16. s. s.

Autographe qui a servi à l'impression de l'ouvrage publié en 1620 chez Jean de La Rivière, imprimeur à Cambrai. La dédicace à la comtesse de Berlaymont est datée *du couvent des Capucins d'Amiens*, le 4 avril 1620. L'approbation, également autographe, porte la date du 7 septembre 1620; elle est signée *Maximilian de la Porte, prestre, licentié en la saincte théologie, doyen de chrestienté et pasteur de Saincte-Marie-Magdelaine en Cambray.*

1017. Mémorial de plusieurs choses remarquables arrivées tant à Cambray qu'aux lieux circonvoisins, in-4.° *broché.*

C'est un récit circonstancié des événemens survenus à Cambrai et dans le Cambrésis, depuis le 25 octobre 1576 jusqu'au 17 octobre 1616. On sait que Cambrai, durant cet espace de temps, a été le théâtre de divers troubles qui en font l'époque la plus mémorable de notre histoire locale. Notre Ms., qui date du siècle dernier, est extrait des *Mémoriaux* de l'abbaye du St.-Sépulcre. Il provient de feu M. Lefebvre, avocat en cette ville.

1018. Mémoires sur l'Église et le Chapitre de Ste-Croix à Cambrai, in-4.°

C'est à l'abbé Tranchant qu'on doit cette compilation. Parmi les pièces intéressantes qu'on y remarque, nous citerons le réglement dressé en 1220 pour l'hôpital St.-Julien qui dépendait du Chapitre cathédral. Ce réglement, écrit d'abord en latin et en roman du 13e siècle, fut renouvelé et modifié en 1499, 1575, 1642, 1661 et 1745. Le quart environ du volume est consacré au Cartulaire de St.-Julien.

1019. Lessons of English Saints collected and composed by the reverend D. Th. Welsh and recommended by the general chapter of 1785 to his, and R. D. Jerom Sharrocks, prior of S.-Gregory's revision, in-fol.

En feuilles. Le Dr Welsh, auteur de ce travail liturgique, était le directeur des Bénédictines Anglaises de Cambrai, à qui ce Ms. a appartenu.

1020. Metropolitanæ Ecclesiæ Cameracensis Capituli Statuta, in-4.° vél. b. *garni en cuivre.*
C. M.

Écriture du 15e siècle, sauf quelques actes qui ont été ajoutés à la fin. Ces Statuts sont précédés d'un prologue commençant par ces mots : *Ad vigilantiam nobis commissi gregis.*

1021. Eenighe vierighe aspiratien vande eenwige glorie. *C'est-à-dire,* quelques brûlantes aspirations à la gloire éternelle, in-24.

Ce Ms. flamand est un recueil de méditations pieuses. Sur le frontispice, au-dessus du titre, on lit le nom de Marie de Merville, à qui le livre a appartenu, puis une sentence flamande signifiant : *en Dieu est le repos.* Au-dessous du titre est une autre phrase qui signifie : *Ce livre ne peut sortir du coin,* ce qui veut dire sans doute : *ne peut être mis entre les mains de tout le monde.* Le Ms. est enrichi de figures gravées en taille-douce.

1022. Priviléges de Saint-Aubert en Cambresis, Bertheries, Saint-Vaast, Sauzoy, Hommages, Herines, Gavre, Herentoth, Winages,

Vaucelles, Crevecœur, et Grantpont. . . . . .
Item de Elymont, Bourlon et Graincourt, Queans, Barastre, Waencourt, Vitri et Sains, Hem. Confirmations de Papes, Prébende de Cambray, Avesnes-les-Secques, Iwir, Confirmation de le mairie de Saint-Géry, et le Lettre des escolliers de Paris, in-fol. 2 vol. vél. s. a.

C'est un recueil de titres des priviléges que possédait l'abbaye de St.-Aubert dans tous les lieux indiqués ci-dessus. Parmi ces pièces on trouve quelques monumens curieux de notre ancien langage. La *Lettre des escolliers de Paris* est un titre en vertu duquel l'abbaye de St.-Aubert avait droit de placer un écolier à l'Université de Paris. Le Ms. est du 15e siècle ; mais une main plus moderne a ajouté diverses chartes à la fin de chaque volume.

1023. Mélanges d'actes recueillis par l'abbé Mutte, in-fol.

Comprend une quantité d'actes de toute nature, dressés depuis l'an 1654 jusqu'en 1739. La dernière pièce de ce recueil est le Procès-verbal qui constate que le 29 juin 1739, le corps de Guillaume de Melun, marquis de Risbourg, grand d'Espagne de 1re classe, vice-roi de Catalogne, chef capitaine de la garde noble de S. M. C., colonel des Gardes-Wallones, seigneur de Walincourt, Clary, Selvigny, etc., est arrivé audit Walincourt en Cambrésis et a été inhumé dans le chœur de l'église des Guillemins. Le volume est terminé par une table des noms de famille rappelés dans les actes qui y sont contenus.

1024. Lettres de convocation pour l'assemblée des États de Cambrai et du Cambrésis, adressées au Chapitre de l'église collégiale de St.-Géry, in-fol.

Ce recueil contient toutes les lettres autographes de convocation, depuis 1597 jusqu'en 1787. La 1re est signée du cardinal-archiduc Albert, gouverneur général des Pays-Bas. La dernière porte la signature de Louis XVI.

1025. Liber catenatus Ecclesiæ Camerasensis, in-fol. vél. *b. garni en cuivre.*

Ms. du 14⁰ siècle, avec des additions des siècles suivants. Recueil de titres de propriétés et de rentes appartenant au Chapitre métropolitain. Ce livre porte encore la chaîne par laquelle il était fixé dans le lieu d'où l'on voulait qu'il ne pût être enlevé.

1026. **Liber pilosus secundus omnium titulorum, munimentorum atque negotiorum monasterii Sancti-Sepulchri**, in-fol. *v.*

Ce volume, qui forme la seconde partie d'un recueil dont la 1ʳᵉ ne se retrouve pas, a été commencé le 14 mai 1658. C'est une collection intéressante de pièces qui concernent l'abbaye du St.-Sépulcre à Cambrai. Ce livre est nommé *pilosus* parce que le veau dont il est recouvert n'a pas été dépouillé de ses poils.

1027. **Inventaire analytique des titres, chartes, bulles et autres documens concernant l'abbaye de Vaucelles**, in-fol. 2 vol. *ph.*

Cet inventaire, fort soigneusement écrit, est précédé d'une chronologie des abbés de Vaucelles, au nombre de 56, depuis Raoul, installé par St. Bernard, en 1132, jusqu'à Alexandre Peuvion, dernier abbé, installé le 26 juillet 1780. Les 2 volumes sont enrichis de tables alphabétiques.

1028. **Munimenta pro juridictione Capituli Cameracensis, et Francis-Servientibus**, in-fol. *c.* C. M.

Écriture du 15ᵉ siècle. Recueil de titres authentiques concernant les droits respectifs du Chapitre cathédral et des échevins. De ces pièces, les unes sont en langue romane, et les autres en latin.

1029. **Liber privilegiorum Ecclesiæ et Civitati Cameracensi concessorum**, in-4.° vél. *ph.* c. m.

Ms. du 13⁰ siècle. Parmi les titres précieux que contient ce recueil, nous indiquerons, 1° Une charte donnée par l'empereur Frédéric II, en 1215, charte peu connue et qui se rattache aux droits de commune que revendiquait la ville de Cambrai. 2° Un concordat, en langue vulgaire, passé par l'évêque Godefroy de Fontaines, en 1234, entre l'Église de Cambrai et Arnoul d'Audenarde, au sujet de l'exercice de la justice dans les villages d'Ogy et d'Ysier. 3° La Loi d'Onaing et de Quaroube. 4° Divers actes relatifs à l'ancienne jurisprudence du comté de Hainaut. Ces dernières pièces sont du 14° siècle.

1030. Instruction et recœuil sur les coustumes generalles d'Arthois avecq les allégations des lois civiles. Recœuil en brief d'aulcunes traditions, formulaires et praticqs, ensemble de toutes matières personnelles, réelles, mixtes et autres conduisant à la notice d'icelles avecq plusieurs maximes et reigles generalles observées au pays d'Arthois, signament en la chambre d'iceluy pays. Le praticq d'Arthois, traictée sommairement. . . . . . suivant la commune observation du pays, in-fol. 13 *cahiers*.

Ces travaux sur les coutumes d'Artois paraissent du même auteur. Ils portent la date de 1657 – 1663.

1031. A treatise of St. Bernard intitled *de præcepto et dispensatione*, wich signifies how and in what superiours in religion may comand and dispence up their subjects, and also how and wherein their subjects should be obedient. Translated out of latin by a brother of Syon, Richard Whitford, in-4.° 9 *cahiers*.

Le traité *du précepte et de la dispense*, dont ce Ms. offre la traduction, passait pour l'un des meilleurs livres de morale monastique. Il a été écrit par le célèbre abbé de Clairvaux, sur la demande des religieux de Saint-Père, près de Chartres. L'épître qui lui sert de prologue est adressée à Roger, abbé de Coulomb.

1032. A Spiritual ladder, or stepes to ascend up to heaven, composed by St. John Climacus, abbot of the monastery of mount Sinaï, and father of the greek church. in-4.° 10 *cahiers*.

C'est de cet ouvrage, intitulé l'*Échelle sainte*, que l'auteur a pris le nom de *Climaque*, qui en grec signifie *échelle*. Ce saint anachorète, né en Palestine vers l'an 525, fut fait abbé du Mont-Sina en 600 et mourut le 30 mars 605 ou 606. Le jésuite Raderus a publié l'*Échelle* de St. Jean Climaque en grec et en latin, in-fol., Paris, 1633. Il en existe deux traductions françaises; l'une qui porte le nom d'Arnaud d'Andilly, mais qu'on attribue à l'avocat Le Maître, son neveu; l'autre, plus ancienne, in-12, Paris, 1603, ne désigne le traducteur que par les initiales R. G. A. G.; ce qui, selon Barbier, signifie, *René Gautier, avocat-général.*

1033. A treatise of the wows of religion in answer to lutheran hereticks, very profitable to all religious persons, composed by a brother of Syon, Richard Whitford, in-4.° 15 *cahiers, le* 2° *manque.*

Ce Ms. provient, ainsi que les deux précédents, de la maison des Bénédictines Anglaises de Cambrai. Une note mise à la fin de celui-ci porte qu'il a été imprimé à Londres en 1532, et rajeuni du vieux langage anglais en 1694. Richard Whitford, religieux du monastère de Sion, était un littérateur fort distingué; Thomas Morus et Érasme avaient pour lui beaucoup d'estime. Sa traduction du traité de St. Bernard, *de præcepto et dispensatione,* n'est pas mentionné dans l'article que la *Biogr. Univ.* a consacré à Richard Whitford.

1034. Registrum bullarum et collationum Capituli Sancti Gaugerici Cameracensis, in-fol.

Ce recueil de bulles et autres actes pour la collation des prébendes du Chapitre de St.-Géry commence au 4 novembre 1715 et finit au 16 février 1784.

1035. Miscellanea. Locationes domorum intrà et extrà urbem, in-4.° vél. *b.*

Ms. du 14° siècle, avec quelques additions du siècle suivant. Provenant du Chapitre de St.-Géry.

1036. Kalendarium ecclesiæ Sancti-Gaugerici Cameracensis. Fundata officia. Obituarium. Ritus pro ornamentis, etc., in-fol. *c.*

Ce recueil est bon à consulter pour fixer des dates relatives à l'histoire ecclésiastique de Cambrai.

1037. **Registrum certarum bullarum pro diversis causis religiosis**, in-4.º vél. *ph.*

Écriture du 16ᵉ siècle, difficile à lire. C'est une collection de Bulles qui n'intéressent pas seulement le diocèse de Cambrai, mais aussi toute la chrétienté.

1038. **Bulle Clémentine octroyée à la sacrée Religion militante de Hierusalem**, in-fol. vél.

Cette Bulle, donnée à Rome le 4 des nones de janvier 1523, est précédée d'une lettre de F. A. de Naberat, commandeur d'Ayen, à Alexandre de Vendôme, grand prieur de France. Elle est suivie d'un extrait des registres du Parlement de Paris, sous la date du 27 août 1579, et d'un certificat d'authenticité, signé par deux notaires apostoliques, sous la date du 1ᵉʳ mars 1624. Le tout est terminé par une table alphabétique des matières contenues dans la Bulle.

1039. **Obituarium Ecclesiæ Cameracensis**, in-4.º vél. C. M.

Ms. du commencement du 15ᵉ siècle, qui offrirait plus d'intérêt si, dans l'indication des décès, on avait joint l'énoncé de l'année à celui du quantième du mois.

1040. **Registre général de toutes les pièces contenues dans les cartons des archives du secrétariat de Mgr. Charles, archevêque duc de Cambray, pair de France, prince du St.-Empire, comte du Cambrésis**, etc. in-fol. v. *aux armes de cet archevêque.*

Ce Ms. porte la date de 1736.

1041. **Bulles originales des Papes, munies de leurs sceaux de plomb.**

La plus ancienne de ces Bulles est du pape Honorius II qui siégea depuis 1124 jusqu'en 1130. Elle a pour objet de confirmer la nomination faite par l'évêque Burchard d'un chanoine nommé Alard à la trésorerie du Chapitre de Cambrai. La plus récente porte la date de 1766; elle est de

DE LA BIBLIOTHÈQUE DE CAMBRAI.   229

Clément XIII qui confère un bénéfice dans le chapitre de Maubeuge. Ces Bulles sont au nombre de 113; toutes bien conservées. 18 appartiennent au 12" siècle; 38 au 13·; 3 au 14ᵉ; 34 au 15"; 10 au 16"; 6 au 17ᵉ; 4 au 18ᵉ, M. Houillon, sous-bibliothécaire, en a fait l'inventaire descriptif. Le mot *Bulle* signifie proprement un sceau de métal attaché à des lettres, et ce n'est qu'au 13ᵉ siècle que certaines épîtres des papes ont tiré ce nom de la bulle de plomb qui s'y trouvait attachée. Les sceaux pendant à nos bulles portent d'un côté les images de St. Pierre et de St. Paul, et au revers le nom du Pape, son titre marqué par les lettres PP, et le chiffre romain qui le distingue de ses prédécesseurs.

1042. **Farde de pièces relatives aux contestations qui eurent lieu par suite de l'érection de Cambrai en archevêché.**

Voici l'énumération de ces pièces : 1° Deux lettres originales du cardinal de Lorraine, archevêque de Reims, à l'archevêque de Cambrai, Maximilien de Berghes, touchant l'érection de Cambrai en archevêché. Ces lettres sont datées du 13 octobre et du 30 novembre 1564. 2° Lettres du Chapitre de Cambrai à Mgr. Maximilien de Berghes, pour savoir de lui ce qu'il veut être fait au sujet de la citation donnée par M. l'archevêque de Reims pour le synode provincial. Cette lettre est du 23 octobre 1564. 3" *Responsio ad* Protestationem *ill. ac rev. D. Archiepiscopi Remensis.* On ignore de qui est cette réponse qui fut rédigée sous Maximilien de Berghes, 1ᵉʳ archevêque de Cambrai. 4" Avis de M. (Joly de) Fleury, (conseiller au grand conseil) sur ce qu'il y a à faire de la part de Mgr. de Cambrai (Jacq. Théod. de Bryas) pour se maintenir dans les droits de son archevêché (1678). 5° Réponse pour l'église et archevêché de Cambrai, contre la *Protestation* de Mgr. l'archevêque duc de Reims (Ch. Maur. Le Tellier.) Cette réponse fut rédigée en 1678, sous M. de Bryas, prédécesseur de Fenelon. 6⁾ Mémoire de M. l'abbé Fenelon pour répondre à la *Protestation* de Mgr. l'archevêque de Reims, contre l'érection de Cambrai en archevêché (1695). 7° Renonciation faite par l'archevêque de Reims (Le Tellier), pour lui et ses successeurs, à toutes ses prétentions sur l'archevêché, en conséquence de l'union de l'abbaye de St.-Thierry à l'archevêché de Reims. Cet acte est du 14 novembre 1696. 8° Acte par lequel M. l'archevêque de Cambrai (Fenelon) reconnaît que M. Le Tellier, archevêque de Reims, lui a remis une renonciation à tous ses prétendus droits sur l'église de Cambrai (1696). 9° Réponse de l'archevêque de Cambrai au *Mémoire* qui lui a été envoyé sur le droit de joyeux avénement (1702). Toutes ces pièces ont été communiquées à MM. les éditeurs des *Œuvres complètes de Fenelon*, qui en ont fait une mention spéciale dans le 5ᵉ volume de la *Correspondance* de ce prélat, p. 5. Ils ont en outre imprimé le *Mémoire* n° 5 ci-dessus, dans le même vol., p. 7 à 70. Le Ms. que nous possédons de ce *Mémoire* présente de nombreuses corrections et des additions de la main de Fenelon. La *Réponse sur le droit de joyeux avénement* est également publiée dans le même 5ᵉ vol. de la *Correspondance*, p. 73 à 129. Je l'avais fait connaître au public deux ans auparavant, in-8.°, Cambrai, 1825. Mon ami, M. Fidèle Delcroix, s'était uni à moi pour cette publication.

1043. Actes originaux, en français vulgaire du 13ᵉ et du 14ᵉ siècle.

La plupart de ces Actes sont encore munis des sceaux en cire qui en constatent l'authenticité. En formant cette collection, j'ai eu pour but de réunir les plus anciens monumens du langage qu'on parlait dans nos contrées depuis le règne de St. Louis jusqu'à celui de Charles VI. L'acte qui porte la date la plus reculée est un chirographe du mois d'août 1236, passé à Paillencourt pour un échange entre l'abbé du St.-Sépulcre et Dame Aude et ses hoirs. Ces chartes sont au nombre de 30. Du reste, nous possédons des titres en langue romane antérieurs à celui-ci, tels sont les *Statuts de l'hôpital St.-Julien*, de 1220, et la *Loi Godefroy*, de 1227 ; mais les originaux n'en sont pas parvenus jusqu'à nous. Carpentier, dans les pièces de son *Histoire de Cambrai*, p. 18, nous a même conservé une charte française de l'abbaye d'Honnecourt, datée du mois de juin 1133. Cette pièce passe pour le plus vieux monument authentique de notre langue. Le Cambrésis peut donc être considéré comme le berceau de l'idiome des trouvères.

1044. Actes originaux en latin, du onzième et du douzième siècles.

Dans cette collection que j'ai formée, je me suis borné aux Actes antérieurs à l'an 1200, parce qu'à dater de cette époque ils cessent d'être rares. Le plus ancien titre original qui en fasse partie est une charte de l'évêque de Cambrai, St. Liébert, datée de l'an 1076. Cette charte, qui est la seule que nous possédions du 11e siècle, porte le monogramme de Liébert. Le sceau, en cire sèche, aride et friable, est de forme orbiculaire; les bords en sont relevés en manière de bourrelet. L'évêque y est représenté assis, avec les habits et les insignes de sa dignité. L'inscription est ainsi conçue : *Lietbertus gratia Dei Cameracen Eps.* Ce sceau, qui fait un relief considérable, est appliqué en placard au bas de l'acte, au-dessous de la date, au milieu et un peu à droite. L'usage des sceaux ainsi plaqués se conserva en France jusque sous le règne de Louis-le-Gros. Tous les autres sceaux de cette collection sont encore de cire sèche et aride, mais au lieu d'avoir la forme ronde, ils sont ovales, oblongs ou paraboliques, se terminant en ogives par les deux bouts. Ils sont pendants avec des lemnisques ou attaches de cuir. Les évêques y sont représentés tantôt assis et tantôt debout. Un inventaire détaillé accompagne cette collection ainsi que les deux précédentes.

1045. Catalogue des livres imprimés et manuscrits qui composent la Bibliothèque communale de Cambrai, in-fol. 3 vol.

Ce Catalogue, commencé par M. René Marchant et terminé par feu M. l'abbé Lély, mes deux prédécesseurs, offre les divisions suivantes : *Grammaire. Histoire Naturelle. Arts Mécaniques. Mathématiques, Physique, Chimie et Médecine. Arts Libéraux. Rhétorique. Poésie. Philologie. Polygraphie. Philosophie. Morale et Éducation. Droit naturel et des gens. Droit public. Lois civiles et Commentateurs. Jurisprudence civile et criminelle. Droit canonique, Métaphysique, Religions, Conciles et Synodes. Liturgies. Ouvrages ascétiques et mystiques, Théologiens. Prédicateurs. Géographie. Voyages et Relations. Chronologie et Histoire universelle. Histoire ancienne. Histoire moderne gé-*

générale. *Histoire moderne particulière d'Asie et d'Afrique. Histoire moderne d'Europe. Histoire de France, Espagne, Pays-Bas, etc. Histoire des Religions. Histoire de l'Église Catholique. Histoire monastique. Biographie civile et ecclésiastique. Antiquités. Histoire littéraire. Manuscrits.* Ce Catalogue présente un total de 30,000 volumes environ.

1046. Abrégé des Conciles généraux et particuliers ; l'éclaircissement tant des anciens que des nouveaux canons qui prouvent les dogmes et la discipline de l'église romaine ; ensemble l'état de la Religion chrétienne depuis J.-C. jusqu'à la présente année ; la suite des papes depuis St. Pierre, des empereurs depuis Auguste, des rois de France et des écrivains ecclésiastiques, in-8.° 2 vol. *v.*

Ce Ms., provenant de M. Pascal-Lacroix, n'a été retrouvé qu'au moment où l'on achevait l'impression du Catalogue ; ce qui explique pourquoi il est placé en dernière ligne. C'est une bonne histoire ecclésiastique qui s'arrête en 1687.

DESIDERATA,

ou

NOMENCLATURE DES PRINCIPAUX MANUSCRITS

INDIQUÉS COMME AYANT EXISTÉ DANS LES DÉPOTS QUI ONT SERVI A FORMER LA BIBLIOTHÈQUE DE CAMBRAI, ET QU'ON REGRETTE DE NE PAS TROUVER DANS CET ÉTABLISSEMENT.

1° HISTOIRE des Croisades, in-fol. 12 vol.

M. Pascal-Lacroix, dans sa *Notice sur Jacques-Christophe Ruffin*, abbé de Vaucelles, *Mémoires de la Société d'Émulation*, année 1820, p. 174, fait mention de cette *Histoire des Croisades*, écrite, dit-on, de la main même du sire de Joinville. Suivant l'affirmation d'une personne respectable, ce précieux Ms. aurait existé long-temps à l'abbaye de Vaucelles, et en aurait été enlevé depuis, pendant l'une des guerres qui ont dévasté le Cambrésis. Il aurait été ensuite acquis par les Jésuites de Bruxelles. On ajoute que l'abbé Ruffin ayant vu chez ces Pères les 12 vol. qui portaient encore les armoiries de son abbaye, offrit en vain une somme considérable pour rentrer en possession d'un tel trésor. Certes, c'eût été là une découverte bien importante, puisque le seul ouvrage connu du sire de Joinville se réduit à la *Vie* ou *Chronique de St. Louis*, qui ne formait, dans le Ms. trouvé en 1746 et publié en 1761, qu'un petit in-4.° sur vélin, à 2 colonnes, de 391 pages. Mais il faut avouer que l'existence de l'*Histoire des Croisades* n'est rien moins qu'avérée; aussi M. Pascal-Lacroix ne la mentionne-t-il qu'avec la sage réserve qui le caractérise, et dans l'unique dessein de rappeler l'attention des érudits sur ce point intéressant de notre histoire littéraire. Que reste-t-il d'ailleurs à espérer des recherches qui seraient faites désormais après celles auxquelles s'est livré l'auteur de la *Bibliographie des Croisades* ?

2° Vita Sancti Bernardi Clarevallensis abbatis, in-4.° *environ* 200 p.

Cette Vie de St. Bernard est de Guillaume, abbé de St.-Thierry de Reims (V. le présent *Catalogue*, n° 769). Le Ms. qui la contient se trouve dans la bibliothèque de Lyon où il porte le n° 149. M. Delandine le décrit pp. 201 et 202 du t. 1ᵉʳ de son catalogue, en disant qu'il est bien conservé, d'une écriture nette et lisible, à longues lignes, capitales en couleur. L'âge n'est pas indiqué. A la fin du volume on lit une note ainsi conçue : *Ce livre a esté prins au monastère du Val-Notre-Dame, non guières loing de Cambray, l'an* 1553, *estant le Roy devant ledit Cambray, et fust achepté par monsieur de Clamson d'ung souldard, et lui cousta deux sols.* Ce Ms. passa dans la bibliothèque de Marc Perrachon qui en fit don à la ville de Lyon. La bibliothèque de cette grande cité possède encore un autre Ms. précieux qui provient de Cambrai. Il est intitulé *Virgilii opera*, in-4.° environ 600 p. Voici la description qu'en donne M. Delandine, *Catalogue* précité, t. 1ᵉʳ, p. 158. « Ce beau Ms. de *Virgile* est sur vélin très pur, avec les capitales coloriées. En tête de chaque Églogue, de chaque livre des Géorgiques, et de tous les chants de l'Énéïde, on trouve un dessin enluminé et rehaussé d'or, où sont représentés les sujets principaux décrits dans le chant. L'écriture est nette, lisible, et date de 1350. L'auteur (l'éditeur) y a ajouté des sommaires et des vers d'Ovide, relatifs à chaque ouvrage de Virgile. Le volume appartint en 1569 à Jean-Antoine de Lescure, habitant à Cambrai, qui le confia à Jean Truchin. » On a quelque raison de croire que ce Ms., avant de passer dans les mains de J. A. de Lescure, avait appartenu à l'un de nos établissemens religieux.

3° Gesta Cameracensium Episcoporum, auctore Lamberto Waterlosio.

Les continuateurs du grand *Recueil des historiens de France* ont publié des fragmens de cette chronique de Cambrai dans leur t. XIII, p. 476 à 532. Ces fragmens leur ont été fournis par l'infatigable abbé Mutte qui en possédait une copie faite en 1664 sur un ancien Ms. qu'on n'a pu retrouver. Le savant doyen a essayé de rétablir ce qui manque, en recueillant de différents auteurs les passages qu'ils avaient empruntés à cette chronique. L'*Histoire chronographique* du Cateau-Cambrésis, dont nous regrettons aussi la perte, lui a procuré un grand nombre de ces citations. Il en a trouvé aussi beaucoup dans un recueil intitulé *Pot-pourri* et composé par Martin Leleu, chanoine de St.-Aubert. Lambert Waterlos, aussi chanoine de Saint-Aubert, vivait au 12ᵉ siècle. M. Brial lui a consacré une notice dans le t. XIV de l'*Hist. litt. de la France*, p. 596. L'éditeur de la *Biogr. Univ.* a aussi accueilli un article que je lui ai adressé sur ce chroniqueur cambrésien. Je pense que feu M. Brial et les continuateurs du *Recueil des hist. de France* ont eu tort de distinguer le *Gesta episcoporum* d'avec la Chronique. Ces divers fragmens appartenaient vraisemblablement à un seul et même ouvrage.

4° The Works of the R. Father Augustin Baker, in-fol. 17 vol.

Augustin Baker, savant bénédictin anglais, né en 1575, mort en 1641, fut pendant neuf ans le directeur du couvent des Bénédictines Anglaises de Cambrai. La riche bibliothèque de cette maison conservait tous les Mss. historiques et ascétiques qu'avait laissés cet habile et infatigable compilateur. Il est à regretter que nous n'en ayons retrouvé aucun. Les érudits savent quel parti Reyner et Serenus Cressy en ont tiré, l'un pour son *Apostolat des Bénédictins*, l'autre pour son *Histoire de l'Église* et sa *Sainte Sophie*. On voyait aussi dans la même bibliothèque une vie d'Augustin Baker sous ce titre : *The historical narration of life and death of the late venerable father F. Augustin Baker*, in-8.°. Peut-être ce Ms., ainsi que beaucoup d'autres qui sont relatés à la fin du catalogue mentionné ci-dessus, n° 901, auront-ils été emportés par les Dames Anglaises, lorsqu'elles furent obligées de quitter Cambrai et la France. La *Biogr. Univ.*, t. 3, p. 251, contient un article sur Baker qui y est nommé *David* au lieu d'*Augustin*, d'où l'on pourrait conclure qu'il n'a pris ce dernier nom qu'à son entrée en religion.

5° Mémoriaux de divers abbés de St.-Aubert.

Plusieurs abbés de Saint-Aubert avaient l'habitude d'écrire un *Mémorial* de tous les faits et événemens remarquables arrivés de leur temps dans le pays. Ces espèces de chroniques, rédigées par des auteurs contemporains, devaient offrir de précieux matériaux pour l'histoire. On peut voir des fragmens de ces *Mémoriaux* de St.-Aubert dans nos deux historiens, Carpentier et Dupont. Les abbés qui se sont fait le plus connaître par des travaux de cette nature sont Nicolas Brassart, Jean Le Robert et Philippe Blocquel, qui vivaient dans le 15.° siècle. Malheureusement il ne nous reste de leurs ouvrages que les fragmens qu'en ont cité quelques écrivains. Le Comité d'instruction publique de la Convention nationale fit, en l'an 3, la demande spéciale des *Mémoriaux* de Jean Le Robert, auprès de l'Administration du District de Cambrai. Toutes les recherches à cet égard furent vaines. M. Dumersan, dans un *Précis historique sur Enguerrand de Monstrelet*, couronné par la Soc.° d'Émulation en 1808, a commis une erreur en avançant que ces *Mémoriaux* se trouvent à la bibliothèque du Roi. L'abbé Mutte en avait fait des extraits, surtout pour ce qui a rapport à l'histoire publique, aux familles, aux monnaies, à différents usages. (V. son *Catalogue*, n° 5842).

6° Breve Chronicon Cameracense, authore Christiano Massæo.

Cette Chronique manuscrite se trouvait à l'abbaye du Saint-Sépulcre à Cambrai. L'auteur, Chrétien Masseuw, appartenait à la célèbre congrégation des Frères de la Vie Commune. Il mourut en cette ville le 25 septembre 1546, après y avoir enseigné les humanités pendant 36 ans. Il a publié divers ouvrages dont on peut voir l'énumération dans les *Mém.* de Paquot, in-12, t. 6, p. 208.

7° Chronicorum Valcellensium libri duo.

Ces Chroniques, qui se conservaient à Vaucelles, ont pour auteur D. Richard Moreno, mort abbé en 1720. Le 1.er livre contient la suite des abbés de Vaucelles; le 2.e traite surtout de ce qui s'est passé dans le Cambrésis pendant la guerre de 1635 à 1649.

8° Catalogus librorum manuscriptorum extantium in bibliothecâ Ecclesiæ metropolitanæ Cameracensis concinnatus et exaratus à D. Marion, in-8.°, plus un Carton contenant des notes détachées, en forme de commentaires, sur les livres Mss. de la bibliothèque du Chapitre de Cambrai.

Ce catalogue et ces notes se trouvaient dans la bibliothèque de l'abbé Mutte, sous les n°s 5750 et 5751. Que sont-ils devenus ? On l'ignore. Simon-Antoine Marion, auteur de ce travail intéressant, fut reçu chanoine de Cambrai en 1719, et mourut en 1758. Il est le sujet d'un article dans les *Rech. sur l'Eglise de Cambrai*, p. 139.

9° Lettres de Fenelon à M. de Bernières, intendant de Hainaut et de Flandre, in-4.°

Ces lettres, autographes et inédites, sont au nombre de 80 environ. Elles ont échappé aux recherches des estimables éditeurs des *Œuvres complètes de Fenelon*, qui ont pourtant publié 11 volumes de la correspondance de notre immortel archevêque, in-8.°, Paris, 1825 - 1829. Depuis plus d'un an, il est question d'acquérir cette précieuse collection qui ne saurait être plus convenablement placée que dans la Bibliothèque de Cambrai. Puisse notre nouveau Conseil municipal, confirmant le vote déjà émis par l'ancien, assurer enfin à la Ville la possession d'un tel trésor !

ADDITIONS ET CORRECTIONS.

N° 37, ligne 1re, *Brevarium*, lisez : *Breviarium*.

N° 92. Ajoutez : Ce Bréviaire est indiqué dans le catalogue de Mutte, in-8.°, Cambrai, 1775, comme étant composé de 2 vol. de format différent.

N.° 134. Ajoutez : M. l'abbé Possoz, professeur au grand séminaire de Cambrai, m'a communiqué un beau Ms. in-4.°, écrit en 1287, contenant le même traité, mais sous le titre de *Disciplina cordis* au lieu de *Doctrina cordis*. Cet ouvrage y est précédé d'un autre traité ascétique intitulé : *Libellus de Virgine Mariâ*. Le *Doctrina cordis* est là sans nom d'auteur, aussi bien que dans notre Ms. Sanderus qui, dans la 1re partie de sa *Biblioth. Mss^{ta} Belg.*, p. 359, l'indique sous le nom de Jean Divinus, l'attribue, dans la 2e partie, p. 40, à Gérard, de l'ordre des Frères-Prêcheurs, lecteur du couvent de Liége.

N° 159, ligne 12, 785, lisez 812.

N° 169, ligne 6, *Louis* x, lisez : *Louis* xi.

N° 174. La *Summa Baptistina* est ainsi appelée du nom de son auteur, Baptista de Salis, Génois, de l'ordre des Frères-Mineurs, qui vivait au 15e siècle. Cet ouvrage a été imprimé à Nuremberg, in-fol., 1488.

N° 203, ligne 17, *Mém. de l'Acad.*, lisez : *Hist. de l'Acad.*

N° 208. Ajoutez : Il existe parmi les Mss. de la bibliothèque du Roi à Paris, une *Maison de Conscience*, dont l'auteur est J. Saulmier, (V. *Biblioth. Mss^{ta}* de Montfaucon, p. 787, *b.*)

N° 234. J'ai commis une erreur en disant que cette version des *Éthiques* n'est pas connue. Elle a été imprimée à Louvain, in-fol., 1476. (V. *Dict. bibl. choisi du 15e siècle*, t. 2, p. 97.)

N° 242. L'ouvrage intitulé ici : *Liber Bernardinus*, a été imprimé sous ce titre : *Florilegium Bernardinum sive flores ex operibus S. Bernardi, collecti à Guillelmo, monacho S.-Martini Tornacensis*, in-4.°, Paris, 1499. In-8.°, Lyon, 1556. In-16, Lyon, 1570.

N° 251. *L'Hortulus Rosarum* a pour auteur Thomas à Kempis.

N° 258. Le traité *Stimulus amoris*, attribué tour-à-tour à St. Bernard, à St. Bonaventure et à Anselme de Lucques, a été traduit en français par Ant. Vérard, sous ce titre : *Aiguillon d'amour divine*, in-4.°, 1507.

N° 358. Une note placée en tête de chaque volume de ce Ms. porte qu'il a été communiqué en 1612 à François Sylvius, docteur et professeur en théologie à Douai, qui le consulta avec fruit pour la rédaction de son excellent Commentaire sur St. Thomas.

N° 378. Præpositus, auteur du traité mentionné dans ce numéro, est le même que Præpositivus, surnommé *Cremonensis*, chancelier de l'église de Paris, mort vers 1209. Cette Somme de théologie est son principal ouvrage. Il n'en a été imprimé que deux ou trois pages qui concernent la pénitence, et qui se trouvent à la suite du *Pénitentiel* de Théodore. (V. *Hist. litt. de France*, t. 16, p. 583.)

N° 381, ligne 5, *et que*, lisez : *atque*.

N° 386. Pour fournir aux érudits quelques moyens de reconnaître l'auteur du dialogue qui forme une bonne partie de ce volume, je donne ici les 1res lignes de l'épître dédicatoire et du dialogue même. Épître : *Sciebam ego jam dudum quod nunc dicis, pater mi, R. abba venerabilis*. Dialogue : *Ego baptisatus in nomine Patris et Filii et Sp. Sancti.*

N° 393, ligne 13, *Breviloquiam*, lisez : *Breviloquium*.

N° 397. Précieux Ms. du 15e siècle, enrichi de 78 figures richement coloriées et rehaussées d'or. Ces figures, qui représentent avec une bizarrerie singulière les diverses scènes dont il est question dans l'Apocalypse, paraissent d'une époque antérieure à celle du Ms. Rien n'indique quel est l'auteur de ce Commentaire, dont les 1res lignes sont ainsi conçues : *Johannes apostolus et evangelista qui amoris privilegio in cenâ super pectus Domini recumbere meruit.*

N° 437, ligne 16, *pavrete*, lisez : *pavete*.

N° 470, ligne 3, *Grégoire* XI, lisez : *Grégoire* IX.

N° 476, ligne 1, ajoutez : in-8.° *v.*

N° 519. Ajoutez : On trouve dans l'*Amplissima Collectio* de Martène, t. 2, p. 812, une lettre du pape Alexandre III, à Odon, abbé d'Ourcamp et à F., doyen de Reims. Cette lettre ne porte pas l'indication de l'année, mais comme elle est datée de Bénevent, où Alexandre III se trouvait en 1167, époque à laquelle Odon fut élu abbé d'Ourcamp, il en résulte que c'est à cette même année, 1167, qu'il faut rapporter la lettre dont il s'agit.

N° 536, ligne 14, *ribulation*, lisez : *tribulation*.

N°ˢ 558 et 559. Ces deux numéros ne forment qu'un seul et même ouvrage. C'est la célèbre Collection de Denys Le Petit, publiée d'abord à Mayence, in-fol., 1525, par Wendelstenius, puis par Pierre Pithou, à Paris, in-fol., 1687. Il faut lire sur ce recueil l'ouvrage des frères Ballerini, prêtres de Vérone, intitulé : *De antiquis canonum Collectionibus*, part. III, p. 471 - 500. Cette dissertation se trouve dans *Andr. Galland. Sylloge Dissertationum de vetustis canonum Collectionibus*, in-4.°, Venise, 1778, et Mayence, 1790.

N°ˢ 563 et 564. Ces deux ouvrages sont de Gratien.

N° 566. Ce Répertoire d'Arnould Gheiloven provient de Grégoire Nicolaï, chanoine et official de Cambrai, qui le légua au Chapitre avec plusieurs autres Mss., par son testament du 20 décembre 1469.

N° 570. Cet ouvrage est dû à Hugues de Segusio, cardinal-évêque d'Ostie au 13ᵉ siècle. (V. *Dict. Ecclés.*, par Richard, in-fol., Paris, 1760, t. 3, p. 257.)

N° 571. Ce Ms. contient les Décrétales de Grégoire IX, avec la glose ordinaire de Bernard de Parme. On y a joint les constitutions de Grégoire X, publiées au concile de Lyon en 1278. La glose qui les accompagne a pour auteur Jean Garcias, espagnol. On consultera avec fruit sur ces collections de Décrétales : *Augustini Theineri J. U. D. Commentatio de Romanorum Pontificum Epistolarum Decre-*

talium antiquis collectionibus, et de Gregorii IX *P. M. Decretalium Codice. Accessit quatuor codd. Mss. in Bibliothecâ Regio-Academicâ Vratislaviensi asservatorum Gregorianam Decretalium Collectionem continentium accurata Descriptio*, in-4.°, Leipsic, 1829. M. le docteur Theiner a examiné, en septembre dernier, ce Ms. ainsi que nos autres Collections de Canons et de Décrétales. Les notes additionnelles que nous plaçons ici sur cette catégorie de nos Ms., sont en partie le résultat des observations de ce jeune savant.

N° 574. C'est encore le Décret de Gratien mentionné plus haut.

N° 575. Ce Ms. contient la Collection des Décrétales du faux-Isidore, un peu augmentée. En tête du volume on trouve l'énumération des provinces, connue sous le nom de *Provinciale vetus*. La Collection du faux-Isidore a été imprimée à Paris en 1524 et en 1535, à Cologne en 1530. La Bibliothèque de Douai possède deux Ms. de la même collection. Ils sont de la même forme, du même âge, et peut-être de la même main que celui-ci.

N° 576. M. Theiner juge ce Ms. du milieu du 9° siècle. Les 1ers Canons qui s'y trouvent appartiennent à la célèbre Collection de Denys le Petit, Scythe de nation, qui vivait au 6° siècle. Ce code a été approuvé par l'église de Rome et par celle de France. Justel le fit imprimer en 1628, en y joignant un recueil de Décrétales des Papes depuis Sirice jusqu'à Anastase. Depuis, l'on y a ajouté celles d'Hilaire, de Simplice et des autres Papes jusqu'à St. Grégoire. Le concile de Carthage, dont j'avais déclaré la date incertaine, eut lieu en 491. Notre Ms. contient aussi plusieurs Canons de la collection d'Irlande, ainsi que des préceptes de St. Patrice et de Gildas Le Sage; ce qui prouve que, dès les temps les plus reculés, nos canonistes ont connu ces Collections irlandaises. Du reste, ce recueil est exempt de la plupart des vices dont est entâché celui du faux-Isidore. Disons en deux mots ce que c'est que le faux-Isidore : Mercator, qui vivait au 8° siècle, fit paraître une Collection de Canons, renfermant beaucoup de pièces fausses. Cette collection, qui fut long-temps attribuée à St. Isidore de Séville, fut apportée d'Espagne en France vers l'an 800.

Elle a été souvent imprimée et a donné lieu à beaucoup de controverses.

N° 619. Depuis l'impression de cet article, j'ai eu occasion d'examiner la Collection de David Wilkins, intulée *Concilia Magnæ Britaniæ et Hiberniæ*, in-fol., 4 vol., Londres, 1737. Je n'y ai pas trouvé le passage en langue vulgaire dont j'ai cité quelques lignes.

N° 620, ligne 5, après le mot *chaque*, ajoutez : *livre*.

N° 624, ligne 28, *Rainart*, lisez : *Ruinart*.

N° 627. Plus tard, vers 1520, Guillaume Michel, dit de Tours, fit une nouvelle traduction de Valère Maxime, ou plutôt rajeunit celle de Simon de Hesdin et de Nicolas de Gonesse. Son travail, recueilli par Robert du Val, fut imprimé à Paris en 1525. (V. *Biblioth. Fr.*, de La Croix du Maine, édition de Rigoley de Juvigny, in-4.°, 1772, t. 1er, p. 334.)

N° 762. Le *Vita Christi* de Ludolphe le Chartreux fut traduit de nouveau par Jean Langlois, S' du Fresnoy, qui en changea le titre, 2 vol., Paris, 1584. (V. *Biblioth. Fr.* de La Croix du Maine, t. 1er, p. 333.)

N° 863. Après ce qui concerne la chronique de Sigebert, ajoutez : Notre Ms. peut encore servir à réfuter l'opinion de ceux qui mettent sur le compte de Sigebert la fable de la Papesse Jeanne. Martène et Durand, dans leur *Voyage litt.*, in-4.°, 1724, t. 2, p. 83, décrivent une continuation de Sigebert, qui a été publiée incomplètement par Aubert Le Mire, sous le titre, *Auctuarium Aquicinctense*. Si le Ms. original, qui existait à Anchin, n'est pas perdu, il doit se trouver à la Bibliothèque de Douai.

N° 864, ligne 8, supprimez ces mots : *Qui vivait au 18e siècle*.

N° 868, ligne 2, XXIX, lisez : XXIV.

Ibid. Ligne 32, *La Boëtie*, lisez : *La Bastie*.

N° 878. D'après la note qui suit ce numéro, on pourrait conclure que le Catalogue déposé au Ministère de l'Intérieur, et publié à Leipsig par les soins de M. le docteur G. Haënel, est accompagné comme ici de notices descriptives. Il n'en est rien. On n'y trouve que les titres des Mss.; encore ces titres sont-ils presque toujours incomplets et défigurés. Il m'aurait été bien agréable de fournir à M. Haënel des indications, et de contribuer, en ce qui concerne Cambrai, à lui épargner quelques erreurs qui déparent une publication d'ailleurs si intéressante.

N° 906, ligne 2, *theologiœ*, lisez : *theologicœ*.

NOTA. *Il y aurait ici un chapitre curieux à ajouter au Catalogue de nos Mss.; ce serait l'indication des notes Mss*[tes]*. tracées par divers personnages célèbres sur les livres imprimés de notre Bibliothèque. En attendant que je puisse achever le travail que j'ai entrepris sur cette matière, je me bornerai à la note suivante qui donnera une idée de l'intérêt que pourraient offrir de telles recherches.*

N° 2137. Martiani Minei Felicis Capellæ Carthaginiensis viri proconsularis Satyricon in quo de nuptiis Philologiæ et Mercurii Libri duo, et de septem artibus liberalibus Libri singulares, omnes emendati et notis sive februis Hug. Grotii illustrati, in-8.°, Lugd-Batav. Christ. Raphelengius, 1599. *v.*

Cette édition de Martianus Capella, donnée par Grotius à l'âge de 15 ans, est rare et recherchée. Mais ce qui ajoute surtout du prix à notre exemplaire, c'est la note autographe de Grotius qui se trouve en face du frontispice. Elle est conçue en ces termes :

Reverendo Præsuli D. Philippo Desportes, Abbati Tironensi.

 Mitto tibi nostrum, Præsul reverende, Capellam.
  Extorsit meus hunc officiosus amor.
 At pudor adversùm, mendas ciscumspice, dicit :
  Sive tuas mendas, sive typographicas.
 Ille quidem dicit : sed amor magis instat et urget.
 Hinc pudor, hinc stat amor; victus amore pudor.
       H. GROTIUS.

Philippe Desportes, à qui ce sixain est adressé, était abbé de Bonport et de Tiron. Il a eu, comme poète, une réputation que Boileau a fortement ébranlée. On connaît d'autres exemplaires du même ouvrage, offerts ainsi par Grotius à divers savants. Celui qu'il avait adressé à Joseph Scaliger avec 10 vers latins, a été acheté 71 fr. à la vente de Math. Rover, à Leyde, en 1806.

FIN.

TABLE
DES
AUTEURS
ET
DES PRINCIPALES MATIÈRES

DU CATALOGUE

DES MANUSCRITS DE LA BIBLIOTHÈQUE DE CAMBRAI.

NOTA. *Les chiffres renvoient, non aux pages, mais aux numéros du Catalogue. Les abréviations* Desid. *et* Add. *désignent les* Desiderata *et les* Additions. *On n'indique guères dans cette Table que les Auteurs des ouvrages dont les titres se trouvent repris au Catalogue. Il eût été trop long de donner une nomenclature de tous les écrivains mentionnés dans les notes.*

A.

ABBEVILLE (Jean d'), nommé aussi Jean Allegrin ou Jean Roussel, Exposit. sur le Cantique des Cantiques, 137 ; Homélies, 543.

Actes du Chapitre de Cambrai, 944 à 987.

Actes en latin, antérieurs au 13ᵉ siècle, 1043.

Actes en vieux français, 1042.

Additions et Corrections, *ad calcem*.

Ailly (Pierre D'), cardinal, év. de Cambrai, ses écrits, 98, 266, 473, 475, 490, 535, 826, 828, 852, 906.

Ailrède, son *Speculum charitatis*, 206 ; *De spirituali amicitiâ*, 265.

Albéric, év. de Cambrai, son recueil de Canons irlandais, 619.

Albert-le-Grand, son traité des Météores, 823, sa Logique, 859.

Albumasar, astrologue, 163, 850.

Alchimie, 817 et suiv.

Alcuin, sa Rhétorique, 163, sa Vie de St. Vaast, 346.

Alger, de Liége, son Traité de Théologie, 520.

Alphonse (Pierre), son Traité contre les Juifs, 161.

Alulfe, moine de St.-Martin de Tournai, son *Gregorialis*, 414, 426, 438, 474.

Amand (St.), sa Vie, 1001.

Ambroise Autbert, 199.

Ambroise (St.), 199, 293, 418, 458, 505.

André (Jean), jurisconsulte, sur le 4e livre des Décrétales, 350; sur le 6e, 572, 577, 578.

Angelome, moine de Luxeuil, 437.

Anselme (St.), 201.

Anselme (St.), arch. de Cantorbery, ses ouvrages, 249, 380, 445, 451, 551.

Ansileube, év. goth, son Glossaire en lettres lombardes, 633.

Antonin (St.), arch. de Florence, sa Somme, 392.

Apocalypse, 364, 373, 397.

Aquin (St. Thomas d'), 251, 297, 298, 329, 355 jusqu'à 361, 393, 500, 510.

Arena (Henri de), son *Epistolarium*, 496.

Arétin (Léonard), sa traduction des Éthiques d'Aristote; 234, *Add.*, 234.

Aristote, ses Éthiques, 234, 296, 820; son livre des Problèmes, 797; ses autres traités, 800, 820, 857, 858, 860, 862, *Add.*, 234.

Arleux (Jean d'), Histoire du Chapitre de Denain, 880.

Armoriaux, 771 et suiv.

Arnoul, év. de Lisieux, 206.

Arnoul, religieux de Bohéries, ses écrits, 244, 732, 737.

Astrologie et Astronomie, 821 et suiv.

Augustin (St.), ses œuvres, 157, 160, 166, 199, 201, 209, 243, 251, 282, 304, 325, 329, 331, 332, 333, 344, 381, 416, 437, 444, 446 à 449, 453, 471, 482, 487, 494, 517, 525, 537.

Augustin d'Ancone, *de Ecclesiast. potestate*, 529.

Auvergne (Guillaume d'), son Traité *de Universo*, 162.

Auxerre (Guillaume d'), *de Ecclesiast. offic.*, 249; sa Somme, 405, 522.

Avicenne, ses écrits, 799, 816.

B.

Baker (Augustin), ses œuvres, *Desid.*, 5°.

Baiso (Gui de) son *Rosaire*

ou compilation des Décrétales, 155.
Balbi ou *de Januâ* (Jean), son *Catholicon*, 460.
Bâle (Concile de), relation authentique, 935.
Balique et Cotolendy, Mémoires pour l'histoire de Louis de Berlaymont, arch. de Cambrai, 883.
Baralle (Ladislas de), son Répertoire, 902.
Bartole de *Saxo Ferrato*, ses écrits de Droit, 574, 585 à 593.
Basile (St.), ses écrits, 201. 749.
Baudouin (St.), sa Vie, 250.
Beauvais (Vincent de), 200.
Bède, son traité *de Temporibus*, 235; *de Naturis rerum*, 239; ses autres ouvrages, 263, 277, 314, 345, 373, 383, 437, 457, 486, 491, 527, 824.
Belet (Jean), sa Somme, 249, 469.
Benoît (St.), sa Règle, 725, 726, 734, 736.
Bernard de Parme, ses *Casus decretalium*, 561.
Bernard (St.), 139, 201, 242, 244, 254, 265, 482, 495, 498, 515, 1031.
Bertrandi, év. d'Autun, 160.
Bibles, 267 et suiv.
Blanosco (Jean de), son Traité de Droit, 569.
Blocquel (Thomas), présumé auteur d'un Traité sur l'humilité, 169; Compte rendu par lui, 910.
Blocquel (Philippe), 447; ses Mémoires, *Desid.*, 5°.
Blois (Pierre de), sa Vie de Job, 482; ses Lettres, 509, 547.
Boccace, son Livre des nobles hommes et femmes, 626.
Boèce, *de Consolatione philosophiæ*, 261; son Arithmétique, 827.
Bonatto (Guy), son traité d'Astrologie, 849.
Bonaventure (St.), ses ouvrages, 393, 479, 554.
Boyc ou Bouhic (Henri), *de Decretalibus*, 573.
Braco (Pierre de), son Répertoire de Droit, 568.
Brassart (Nicolas), ses Mémoriaux, *Desid.*, 5°.
Bréviaires, 37, 48, 49, 57, 91, 92, 93, 94, 95, 99, 100, 101, 102, 103, 104, 109, 110, 111, 112, 117, 118, 119, 129, 130, 909.
Bruni, son Traité de Chirurgie, 815.
Bulles (collection de), 1034, 1037, 1038, 1041.
Butrio (Ant. de) *super* 2do *Decretalium*, 565.
Byard (Nicolas de), *Distinctiones*, 480.

C.

Cahiers de Remontrances, 989, 990.
Caldarini (Jean), 370.

Calendriers, 165, 188, 189, 190, 191, 195, 1036.
Cambrai (Histoire de la ville et du diocèse de), *passim*.
Cantimpré (Thomas de), ses écrits, 251, 749, 864.
Carlier (Gilles), son *Sporta*, 390.
Carondelet (l'abbé A. L. B. de), 781.
Carondelet (Louise-B. de), son Recueil des vertus de Mme de Maintenon, 748.
Carondelet, vicomte de Noyelles, sa Géométrie pratique, 834.
Cartulaires, 933, 934.
Cassià (Simon de), son Commentaire sur les évangiles, 280.
Cassien (Jean), ses *Institutiones patrum* et ses Conférences, 237, 253, 463.
Cassiodore, 278, 339.
Catalogues, 888 à 901, 913 à 915, 1045, *Desid.*, 8°.
Catéchismes, 476, 1011.
Caumont de la Force, ses Remarques sur le gouvernement de France, 936.
Cessoles (Jacques de), Moralité des eschecs, 857.
Chemin de perfection, 231.
Chrysostôme (St. Jean), son traité *de Reparatione lapsi*, 239 ; ses homélies, 363 ; son commentaire sur St. Paul, 435.

Chronique anonyme, 623.
Chroniques de St. Denis, 622.
Chroniques diverses, 671, 701.
Cibole (Robert), ses Sermons, 536.
Cicéron, ses œuvres, 838, 842.
Cino da Pistoia, de Jure scripto, 580.
Climaque (St. Jean), traduction anglaise d'un de ses ouvrages, 1032.
Colonne (Gilles), *Quæstiones*, 531 ; *de Regimine regum*, 856.
Comestor (Pierre), son Histoire scholastique, 417, ses sermons, 485, 698.
Compendium salutis, 262.
Conciles et Synodes, 202, 558, 559, 575, 576, 607, 611, 612, 619, 1046.
Constantin l'Africain, ses traités de Médecine, 806. 813.
Cotolendy et Balique, Mémoires pour l'histoire de Louis de Berlaymont, arch. de Cambrai, 883.
Coucy (Robert de), chanoine de Cambrai, son missel, 152.
Courcy ou Coussy (Évrart de), sa traduction du livre des Problèmes d'Aristote, 797.
Courtecuisse (Jehan), traducteur, 208.

Coutumes diverses, 603, 604, 608, 610, 1030, 309, 363, 364, 373, 389, 433, 435, 444, 463, 499, 504, 527, 558, 559, 576, 618, 633.

Curibus Sabinis (Angelus de), son poëme de Vastatione Leodiensi, 699.

Cuvelier, son Recueil d'arrêts, 809.

Cyprien (St.), quelques-uns de ses opuscules, 199.

D.

Dandulo (Fantini), son Compendium catholicæ fidei, 393.

Desiderata, ad calcem.

Despars (Jacques) ses ouvrages médicaux, 801 à 804.

Devaux (Jean), sa Liste funèbre des Chirurgiens de Paris, 843.

Dictionnaires, 548, 633, 867, 1002.

Divinus (Joannes), auteur du Doctrina cordis, 134; Add., 134.

Doctrinale carmen, 240.

Doudelet (Jean), Sommaire des guerres de Cambrai, 881.

Droit canonique et civil, 558 et suiv.

Durand (Guillaume), év. de Mende, son Pontifical; 175; son Rational, 187; son Speculum, 582; son Répertoire, 598.

E.

Écriture Carlovingienne, 309, 363, 364, 373, 389, 433, 435, 444, 463, 499, 504, 527, 558, 559, 576, 618, 633.

Écriture en lettres d'or, 158, 159, 511.

— en lettres d'argent, 511.

— Lombarde, 633.

— Mérovingienne, 401, 525, 619, 624.

— onciale, 158, 159.

— semi-onciale, 441, 502.

Eleuthère, et ses compagnons (Sts.), leur Vie, 250.

Épiphane le Scholastique, son Histoire tripartite, 628.

Eusèbe, son Histoire Ecc., 631; autres écrits, 728, 863.

F.

Fabri (Honoré), ses notices sur les Décrétales, 599.

Fenelon (Fr. de Salignac de La Mothe), quelques-uns de ses opuscules, 869; sur le monument qui lui a été élevé, 937; ses Mémoires sur l'érection de Cambrai en archevêché, et sur le droit de joyeux avénement, 1041; ses Lettres inédites, Desid., 9°.

Fiennes (J. B. de), Grammaire arabe, 846.

Flavi ou Flay (Raoul de), 249.

Fleury (André-Hercules, cardinal de), Histoire de France que nous lui attribuons, 676.
Florus, son Commentaire sur St. Paul, 494.
Fortunat (Venance), *in Laudem Leontii*, traduction, 877.
Fouilloy (Hugues de), son Livre *de Vanitate et de arcâ Noe*, 248, 367 ; *Theophrastus de nuptiis*, 249 ; *de Claustro animœ*, 407, *de Abusionibus claustri*, 735.
Fournet, Jésuite, son traité des Sacremens, 526.
France (Renoux de), Histoire des causes de la désunion des Pays-Bas, 702.
Francon, moine d'Afflighem ; son traité *de Gratiâ Dei*, 386.
Fredol (Bérenger de), son Inventaire de Droit, 581.
Froissart (Jean), une partie de ses Chroniques, 677, 700.

G.

Gand (Henri de), ses *Quodlibeta*, 408.
Garlande (Jean de), son Dictionnaire, 867.
Gelicq (Adam), sa Chronique, 884.
Généalogies, 771 et suiv.
Gérard de Roussillon (Histoire ou roman de), 677.
Gerson (Jean), indiqué comme auteur du livre de l'*Imitation*, 139 ; ses autres ouvrages, 393, 479, 536.
Géry (St.), év. de Cambrai, sa Vie, 140.
Gheiloven (Arnould), son Songe doctrinal, 264 ; son *Gnotosolitos*, 353 ; son Répertoire, 566.
Glanville (Barthél. de), *Liber de proprietatibus rerum*, 844.
Goram (Nicolas de), 351.
Gratien, son Décret, 560, 563, 564, 567, 595, 596.
Grégoire de Tours, son Histoire de France, très précieux Ms., 624.
Grégoire (St.), pape, son Pastoral, 167, 211, 241 ; ses Morales, 210 ; son traité *de Concordia testimoniorum*, 239 ; ses autres ouvrages, 305, 396, 414, 465 à 467, 486, 539, 544, 552, 718.
Grégoire XI, ses Décrétales, 470, 597.
Guillaume, moine de St.-Martin de Tournai, son *Liber Bernardinus*, 242.
Guillaume, abbé de St.-Thierry, sa Vie de St. Bernard, 769 ; *Desid.*, 2°.
Guillaume (St.), sa Vie, 250.
Guilleville (Guillaume de),

son *Pélerinage de vie humaine*, 207.
Guyse (Jacques de), traduction de son Histoire du Hainaut, 621.

H.

Haënel (Le D' Gustave), ses notes sur deux de nos Ms., 584, 594.
Hagen (Jean de), *de Regimine et de gravamine religiosorum*, 742, 743.
Halles (Alexandre de), *de Sacramentis*, 406; sa Somme, 518.
Haly, fils d'Abbas, son traité de Médecine arabe, 810.
Haly, fils d'Aben Ragel, son traité d'Astrologie, 822.
Haly, fils d'Halchamet, ses ouvrages d'Astrologie, 163.
Hanapes (Nicolas de), patriarche de Jérusalem, son livre *de Exemplis*, 233.
Haute-Ville (Jacques de), *in Libros sententiarum*, 528.
Hégésippe, *de Excidio Hierosolimitano*, 618.
Helpric, *de Arte calculatoriâ*, 243.
Herolt (Jean), ses Sermons, 553.
Herse ou Langestein (Henri de), 251.
Heures, 56, 87, 88, 107, 108, 120, 125, 126, 128, 133.
Hilaire (St.), év. de Poitiers, ses ouvrages, 409, 499.
Hildebert, év. du Mans, ses Lettres et autres ouvrages, 164, 206.
Hildouard, év. de Cambrai, son Sacramentaire, 159.
Hippocrate, ses Aphorismes, 798.
Histoire ecclésiastique et civile, 620 et suiv.
Histoire Naturelle et Médecine, 797 et suiv.
Hollandiâ (Gilbert de), son traité sur le Cantique des Cantiques, 538, 769.
Hygin, *Dimensio Sphæræ*, 832.

I. J.

Jansénisme (Histoire du), 462.
Jérome (St.), ses ouvrages, 281, 308, 328, 372, 374, 416, 432, 433, 444, 503, 514, 524, 729.
Imitation de J.-C., 139, 247, 250.
Innocent IV, son *Apparatus Decretalium*, 403.
Joinville (Le sire de), Histoire des Croisades qui lui est attribuée, *Desid.*, 1°.
Josèphe (Flavius), son Histoire des Juifs, 620, 754.
— Bel exemplaire possédé par M. Hurez, *ibid.*
Isaac, fils de Salomon, ses traités de Médecine, 813.

Isidore de Séville (St.), ses ouvrages, 157, 249, 321, 389, 836, 839, 865, 866, 875.
Justinien, *Lectura ad jus pertinens*, 583.
Ives (St.), év. de Chartres, son Micrologue, 164; son traité *de Septem ordinibus*, 249; ses Lettres, 512.

K.

Kempis (Thomas à), 251.

L.

La Condamine, Journal d'un Voyage au Levant, 882.
Lactance, ses Institutions, 161.
Laloux (M. l'abbé) donne un Ms. historique à notre Bibliothèque, 1000.
La Rue (Charles de), sa Rhétorique, 1003.
Latini Brunetto, son Trésor de sapience, 203.
Leblond (Laurent), ses Fragmens généalogiques, 694.
Le Boucq (Simon), son Histoire de Valenciennes, 1013.
Le Ghley (Gilbert), son *Liber Morborum*, 805, 808.
Liége, Histoire de cette Ville, 699, 704, 705.
Liber catenatus, 1025.
Liber pilosus Sancti Sepulchri, 1026.
Liéphard (St.), sa Vie, 250.
Lingne ou Ligne (Julien de), ses divers écrits, 674, 903, 907.
Liturgie, 1 et suiv.
Livre aux testamens du Chapitre de Cambrai, 993.
Longueville et de Conty (Mesdames de), leurs Lettres spirituelles, 238.
Lothaire, depuis Innocent III, son traité *de Miseriâ humanæ conditionis*, 243.
Ludolphe de Saxe, sa Vie de J.-C., 762, 770.
Lyra (Nicolas de), 274, 275, 819.

M.

Mammotrectus, 170.
Mamon, son livre d'Astronomie, 829.
Marchesini (Jean), auteur du *Mammotrectus*, 170.
Masseuw (Chrétien), son *Breve Chronicon Cameracense*, Desid. 6°.
Martyrologes, 218, 219, 730, 731, 734, 765.
Masures (Pierre des), ses Commentaires sur la Coutume d'Artois, 600.
Maxime (St.), son Histoire Mystique de l'Église, 711.
Médecine, 751, 797 et suiv.
Mélanges, 836 et suiv.
Mémoires pour les maîtres des requêtes, 1010.
Meun (Jean de) dit Clopinel, son Codicille, 379.
Miroir des curés, 205.

Missels, 142 jusqu'à 154; 176 jusqu'à 181; 222, 223, 224.
Moart (Jacques), ses *Collectanea*, 647 à 651; 678, 939.
Molinet (Jean), ses Chroniques, 664.
Molins (Guyart des) sa Bible historiale, 376.
Montchal (Charles de), arch. de Toulouse, ses Mémoires et son Journal de l'Assemblée du Clergé, 998.
Montrocher (Gui de), son *Manipulus Curatorum*, 174, 252, 264.
Moreau (Estienne), ses Archives de l'Assemblée du Clergé, 977.
Moyenne-Ville (Richard de), 283.
Mutte (Henri-Denis), doyen de l'Église de Cambrai, 136, 1023.

N.

Nequam (Alex.), traité sur le symbole *Quicumque vult*, 875.
Nettelet (Gilles), Discours, 481.
Nicodème, son Évangile prétendu, 367.
Nider (Jean), son Traité de la Lèpre morale, 461.

O.

Obituaires ou Nécrologes, 189, 190, 191, 218, 1039.
Ockam (Guillaume), ses écrits, 271, 841.
Odon, abbé d'Ourcamp et év. de Tusculum, ses ouvrages, 519.
Origène, 308, 343, 411, 424, 425, 494.
Orose, son Glossaire, 697.
Ovide, ses Métamorphoses en langue romane, 871.

P.

Palude (Pierre de), postulé pour év. de Cambrai, 130.
Paraldi (Guillaume), sa *Summa vitiorum*, 478.
Paterius, ses Commentaires sur quelques livres de l'ancien testament, 319.
Paul (St.), ses Épîtres, 272, 279, 290, 338, 375, 399, 419, 431, 494, 497.
Pélerinage d'enfer et de paradis, 171.
Pétrarque (François), ses Lettres, 868.
Philippe, disciple de St. Jérome, son Commentaire sur Job, 441.
Philips (sir *Thomas*) a publié le Catalogue des Mss. de Lille, 134.
Pierre le Chantre, sa Somme ou *Verbum abbreviatum*, 468.
Pierre Chrysologue (St.), ses Sermons, 501.

Pierson (Ferd. Nic.), son Abrégé de l'Histoire de l'Église de Cambrai, 653.
Pitpan ou Pitpance (Jean), ses Collections historiques et généalogiques, 667, 694, 696, 782, 787, 789, 918, 919, 921, 923.
Piétin (François), son Histoire des Châtelains de Lille, 1000.
Planques (Guillaume-Ch.-Jos. de), ses ouvrages, 255, 706, 707, 753.
Polman (Jean), 716.
Pomère (Julien), 199.
Pontifical de Cambrai, 212, 213, 214.
Pouillaude (Joseph), ses travaux sur l'Histoire de l'abbaye de St.-Aubert, 654, 655, 656, 662, 663.
Præpositus ou *Præpositivus*, 378.
Premier-Fait (Laurent de), traducteur de Boccace, 626.
Presles (Raoul de), sa traduction de la *Cité de Dieu*, 447, 449.
Prulliac ou Pulliac (Humbert de), 135.
Psautiers, avec ou sans Commentaires, 1, 2, 31, 32, 34, 35, 36, 39, 55, 97, 122, 132, 276, 287, 288, 292, 293, 295, 299, 339, 347, 351, 362, 365, 366, 400, 402, 410, 412, 413, 420, 533.
Ptolémée (Claude), sa Cosmographie, 825; ses Tables astronomiques, 831; son Almageste, 851; son Astrologie, 853.

R.

Radulphe (Richard), son traité des Erreurs des Arméniens, 523.
Rancé (L'abbé Armand de), deux de ses lettres, 869, 873.
Raymond de Pennafort, *de Trinitate*, etc., 273; sa Somme, 394.
Répertoire des priviléges de l'Église de Cambrai, 994, 995, 996, 1029.
Riga (Pierre de), sa *Biblia metrica*, 313, 371.
Robert, abbé de Tuy, 249.
Robert, abbé de St.-Remi, son Histoire de la 1re Croisade, 710.
Robert (Jean le), ses Mémoires, *Desid.*, 5°.
Roden (Jean), ses Sermons, 557.
Rois Mages (Histoire des), 481, 632.
Rose (Adam), sa Vision de la Rose, 173.
Ruffin (J. Christ.), abbé de Vaucelles, 1014.
Rufin, son Histoire ecclésiastique, 629, 630.

S.

Sacramentaires, 158, 159, 215, 216, 217, 225, 226.
Saint-Cher (Hugues de), son *Speculum ecclesiæ*, 249.
Saint-Victor (Hugues de), 506, 521, 741.
Saint Victor (Richard de), 249.
Salis (Baptiste de), *Add.*, 174.
Salisbéri (Jean de), son *Policraticon*, 172.
Segusio (Henri de), sur les Décrétales, 570.
Salutato (Colluccio), ses Lettres et Opuscules, 839.
Scoonhoviá (J. de), 479.
Senèque, ses œuvres, 206, 243, 250, 513, 838, 875.
Simon de Hesdin, traducteur de Valère Maxime, 627.
Sozomène, son Histoire tripartite, 625.
Senlis (Sébastien de), sa Philosophie des Contemplatifs, 1016.
Ségovie (Jean de), 202.
Seltman (D.), son traité de Médecine domestique, 809.
Sévère (Sulpice), ses écrits, 541, 733.
Sigebert de Gemblou, sa Chronique, 863.

Smaragdus, son *Diadema monachorum*, 718, 723, 724; son Commentaire sur la règle de St. Benoît, 725, 726.
Soif (Gaspar de), *Compendium super abbatum Valcellensium gestis*, 873.
Strabus, son Commentaire sur le Pentateuque, 285.
Suso (Henri), son *Horologium sapientiæ*, 168, 201, 204, 314.
Sydrac, Questions et Réponses, 835.

T.

Télémaque, tragédie lyrique, 1005.
Télu (Jean de), ses Extraits historiques, 746.
Thomas (St.) de Cantorbéry, sa Vie, 456.
Torne (Gui de), le *Livre de lesperit*, 208.
Traité des trois journées, 379.
Tranchant (Fr. Dom.), ses travaux sur l'Histoire civile et ecclésiastique de Cambrai, 941.
Trano (Goffredus de), sa Somme, 395, 477.
Trithème (Jean), *Liber lugubris*, 749.
Tudert (Jacques de), 251.

U.

Usuard, son Martyrologe, 219.

V.

Vaast (St.), sa Vie par Alcuin, 346.
Valère Maxime, des Faits mémorables, 627.
Valenciennes. Documens sur l'histoire de cette ville, 1000, 1013, 1015.
Vaucelles. Chronologie de ses abbés et Inventaire de ses titres, 873, 1027; Chronique de Vaucelles, Desid., 7°.
Vesvesdiâ (Henri de), de Institutione Juvenum, 740.
Vies des Saints, 715, 717 à 719, 721, 722, 733, 744, 745, 749, 750, 751, 758, 763, 766 à 769.
Villeneuve (Arnaud de), son Rosaire d'Alchimie, 817.
Vitri (Jacques de), 251.
Voragine (Jacques de), sa Légende dorée, 709, 719, 763.
Vraie créance, 246.
Vuoerden (Michel-Ange, baron de), 679 à 692.

W.

Walleys ou *de Hiberniâ* (Thomas), son *Manipulus florum*, 232.
Waterlos (Lambert), ses *Gesta Cameracensium Episcoporum*, Désid., 3°.
Welsh (Th.), ses *Lessons of English Saints*, 1019.
Whitford (Richard), ses traductions et ouvrages, 1031, 1033.

Z.

Zabarella, cardinal, ses traités sur la puissance du Pape et des Conciles, 202.

FIN DE LA TABLE.

...um magistri Jacobi magni.

N° 3777. (Incun.)

www.ingramcontent.com/pod-product-compliance
Lightning Source LLC
Chambersburg PA
CBHW050316170426
43200CB00009BA/1346